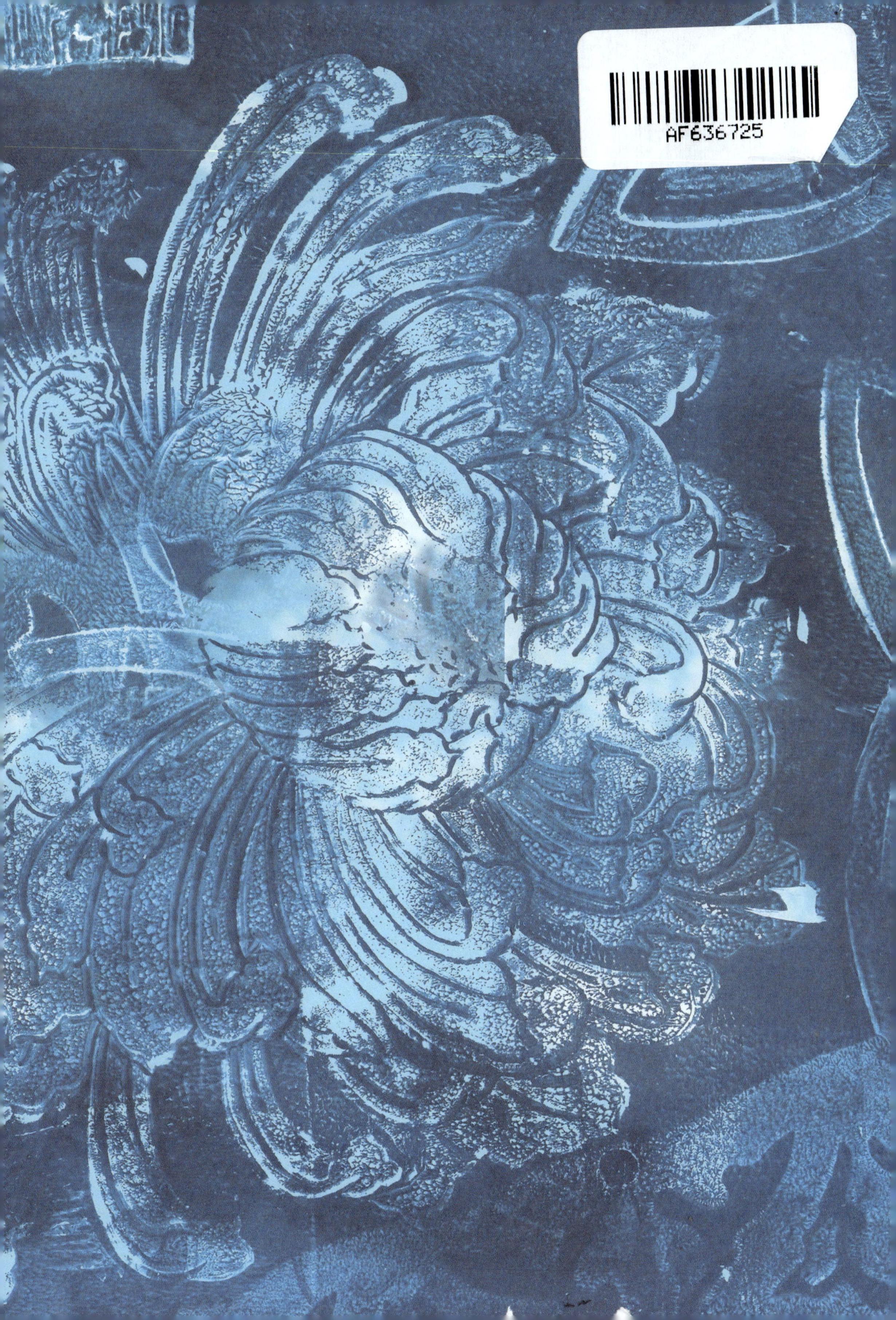

Sabine Ickler & Katrin Klink

Gelliprint

Haupt
GESTALTEN

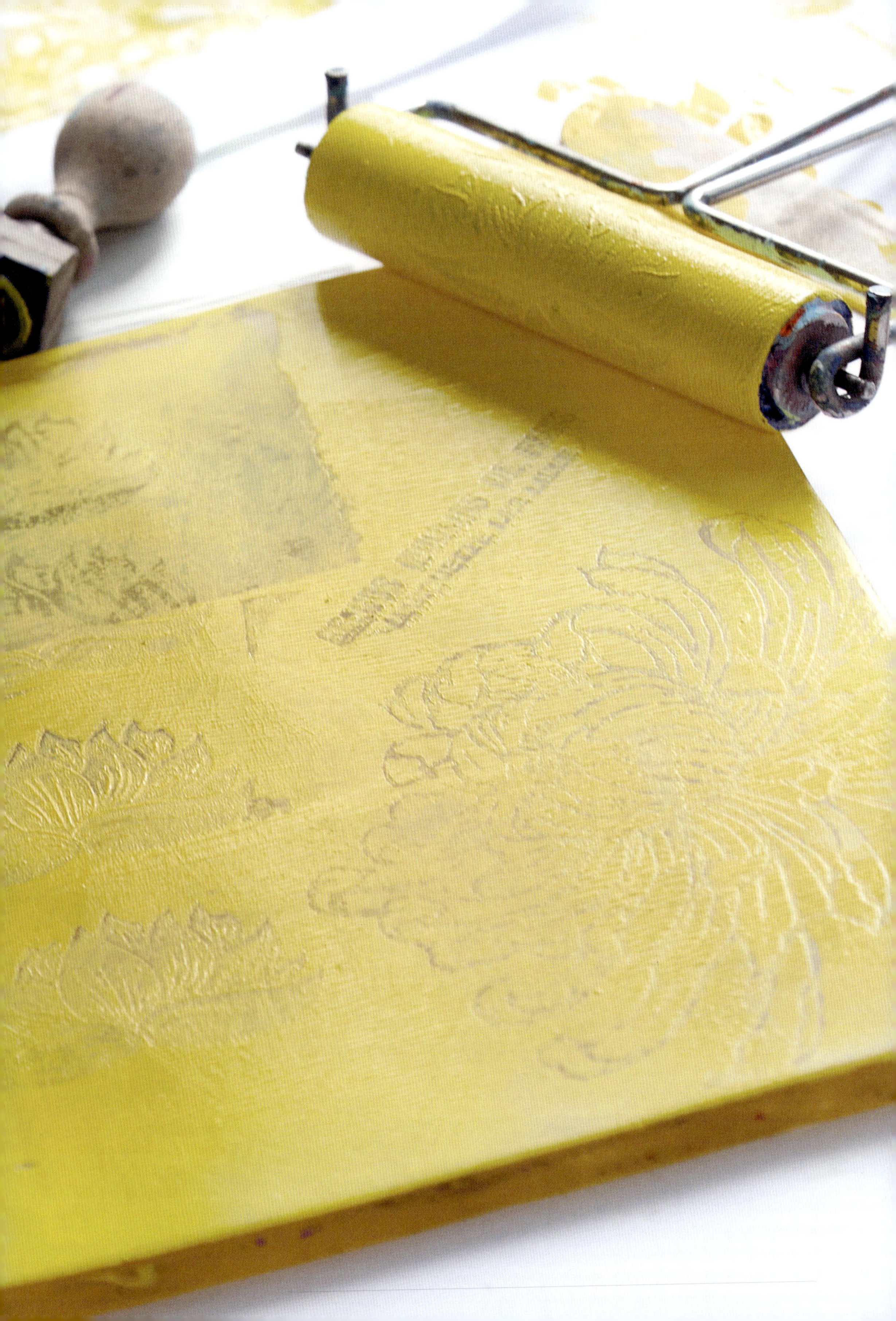

Sabine Ickler & Katrin Klink

Gelliprint

Unikate drucken auf Papier, Stoff und Holz

Haupt Verlag

WASSERFARBEN

FREESTYLE

2. VOM DRUCK ZUM DESIGN

3. PROJEKTE

ANHANG

Vorwort

Gelliprint oder Gellidruck ist für uns eine der besten Techniken, mit denen man kreativ werden und Flächen gestalten kann – sei es Papier, Stoff, Collagematerial oder ein Lampenschirm und vieles andere mehr. Gelli kommt von „Gelatine", und tatsächlich kann man Gelliplatten mit wenig Aufwand und nur drei Materialien (inklusive Gelatine) selbst herstellen.

Gellidruck ist im Prinzip eine Monoprint-Technik. Monoprints gibt es seit Jahrhunderten. Sie entstehen z. B., indem man Glas oder eine andere glatte Fläche verwendet, Farbe aufträgt und diese gestaltet. Man kann mit der Rückseite eines Pinsels, Naturmaterialien, Stempel oder Schablonen Teile der Farbe wieder abtragen oder abdecken. Anschließend druckt man die gestaltete Farbe mit Papier ab.

Gelliprint ist quasi die alltagstaugliche, küchentischfähige Version davon. Denn man braucht kein Künstleratelier, kann so ziemlich alles an Farben verwenden, was man vorfindet, die Gelliplatte lässt sich leicht reinigen und am Ende erhält man eine Fülle an kreativen Ergebnissen.

Das Schwierigste am Kreativsein ist ja normalerweise, ein leeres, weißes Blatt Papier vor sich zu haben und überlegen zu müssen, wie man Farben und Flächen gestaltet. Gelliprint dreht diesen Prozess um und ist dabei herrlich intuitiv und experimentell. Mit vorhandenem Material oder selbst Haushaltsgegenständen wird die auf der Gelliplatte aufgetragene Farbe getupft, gestempelt, mit Textur oder Mustern versehen; dann erst kommt das weiße Blatt Papier zum Einsatz. Es wird nur noch auf die Gelliplatte gelegt, mit der Hand oder der Rückseite eines Löffels abgerieben – und wir haben einen Monodruck, also einen einmaligen Druck in der Hand. Das geht kinderleicht, die Drucktechnik ist für Farbbegeisterte jeden Alters bestens geeignet. Gelliprint kann süchtig machen, man verfällt buchstäblich in einen Druck- und Farbenrausch.

Drucke, die auf den ersten Blick vielleicht weniger gut gelungen sind, sollten aufbewahrt werden. Denn es gibt viele Techniken, mit denen man mehrere Schichten übereinander drucken kann. Die letzte Schicht spielt dann die Hauptrolle, und Fehldrucke können zu wunderbaren Nebendarstellern werden.

Eine der Besonderheiten beim Gellidruck ist, dass wir im Grunde zwei verschiedene Drucktechniken in einem verwenden können; wir nennen sie passiv und aktiv. Aktiver Druck ist das, was wir vom Stempeln kennen: Wir drücken unseren Stempel auf ein Stempelkissen und dann die Farbe auf ein Blatt Papier. Das ist ein Aktivdruck, d. h. das Motiv wird in der gewählten Farbe abgedruckt.

Wenn wir einen Stempel auf die mit Farbe eingewalzte Gelliplatte drücken, haben wir jedoch zwei Vorgänge:

a. Farbe auf dem Stempel, die wir wie gehabt als Aktivdruck auf eine Oberfläche drucken können, sowie

b. eine Negativform auf der Gelliplatte, nämlich dort, wo der Stempel die Farbe abgetragen hat.

Wenn wir dann ein Papier auflegen und unseren Monodruck machen, erscheint das Motiv nicht in Farbe, sondern als weißes Negativ auf farbigem Untergrund. Zwei zum Preis von einem sozusagen!

Gellidruck vermischt sich in diesem Buch dann irgendwann mit anderen Drucktechniken wie Kartoffeldruck oder Stempeln. Denn erstens wächst die Lust, Papier und Stoff zu verschönern, immer weiter. Und zweitens kann eine Gelliplatte wunderbar als Farbpalette dienen, auf der eigene Farbzusammenstellungen gemischt werden, oder als eine Art Stempelkissen für Acryl- oder Stofffarbe. Das könnte man natürlich auch jenseits einer Gelliplatte machen – aber eben nicht mit dem Zwei-in-eins-Effekt und ehrlich gesagt mit deutlich weniger Spaß.

Noch nie war es so einfach, Papiere und Bilder zu gestalten. Unsere Herausforderung kam danach: Was sollten wir mit den Stapeln von bedruckten Papieren anfangen? Man kann Skizzenbücher damit einbinden, Collagen gestalten oder Junk-Journals (aus selbst gestalteten oder gefundenen Papieren geheftete Bücher) binden. Aber irgendwann will man mehr. Das war der Moment, wo wir uns zwei Dinge überlegt haben: Stoff und Alltagsgegenstände zu gestalten. Im zweiten Teil des Buches haben wir also Projekte für Sie zusammengestellt, die alle wirklich ganz einfach zu realisieren sind. Und mit sehr viel Spaß! Also los geht's: Treten Sie ein in die fröhliche, bunte Welt des Gellidrucks!

Und weil sich manche Dinge besser zeigen als beschreiben lassen, laden wir Sie ein, unseren Onlinekurs „Gelliprint-Grundlagen“ kostenlos mitzumachen. Alle Infos auf Seite 143.

1 Material, Farbe & Technik

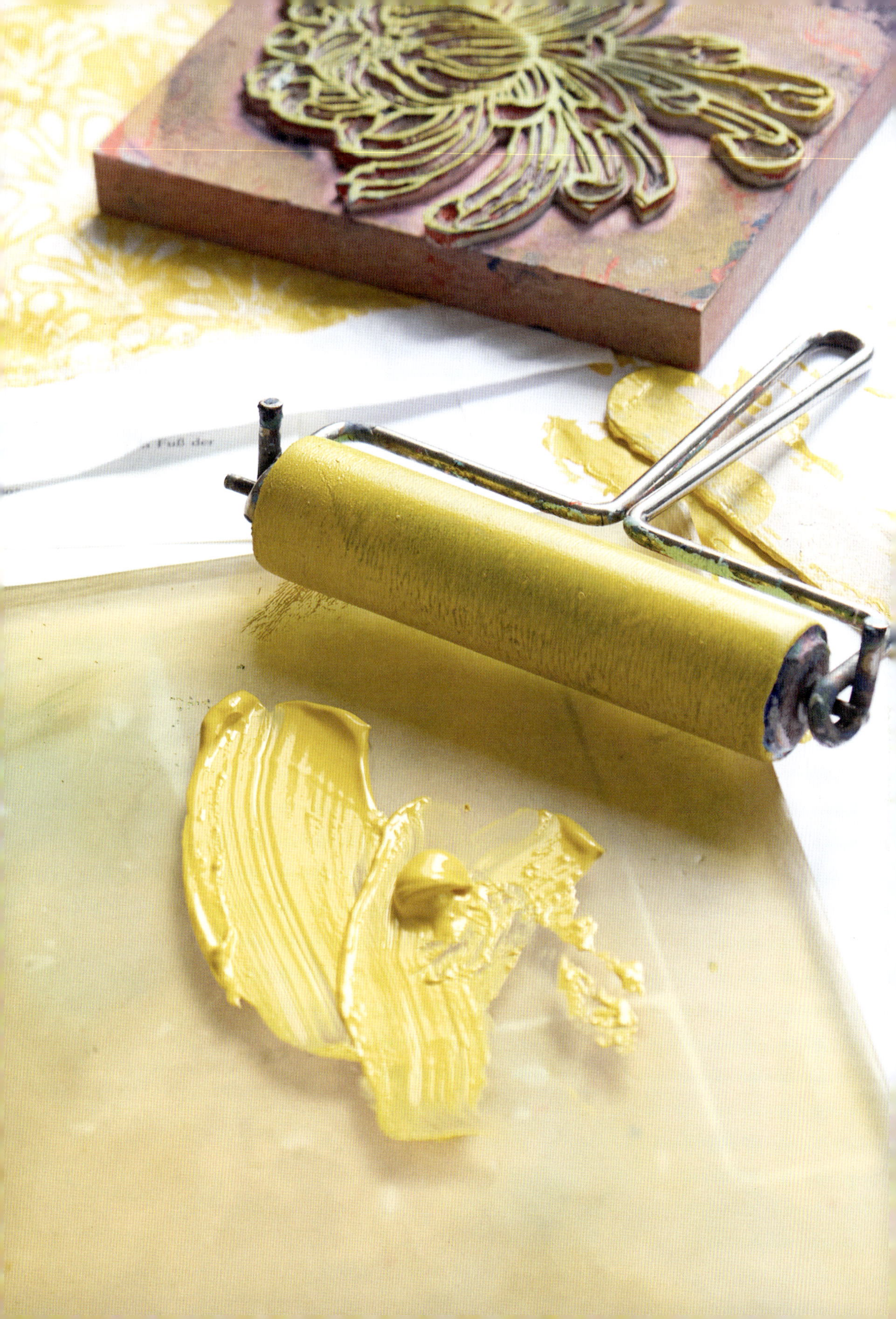

Material

Was man so braucht

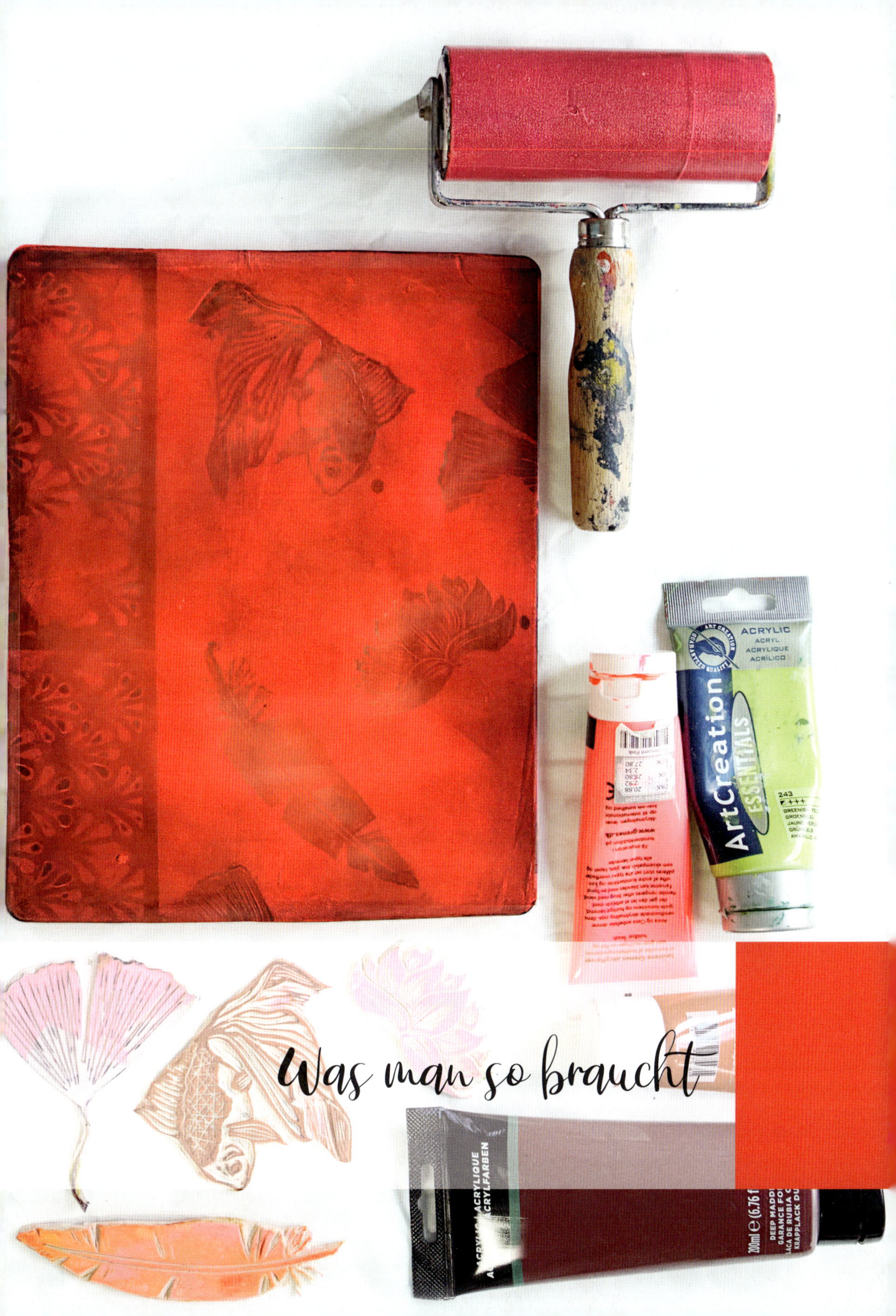

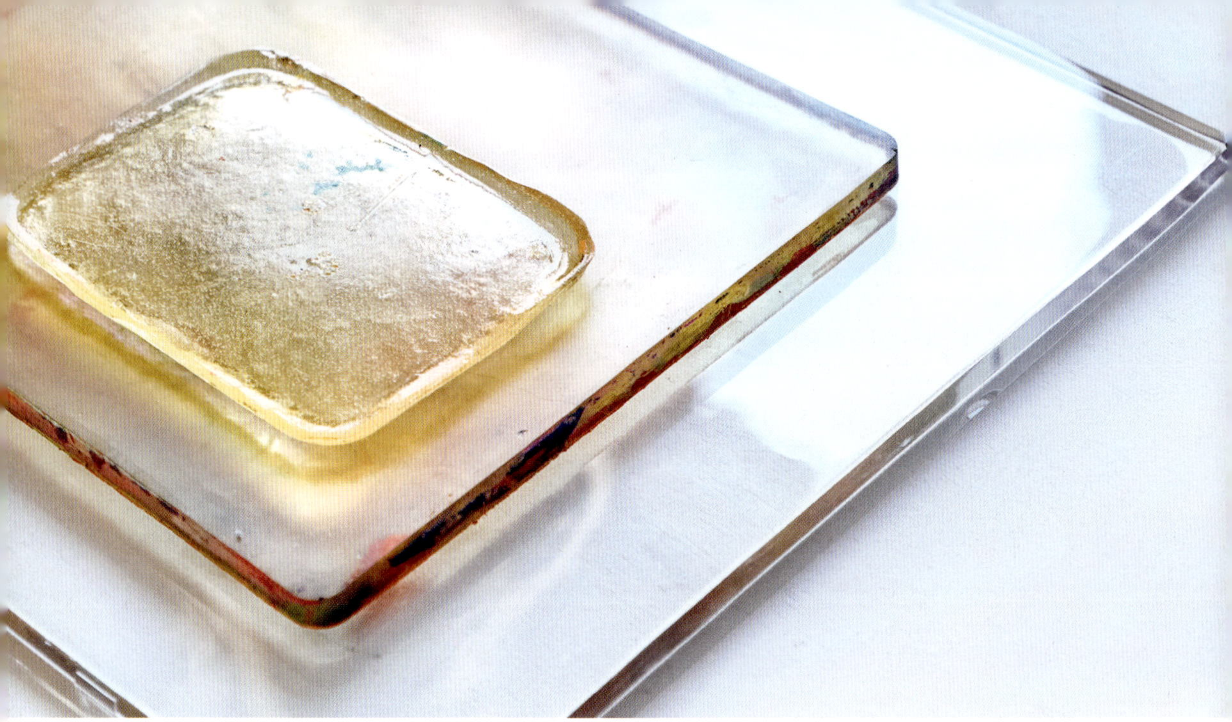

DIE GELLIPLATTE

Vier Dinge brauchen Sie für Gelliprint: eine Gelliplatte, Farbe, Papier bzw. Stoff und eine Linolwalze. Wir haben in unserem Buch darauf geachtet, möglichst schonend mit Ressourcen umzugehen. Die meisten verwendeten Stoffe sind alte Leinentücher aus dem Sozialkaufhaus oder uralte Leinentücher vom Flohmarkt, oft mit Fehlern und Flicken. Gerade das kann unsere Unikate noch besonderer und wertvoller machen. Selbst hartnäckige Flecken in einem Lieblingskleid lassen sich wunderbar überdrucken. Sie können also überwiegend mit Dingen loslegen, die Sie schon zu Hause haben oder für wenig Geld besorgen können. Selbst die Gelliplatte lässt sich selbst herstellen, ein Rezept dazu finden Sie auf Seite 19.

Gelliplatten sind, das ist ganz wichtig für den Anfang, in keiner Weise kapriziös oder empfindlich. Im Gegensatz, sie verzeihen sehr viel, selbst angetrocknete Farbe, wenn man einmal beim Druckvorgang unterbrochen wird. Was sie nicht mögen, sind scharfe Gegenstände, deshalb nie mit Messer oder Schere an die Gelliplatten herangehen. Solange man das vermeidet, sind sie jahrelang treue Begleiter.

Im Foto oben sehen Sie zuunterst eine neue Gelliplatte in ihrer ganzen Pracht. Mit der Zeit werden die Platten dunkler; das beeinträchtigt ihre Druckbarkeit aber in keiner Weise. Selbst gemachte Gelliplatten, wie die oberste Platte im Foto, haben den Vorteil, dass man die Größe selbst bestimmen kann. Für kleine Projekte sind kleine Gelliplatten manchmal einfacher in der Benutzung. Selbst gemachte Gelliplatten sind meist etwas grobporiger oder haben vielleicht ein paar kleine Luftlöcher.

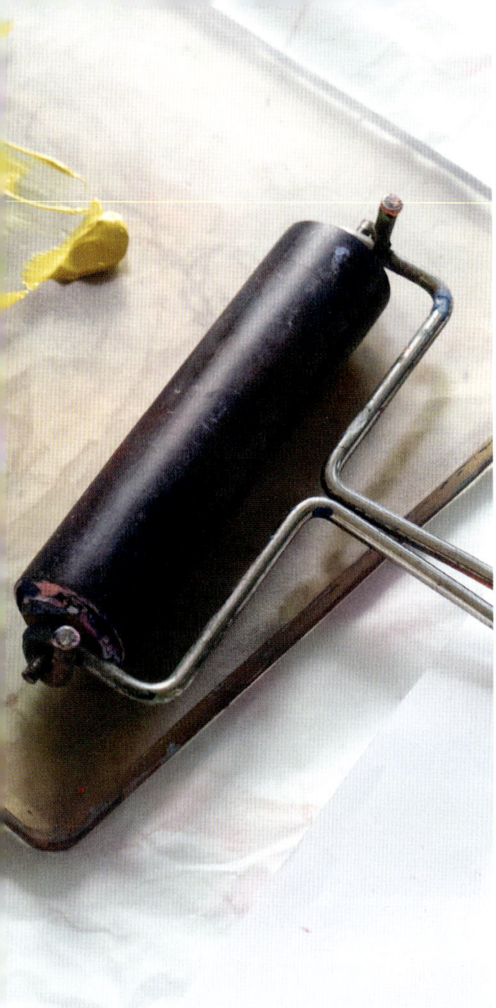

Sie reagieren etwas anders auf Farbe, aber das werden Sie beim Ausprobieren feststellen. Fertig gekauft oder selbst gemacht – beides hat seine Vorteile. Noch eins: In den gekauften Gelliplatten sind oft Mineralöle enthalten, in selbst gemachten Glycerin. Das ist notwendig, damit die Platten nicht bröckeln, sondern leicht nachgiebig sind, und sich die Farbe gut auftragen lässt. Das ist übrigens ein entscheidender Vorteil von Gelliplatten gegenüber Glas oder Ähnlichem: Die Farbe wird besser angenommen.

Sollten leichte Abstoßungseffekte entstehen – das könnte z. B. passieren, wenn Wasser- oder Acrylfarben verwendet werden –, dann muss man schnell drucken. Man kann auch mit kleinen Mengen Spülmittel experimentieren. Und meist sind der erste und der zweite Druck schlechter als die nachfolgenden.

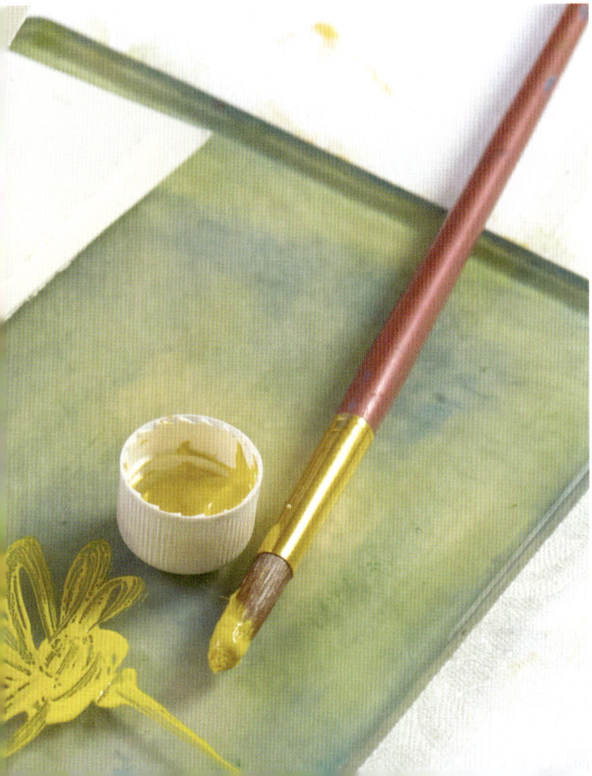

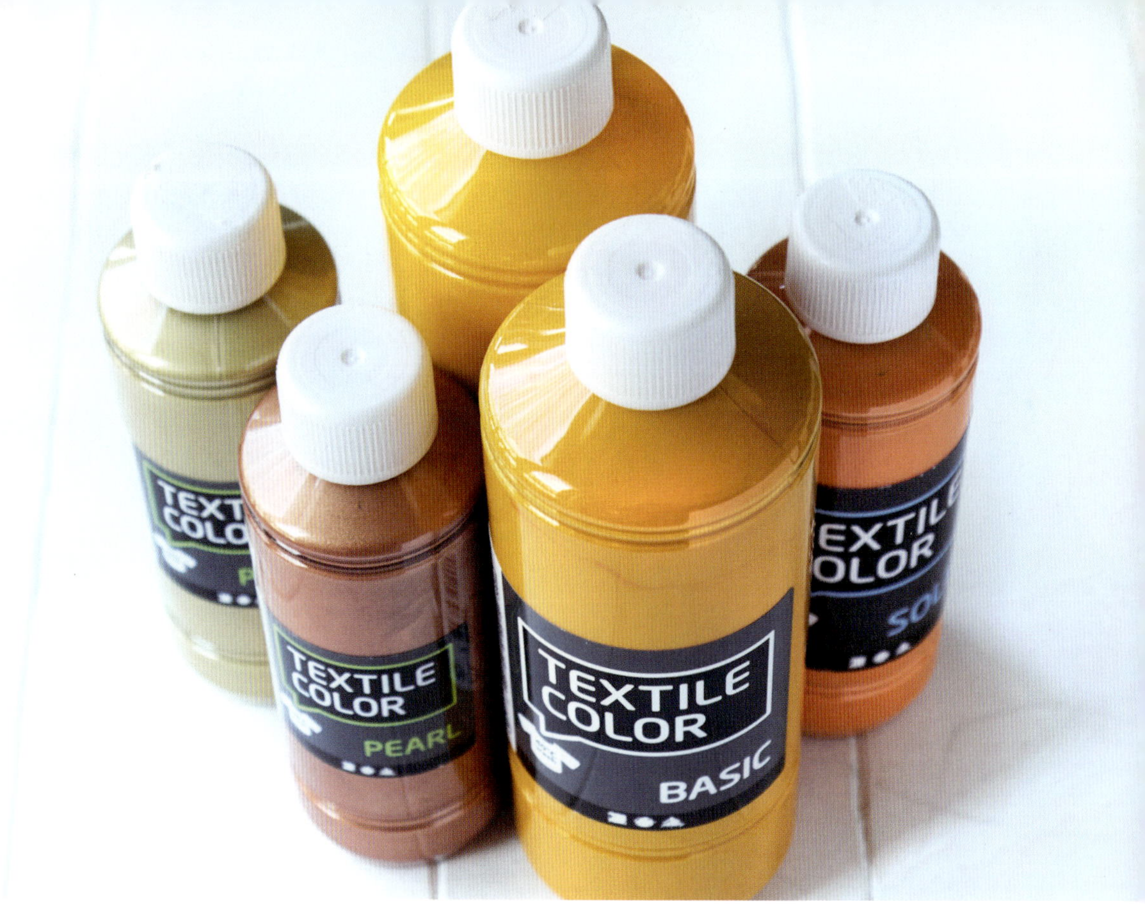

FARBEN

Wir drucken hier im Buch überwiegend mit Stoff- und Acrylfarbe, wobei man mit Stofffarbe wunderbar auf Papier drucken kann und mit Acrylfarbe auf Stoff.

Soll der Stoff später waschbar sein, kann man ein sogenanntes Textilmedium dazumischen, das die Acrylfarbe waschbar und vor allem weicher macht, sodass sie sich besser und dauerhafter mit den Textilfasern verbindet.

Stofffarbe muss meist noch fixiert werden, und zwar durch Bügeln auf der Rückseite des Stoffs. Eine Beschreibung steht auf der jeweiligen Farbe. Da es dabei um Wärme geht, kann man Stofffarbe theoretisch auch im Backofen fixieren.

Stofffarbe ist meist teuer; die kleinen 50-ml-Töpfchen aus dem Bastelladen sind es zumindest. Aber es gibt von verschiedenen Herstellern ebenfalls 250-ml-Flaschen, die kaum mehr kosten und in vielen wunderbaren Farbvarianten erhältlich sind. Das meiste lässt sich online bestellen.

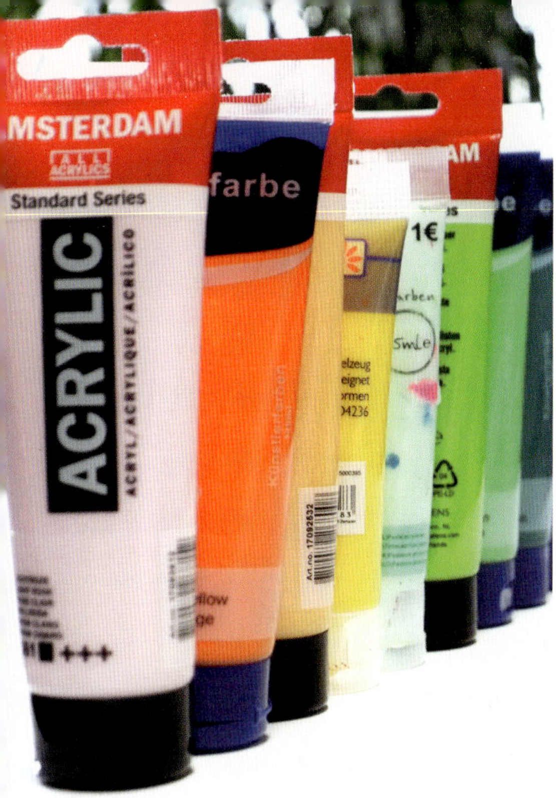

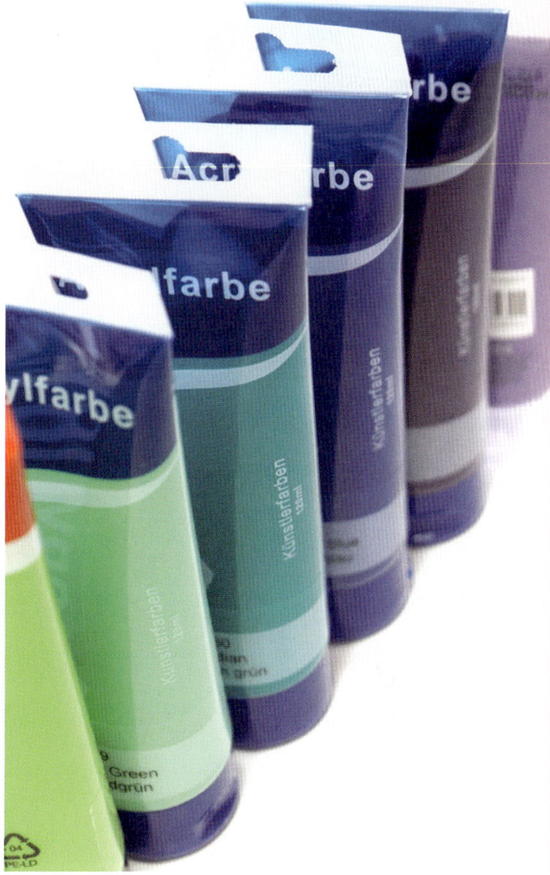

Acrylfarben gibt es in ganz verschiedenen Qualitätsstufen und Preisklassen: von der Discounter- bis zur Künstlerfarbe. Künstler-Acrylfarben enthalten mehr Pigmente, also Farbpartikel, und sind deshalb besser deckend. Vielleicht wollen Sie aber auch Transparenzeffekte erzielen oder stärker deckend einen zu leuchtenden Farbauftrag etwas abmildern? Dann sind die billigeren, schwächer pigmentierten Farben perfekt. Testen Sie einfach.

Farben sind wirklich entscheidend. Lieblingsfarben liefern direkt Ergebnisse, die glücklich machen. Sind Sie einmal mit einem Druckergebnis nicht zufrieden, sind die Farben immer die ersten Verdächtigen. Stimmt der Farbton nicht? Oder war die Farbe zu flüssig und zu schwach pigmentiert? Probieren Sie es mit anderen Farben. Grundsätzlich gilt: Je fester eine Farbe (Stofffarbe gibt es z. B. von flüssig bis gelartig), desto deckender ist sie und desto leichter können Sie das Druckergebnis steuern. Verdünnen geht nämlich immer.

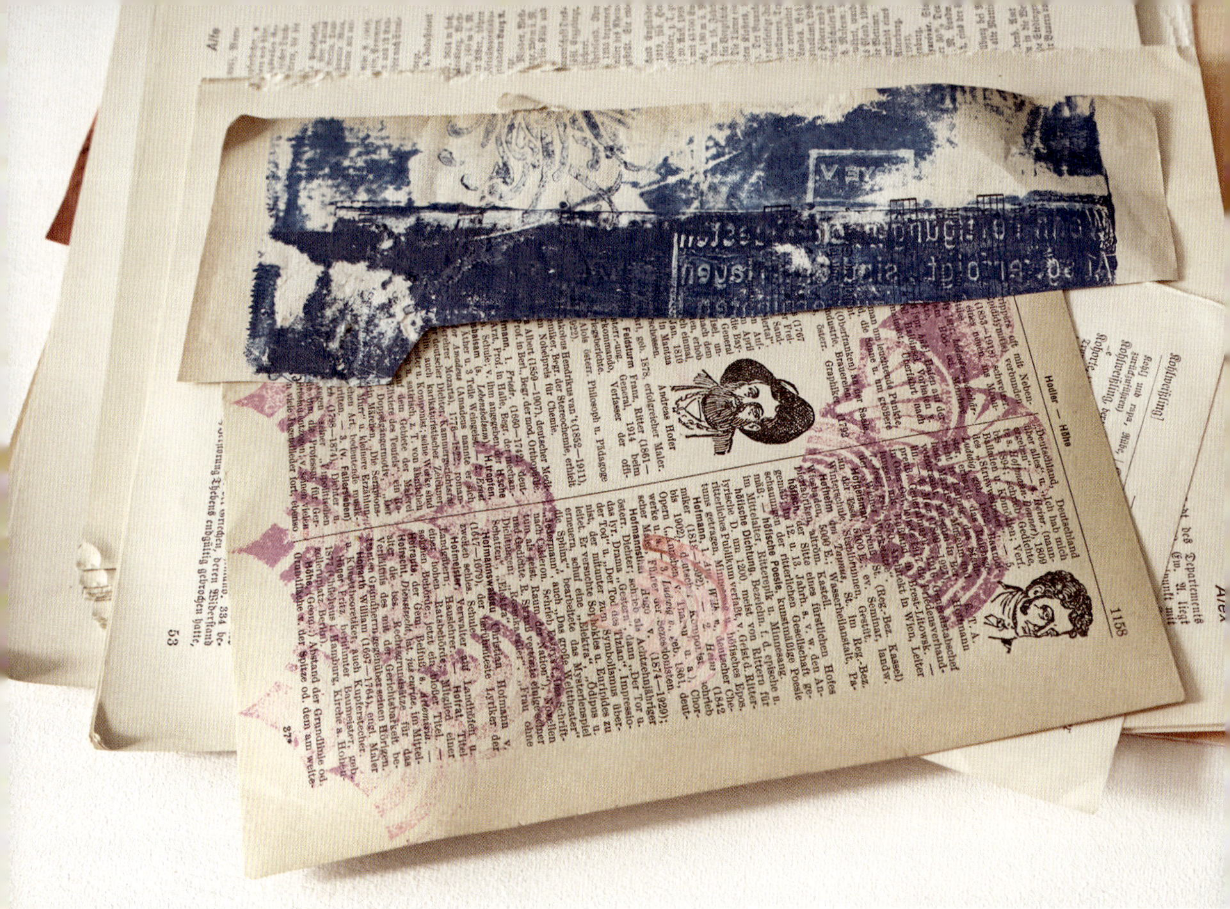

PAPIER UND STOFF

Zu Papier muss man nicht viel sagen, außer: Auch hier können Sie Ressourcen schonen. Die Linolwalze kann man auf Restpapieren abwalzen. So sparen Sie sich die aufwendige Reinigung beim Farbwechsel bzw. so gelangt nachher beim Saubermachen weniger Farbe ins Abwasser. Denn sowohl Acryl- als auch Stofffarbe ist „Plastikfarbe", und wir sollten so wenig Mikroplastikpartikel wie möglich ins Wasser gelangen lassen. Die so entstehenden Abstreif-Papiere sind übrigens selbst wunderbares Basismaterial für weitere Drucke oder Collagen.

Wir verwenden nicht nur weißes (Kopier-)Papier, sondern ebenso alte Buchseiten, Notenblätter etc.; selbstverständlich kann man auch farbiges Papier verwenden. Je dünner ein Papier, desto leichter bleibt es beim Abziehen von der Gelliplatte an der Farbe kleben und reißt unter Umständen. Bei älterem Papier, wie z. B. Buchseiten, kann das ebenfalls geschehen, ebenso wenn man mit dem Abziehen des Papiers zu lange wartet. Ansonsten ergibt Papier klare, satte Drucke und ist ganz einfach zu verwenden.

Bei Stoff gibt es etwas mehr zu beachten. Je gröber der Stoff, desto mehr Farbe saugt er auf und desto ungleichmäßiger wird der flächige Auftrag. Das Druckergebnis sieht an den Kanten „unschärfer" aus. Das kann aber auch interessant strukturierte Flächen erzeugen und als Stilmittel zur Gestaltung eingesetzt werden. Bei Stoffprojekten sollte man also immer überlegen, wie dick der Stoff ist, und eventuell Probedrucke machen. Generell sollte man Naturfasern verwenden, der Stoff sollte nicht imprägniert und vor dem Drucken gewaschen sein.

Wie bei Papier gilt natürlich: Auf hellem Stoff bzw. weißem Papier leuchten die Farben besser; auf dunklem Untergrund braucht man hochpigmentierte Farbe.

Stoff kann man vor dem Zuschneiden bedrucken, das ist dann der experimentell-intuitive Ansatz. Wer aber wirklich ein Design realisieren und Motive passgenau oder an bestimmten Stellen platzieren möchte, tut sich leichter, wenn er den Stoff zuerst zuschneidet und so beim Drucken mehr Kontrolle hat.

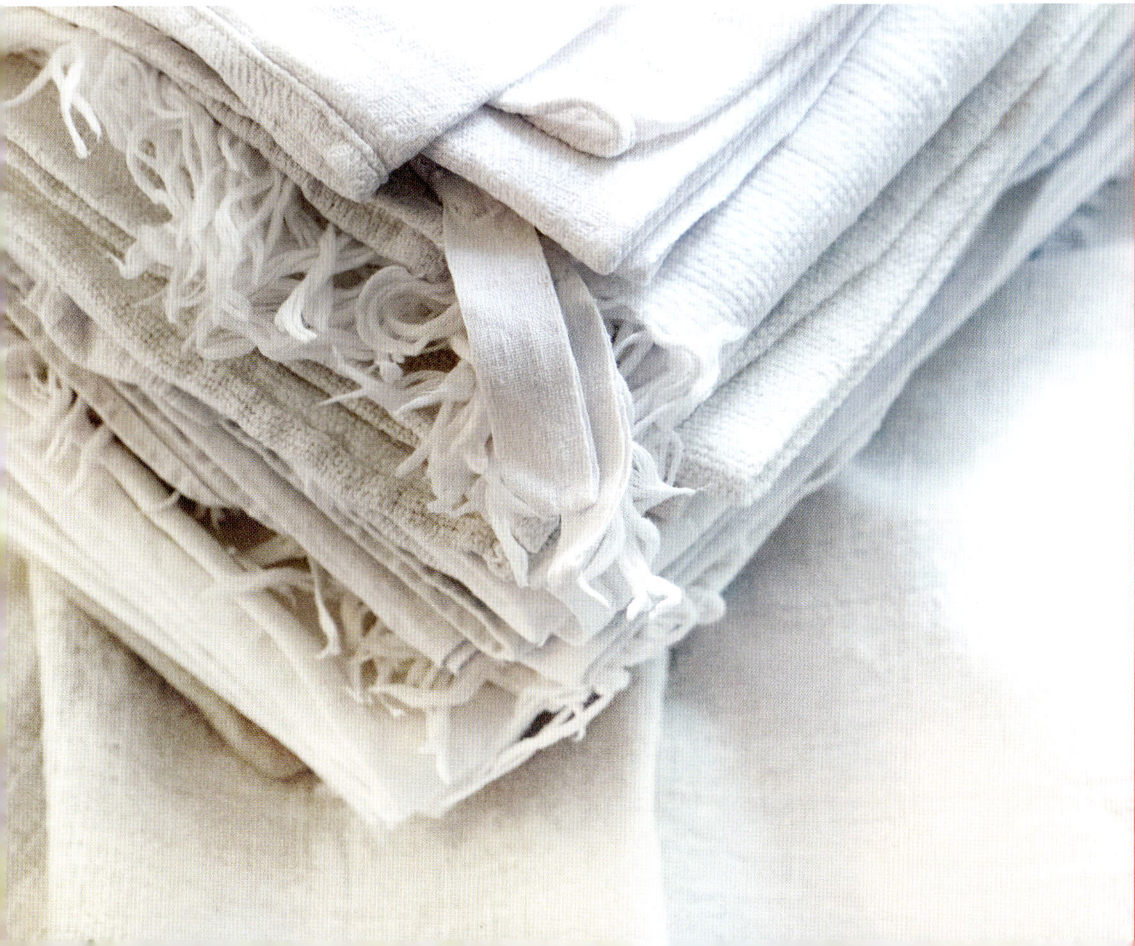

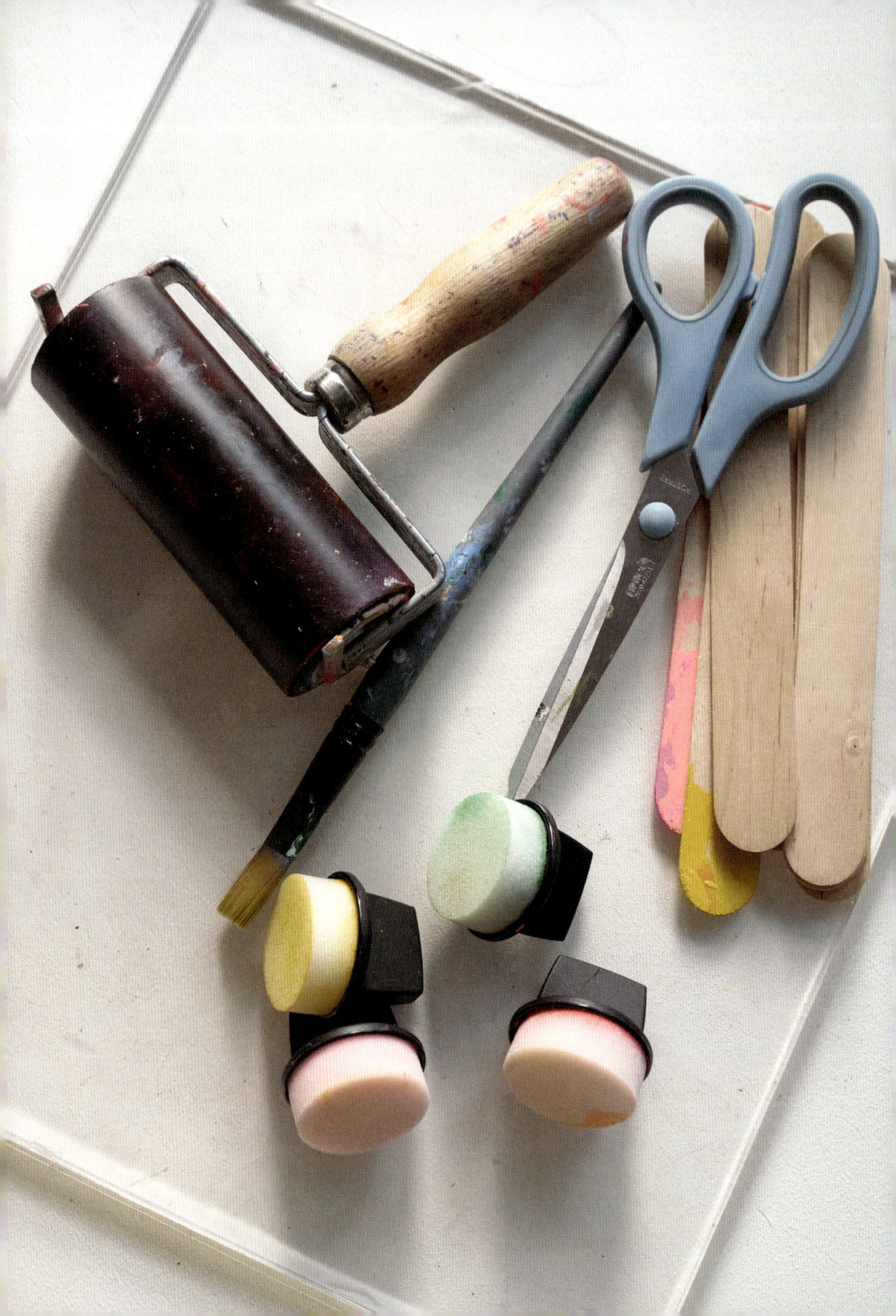

WERKZEUGE

Einige Drucktechniken erfordern eine Linolwalze. Ansonsten können Sie die Farbe auch z. B. mit einem Pinsel oder den Fingern auftragen. Linolwalzen ermöglichen einen gleichmäßigeren, schnelleren und dünneren Auftrag. Mit einen Farbspachtel oder flachen Holzspatel kann man Farben mischen und überschüssige Farbe wieder von der Gelliplatte entfernen, falls man einmal zu viel aufgetragen oder nach dem Mischen übrig haben sollte.

Eine Schere und Klebeband sind immer gute Begleiter. Ebenso Schwämme aller Art, und zwar sowohl zum Entfernen als auch zum Auftragen von Farbe, z. B. bei Schablonen. Im Foto links sieht man die elegante Variante aus dem Bastelladen, aber genauso kann man einfache Spülschwämme in der gewünschten Größe zuschneiden.

Spültücher sind übrigens nicht nur zum Saubermachen geeignet, sondern meist mit interessanten Strukturen versehen, mit denen sich tolle Texturen erzeugen lassen. Und dann: Feuchttücher (z. B. Babyfeuchttücher). Sie erzeugen natürlich Abfall, aber sie eignen sich wunderbar dazu, zwischendrin die Gelliplatte, die Walze oder die Stempel sauber zu machen. Das kann man ebenso mit einem Spülschwämmchen und etwas Spülmittel tun, aber dann landet eben wieder Farbe im Abwasser. Manche Farben, vor allem dunkle, hinterlassen hartnäckige Schlieren auf der Gelliplatte, die mit Wasser und Spülmittel so gut wie nicht zu entfernen sind. Feuchttücher, die rückfettende Substanzen enthalten, wirken da Wunder.

Grundsätzlich ist es am besten, alle Materialien griffbereit herauszulegen, damit man das Drucken nicht unterbrechen muss, wenn etwas fehlt.

REZEPT: SELBST GEMACHTE GELLIPLATTE

9 Päckchen Gelatinepulver (kein Sofort- oder Schnell-Gelatinepulver) unter Rühren in einen Topf mit 250 ml kaltem Wasser geben und 10 min quellen lassen. Dann langsam erwärmen, bis die Masse flüssig wird. Vom Herd nehmen, eventuell etwas abkühlen lassen und dann vorsichtig 125 ml Isopropylalkohol und 125 ml pflanzliches Glycerin einrühren. Durch ein Sieb in ein Backblech (dafür braucht man die doppelte Menge) oder in verschiedene Formen gießen, mindestens 1,5 cm dick. Leicht hin- und herschütteln, damit die Luftblasen verschwinden. Fest werden lassen, das dauert eventuell einige Tage.
Achtung: Der Alkohol dunstet aus, nicht in der Nähe von Kindern oder in einem sehr kleinen Raum fest werden lassen! Die fertige Gelliplatte kann in Stücke geschnitten und sogar wieder erhitzt und neu gegossen werden. Flach lagern.

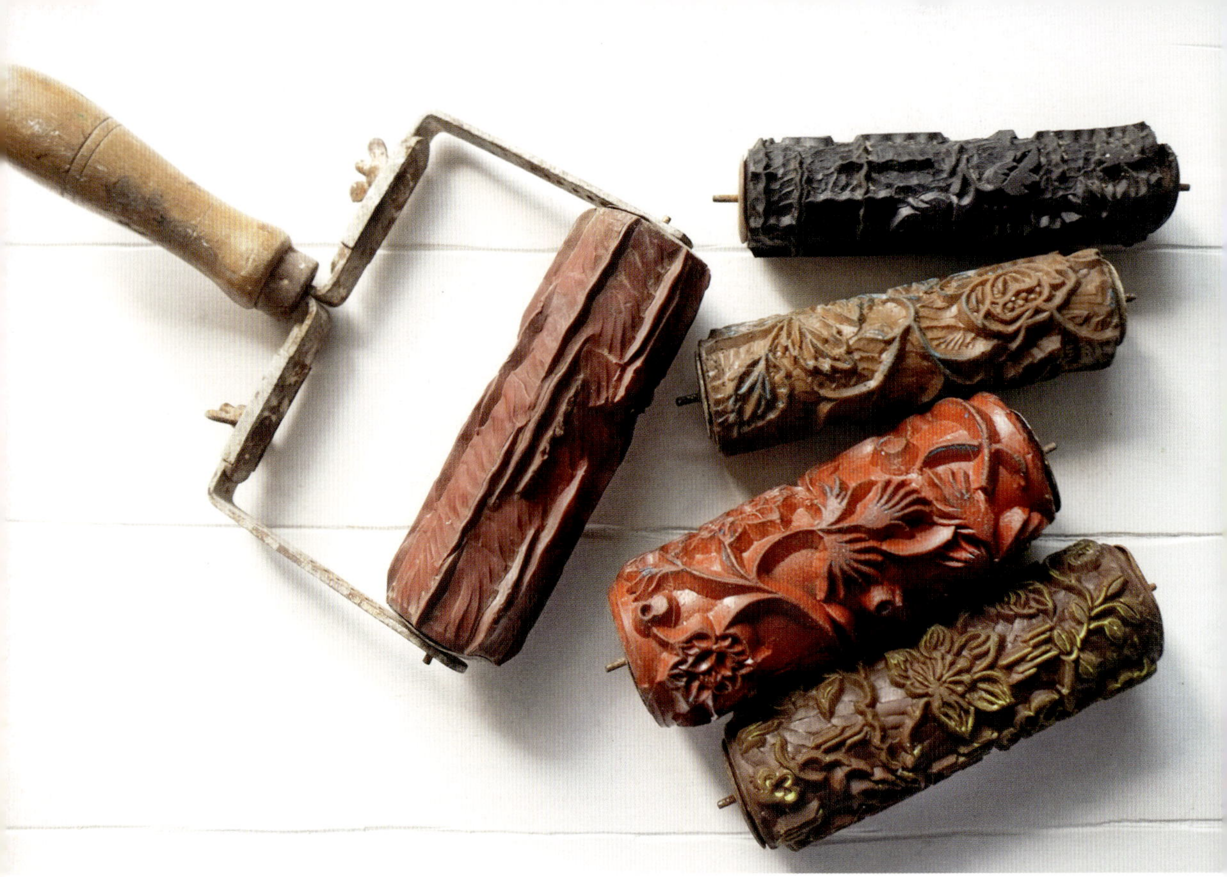

STEMPEL

Stempel gibt es in vielen Varianten – gekauft und selbst gemacht. Wir sind beide Grafikerinnen und lieben alles, was mit Schrift zu tun hat, deshalb tauchen bei uns immer wieder Schrift- oder Buchstabenstempel auf. Unsere Sammlung stammt von Flohmärkten oder aus Kleinanzeigen. Dort sind manchmal auch alte Schulstempel zu finden. Meist sind das alte Landkarten, die als Unterrichtsmaterial gestempelt wurden, bevor es überall Drucker und Kopierer gab.

Bei den Walzen oben im Foto handelt es sich um alte Malerrollen. Man nennt sie auch Strukturwalzen; man hat mit ihnen Muster auf Wände aufgebracht. Diese Rollen gibt es auch neu zu kaufen, mit teilweise sensationell schönen Motiven. Rollen bzw. Walzen haben den Vorteil, quasi unendliche Muster erzeugen zu können, also große Flächen mit wenig Aufwand zu gestalten.

Sie können ebenfalls ein altes Wellholz (Teigrolle, Kuchenrolle, oder im Kleinformat: einen Fusselroller) verwenden, um ähnliche Effekte zu erzielen. Die einfachste Variante ist, Gummibänder oder Fäden rundherum aufzubringen. Selbst kleine Motive, z. B. aus Moosgummi (siehe Seite 54), sind möglich.

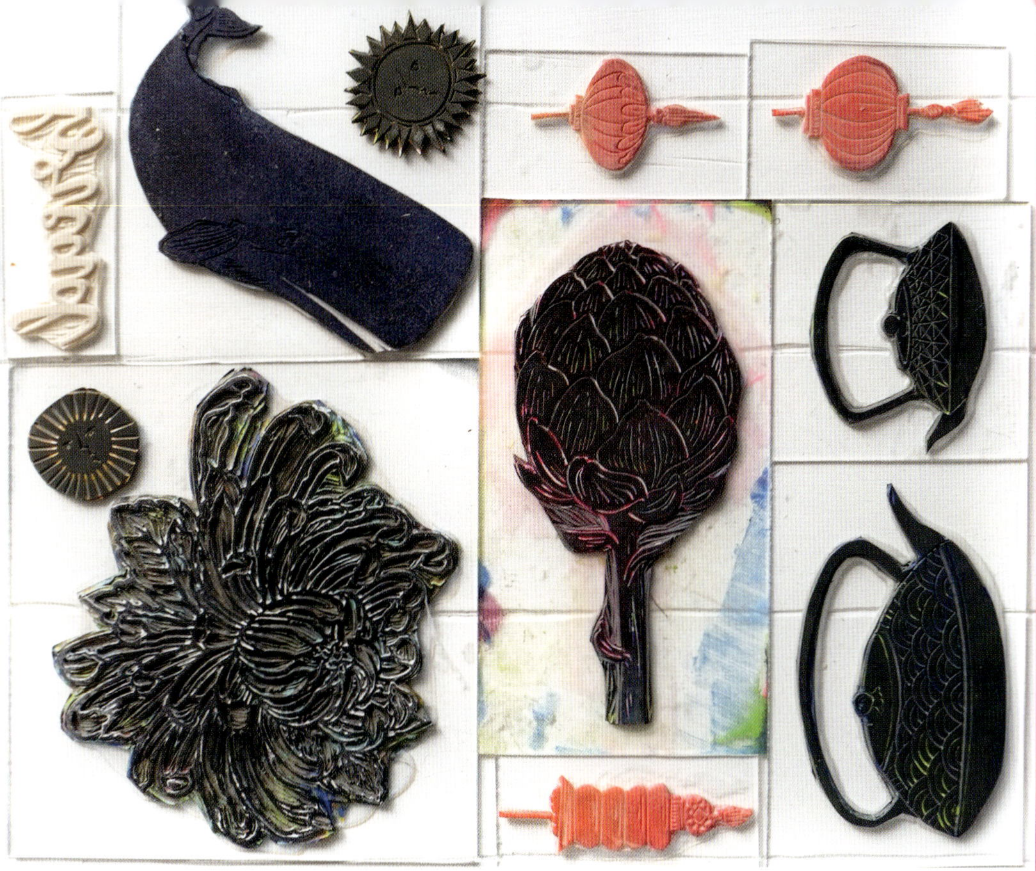

Was wir überwiegend verwenden, sind handgeschnitzte Linoleumstempel. Sie lassen sich ebenfalls simpel herstellen. Es gibt inzwischen sogenanntes Softlinoleum im Bastelbedarf, das ganz weich ist und sich leicht und schnell schnitzen und schneiden lässt. Schöne, individuelle Stempel kann man aber auch auf Kunsthandwerkermärkten oder im Internet in einer riesigen Auswahl finden. Gelliprint bietet unerschöpfliche Möglichkeiten und nutzt vielerlei Dinge: von „Spezialwerkzeugen" bis hin zu Haushaltsgegenständen. Es gibt z. B. Glückwunschkarten mit 3-D-Schriftzügen wie „Birthday". Sie kosten nicht viel, und die Schrift lässt sich vorsichtig ablösen und auf eine festere Fläche kleben. Bei selbst gemachten Schriftstempeln bitte immer überlegen, ob sie im fertigen Druck richtig herum erscheinen.

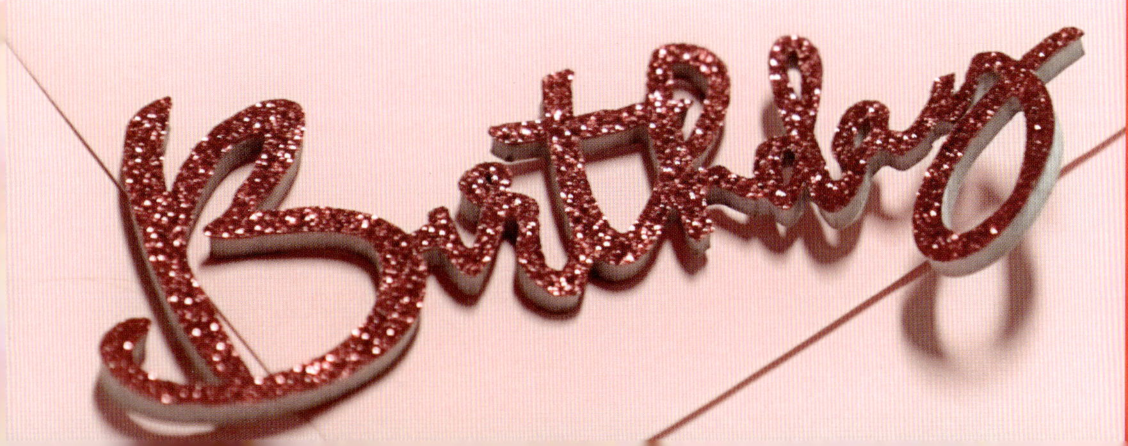

Farben

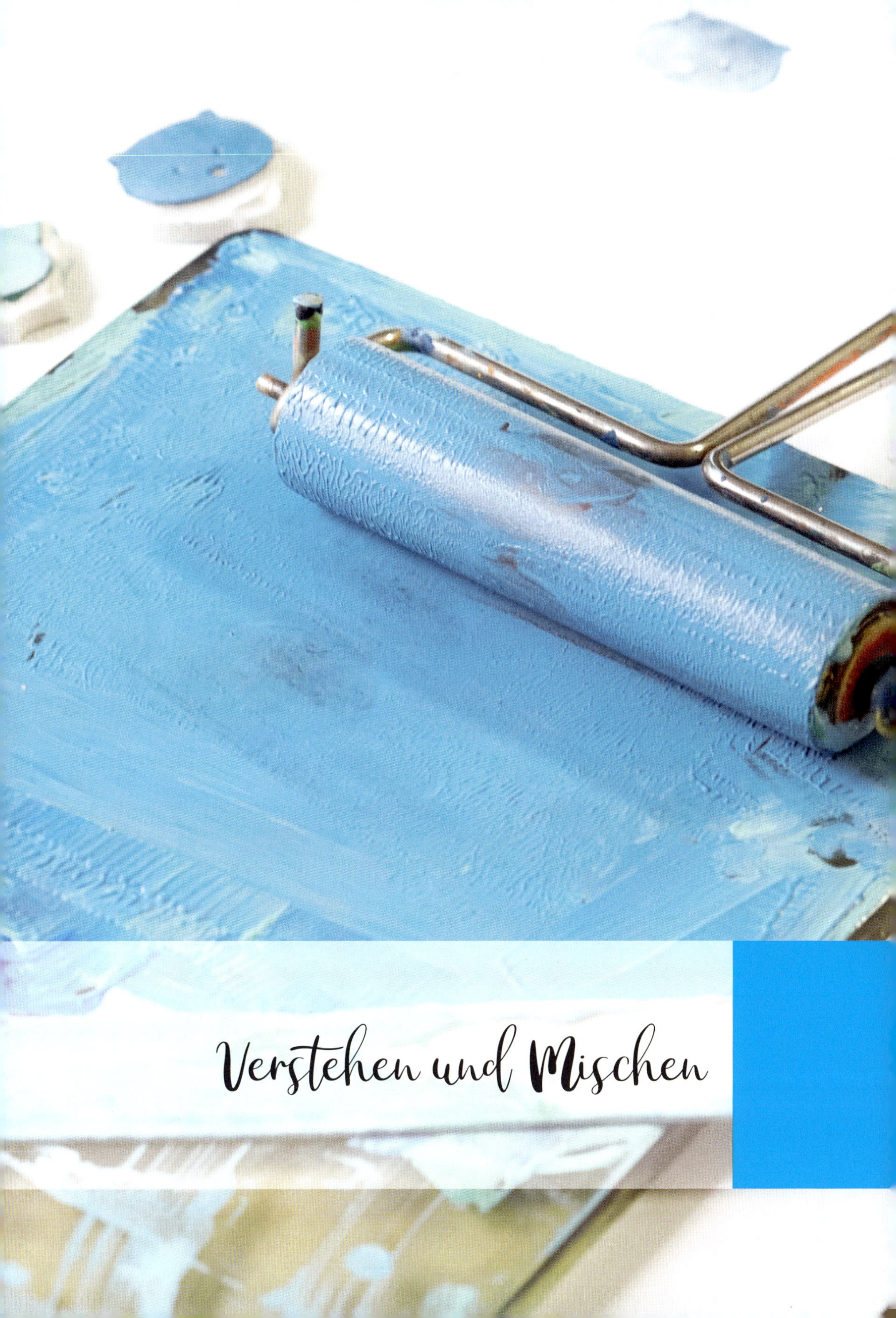

Verstehen und Mischen

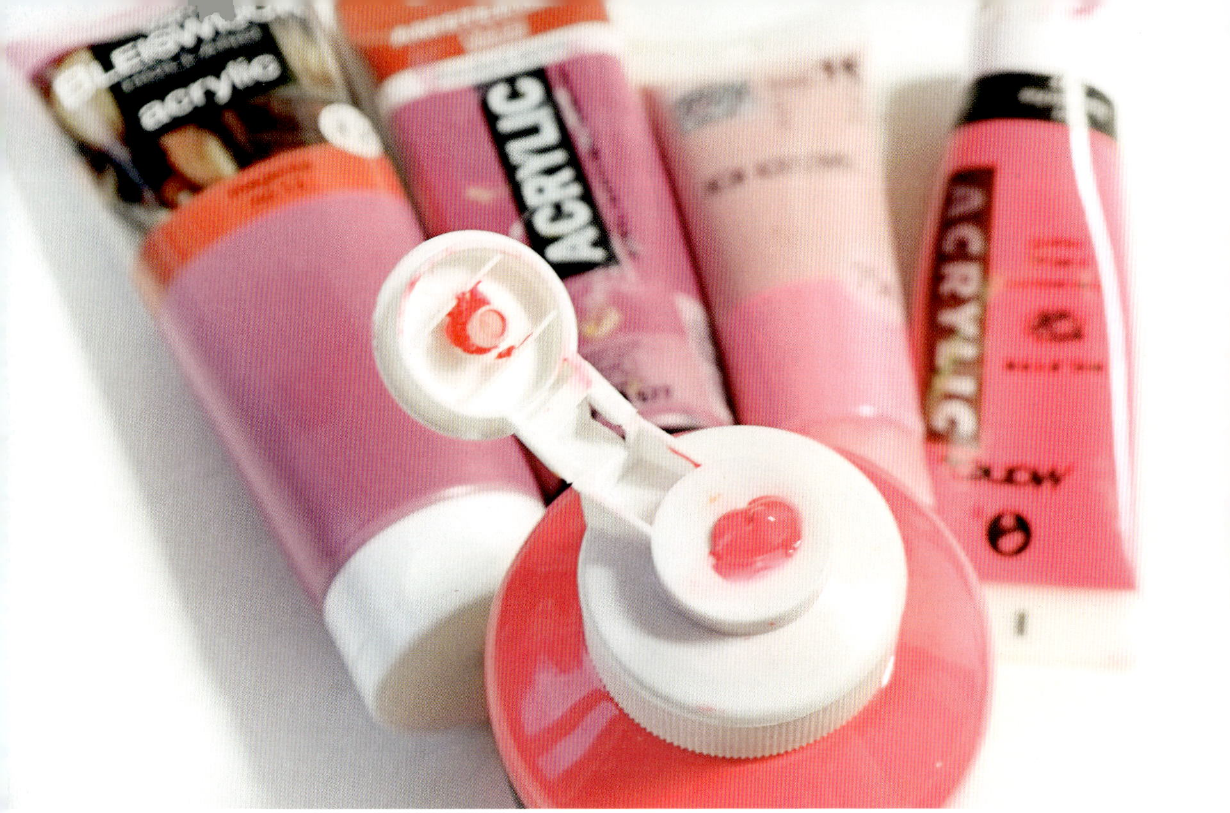

FARBEN VERSTEHEN UND MISCHEN – DIE FARBPALETTE

Jeder Mensch hat Lieblingsfarben. Meist reicht ein Blick in den Kleiderschrank, um zu erkennen, zu welchen Farben man sich hingezogen fühlt. Farben sind ein ganz entscheidender Punkt beim Gellidrucken. Dieselbe Technik bzw. dasselbe Motiv kann je nach Farbe eine ganz andere Wirkung entfalten. Wenn Sie mit einer Lieblingsfarbe drucken, ist die Wahrscheinlichkeit groß, dass das Druckergebnis Sie glücklich macht. Falls dieser Effekt nicht eintreten sollte: Probieren Sie eine andere Farbe aus!

Bei der blaugrünen Farbpalette spricht man von „kalten“ Farben, der Bereich von Gelb bis Rot wird als „warm“ eingestuft. Farben haben auch eine psychologische Wirkung: Entsprechend gelten die warmen Farben eher als fröhlich und positiv, kalte Farben dagegen als ruhig und zurückhaltender. Wenn Ihre Lieblingsfarbe Grün ist, werden Sie diese jedoch durchaus ebenso als fröhlich und ansprechend wahrnehmen.

Leuchtende Farben, wie z. B. Pink und Türkis, sind schwieriger zu mischen und werden besser direkt als fertige Farbe gekauft.

Farben sind ein Thema, über das man ein komplettes Buch schreiben könnte. Aber man kann das Ganze auf vier wichtige Kategorien oder Themen herunterbrechen, dir wir Ihnen nun vorstellen.

DER FARBKREIS

Vielleicht kennen Sie noch aus der Schule den sogenannten Farbkreis. Er zeigt die Zusammenhänge zwischen den einzelnen Farben. Theoretisch ließen sich so gut wie alle Farben aus den Grundfarben Rot, Gelb und Blau mischen. Schwarz und Weiß gelten nicht als Farben, die begegnen uns aber gleich noch einmal, wenn es um Farbsättigung geht.

Der Farbkreis zeigt, wie sich Farbmischungen erzeugen lassen. In der Praxis ist es einfacher, wenn Sie sich Ihre Lieblingsfarben kaufen und sie direkt, ohne Mischen, aus der Tube verwenden. Das kann allerdings ein teurer Spaß werden – die Alternative ist, sich die Grundfarben zu kaufen, ein paar Farbexperimente zu machen und sich dann Lieblingsfarben anzurühren. Man kann sie in Plastikdosen oder Gläsern mit Schraubdeckel vorbereiten und aufbewahren. Das gilt auch für Reste, die man später noch einmal verwenden kann. Aber aufgepasst: Acrylfarbe trocknet schneller ein und lässt sich nicht noch einmal verflüssigen. Die meisten Stofffarben dagegen können mit Wasser noch einmal verdünnt und „reaktiviert" werden.

Für alle, die tiefer ins Farbenmischen einsteigen wollen: Es gibt Farbkreise mit Mischanleitungen für wenig Geld, die alle Zusammenhänge sehr leicht nachvollziehbar machen.

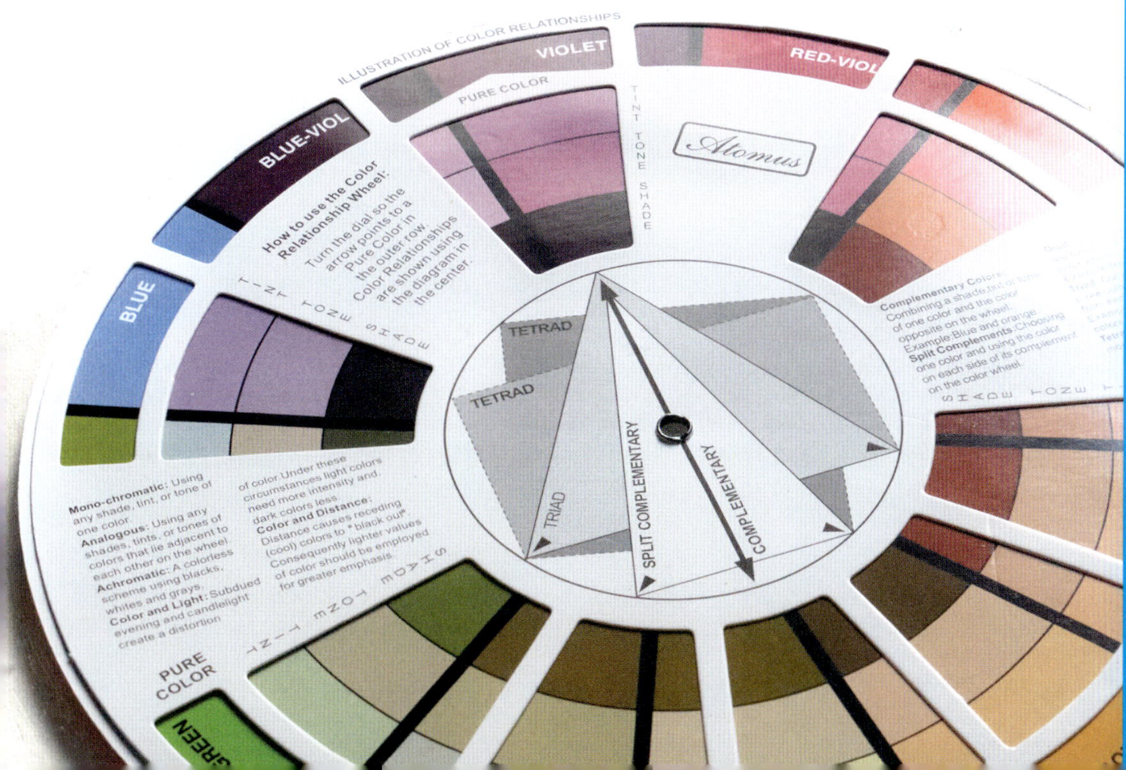

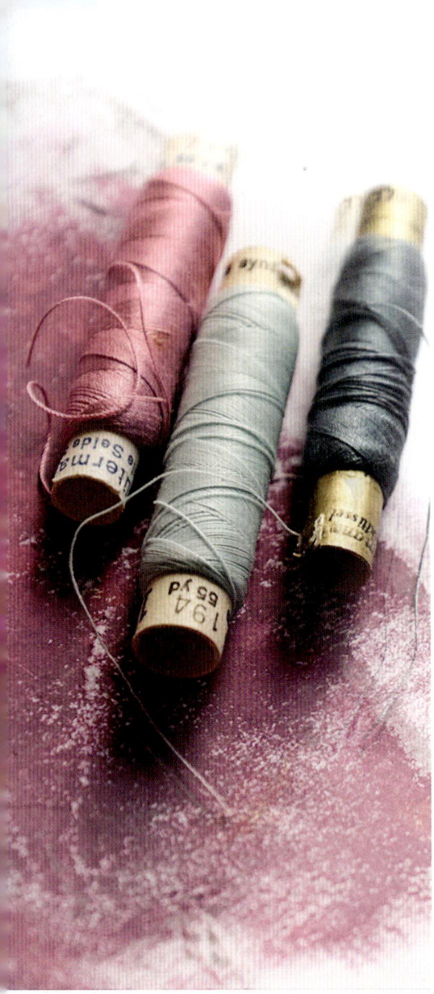

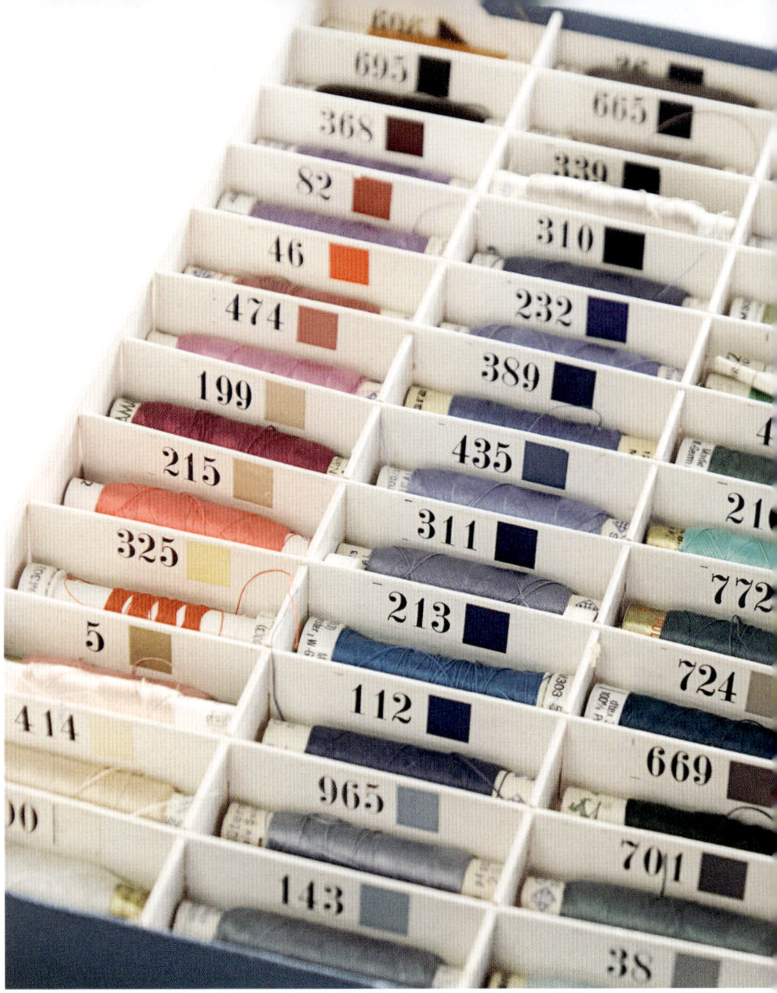

ABSTUFUNGEN

Aus der Mischung der Grundfarben lassen sich theoretisch Millionen von Farbtönen, d. h. Abstufungen oder Schattierungen, erzeugen. Wenn Sie das Meer anschauen, werden Sie unendlich viele verschiedene Blau-, Grün- oder Silbertöne finden. Verwendet man mehrere dieser Abstufungen bzw. Schattierungen, passen diese Farben immer zusammen und ergeben einen harmonischen Eindruck, ohne sich gegenseitig Konkurrenz zu machen.

SÄTTIGUNG

Neben den Abstufungen, die sich aus der Mischung der Grundfarben ergeben, gibt es noch eine andere Variante der Farbgestaltung: die Sättigung oder Intensität. Man kann durch Zugeben von Schwarz und Weiß nämlich noch einmal eine ganz eigene Farbpalette entwickeln.

Die Farben verlieren dabei an Intensität oder Leuchtkraft. Das ist nicht wertend gemeint. Wenn man die Sättigung bzw. Intensität verringert, werden die Farben sanfter und zarter. Im Wohnbereich z. B. suchen wir uns oft unbewusst sanftere Farben aus als bei unserer Kleidung, da (zu) bunte Farben hier unruhig machen können. Je mehr Schwarz oder Weiß (oder beides) wir einer Farbe beimischen, desto mehr bewegt sich die Farbe in Richtung Grau.

Eine Verringerung der Intensität und Leuchtkraft kann als Gestaltungsmittel eingesetzt werden. Mit Schwarz und einer Spur Weiß abgetönte Farben sind z. B. typisch für die Fünfzigerjahre (oder Mid-Century-Style) und erzielen einen schönen Vintage-Effekt. Das Abtönen kann Farben aber auch irgendwann langweilig oder düster wirken lassen. Dann fehlen vielleicht Kontraste wie reines Schwarz oder Weiß zur Ergänzung. Oder man kann den sogenannten Komplementärkontrast einsetzen, den wir auf der nächsten Seite erklären.

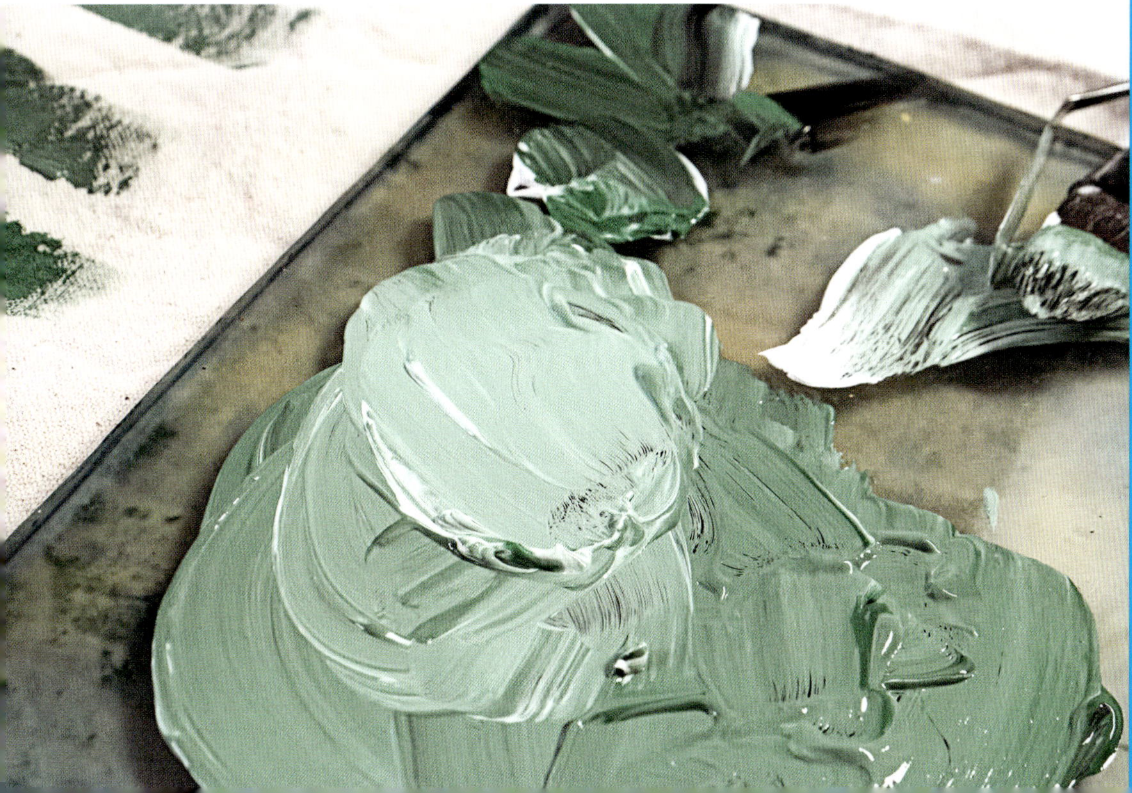

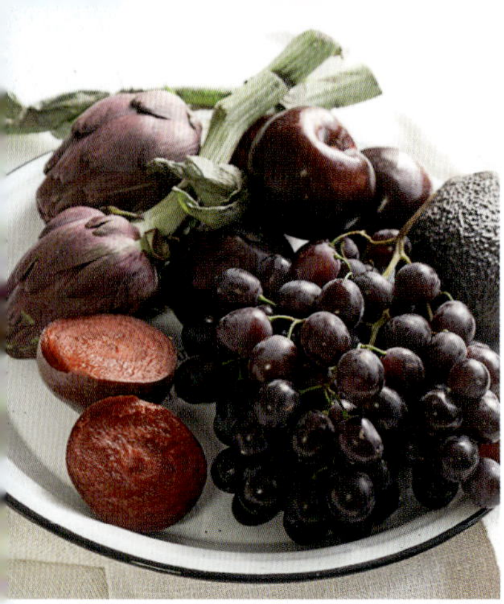

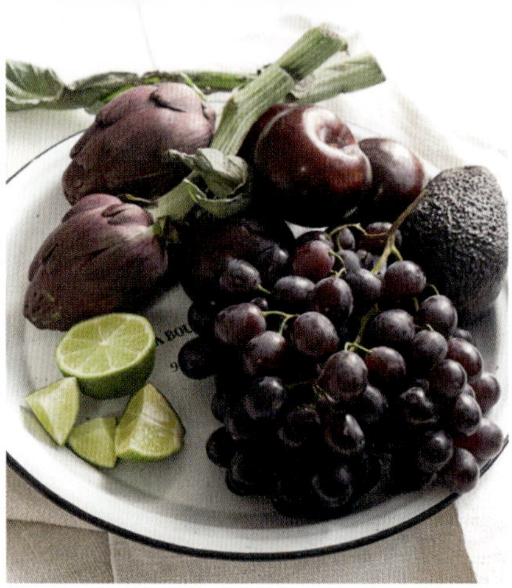

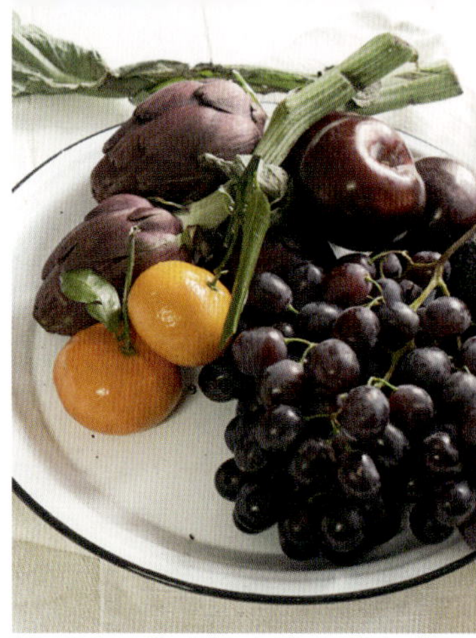

KOMPLEMENTÄRFARBEN

Um Farbmischungen auszuprobieren, müssen Sie keine langen Testreihen mit Ihren Farbtuben machen. Farben begegnen Ihnen überall im Alltag ... in Form von Essen, Alltagsgegenständen, Schmuck oder Farbmustern aus dem Baumarkt.

Grundsätzlich gibt es bei Farben kein falsch oder richtig. Entscheidend ist, was Ihnen gefällt – aber unsere vier Prinzipien helfen weiter, wenn Sie einmal mit einem Druckergebnis nicht glücklich sein sollten und zu verstehen versuchen, warum das so ist.

Die drei Fotos oben zeigen Ihnen, worum es geht. Im Bild links sehen Sie Farben aus einer Farbfamilie: Abstufungen in Violett, einem dem kalten Spektrum zugeordneten Farbton. Das (ebenfalls kalte) Grün der Artischockenstängel bildet keinen starken Kontrast. Den größten Kontrast sehen wir in der Schnittfläche der Roten Bete. Rot ist zwar eigentlich ein warmer Farbton, dieses Rot ist aber sehr dunkel und geht fast ins Violette. Insgesamt machen die Farben einen harmonischen, zurückhaltenden Eindruck.

Im zweiten Bild haben wir die Rote Bete durch eine aufgeschnittene Limette ersetzt. Im Vergleich zu den Artischockenstängeln leuchtet dieses Grün viel stärker, und zwar einerseits durch den höheren Gelbgehalt der (nicht entsättigten) Farbe und andererseits durch den Helligkeitskontrast. Das Limettengrün ist deutlich heller als die umgebenden Farben.

Einen noch stärkeren Farbkontrast zeigt das dritte Bild mit den Mandarinen. Je deutlicher sich Farben auf dem Farbkreis gegenüberliegen, desto stärker kontrastieren sie. Gelb und Orange liegen im Farbkreis Blau und Violett direkt gegenüber. Komplementärfarben können wir immer dann einsetzen, wenn etwas leuchten, herausstechen oder einen knalligen Effekt erzielen soll.

FARBEN UM UNS HERUM

Wir sind ständig von Farben umgeben. Unser Kleiderschrank verrät uns z. B., welche Farben wir lieben und womit wir uns wohlfühlen. Jeder Wochenmarktbesuch oder die Papierabteilung im Laden für Bürobedarf verführt mit neuen Farbkombinationen. Das Acrylfarbenregal im Bastel- oder Kunstbedarfsladen ist ein einziges Versprechen, ebenso die Farbmusterkarten in der Farbenabteilung jedes Baumarkts.

Sammeln Sie im Alltag Farben und Farbkombinationen, die Ihnen auffallen und die Sie anziehen. Eine ganz einfache Möglichkeit ist, ein Foto zu machen, wir haben ja mittlerweile immer unsere Handys dabei. Und erwecken Sie die Farbkombinationen dann auf Ihrer Gelliplatte zum Leben.

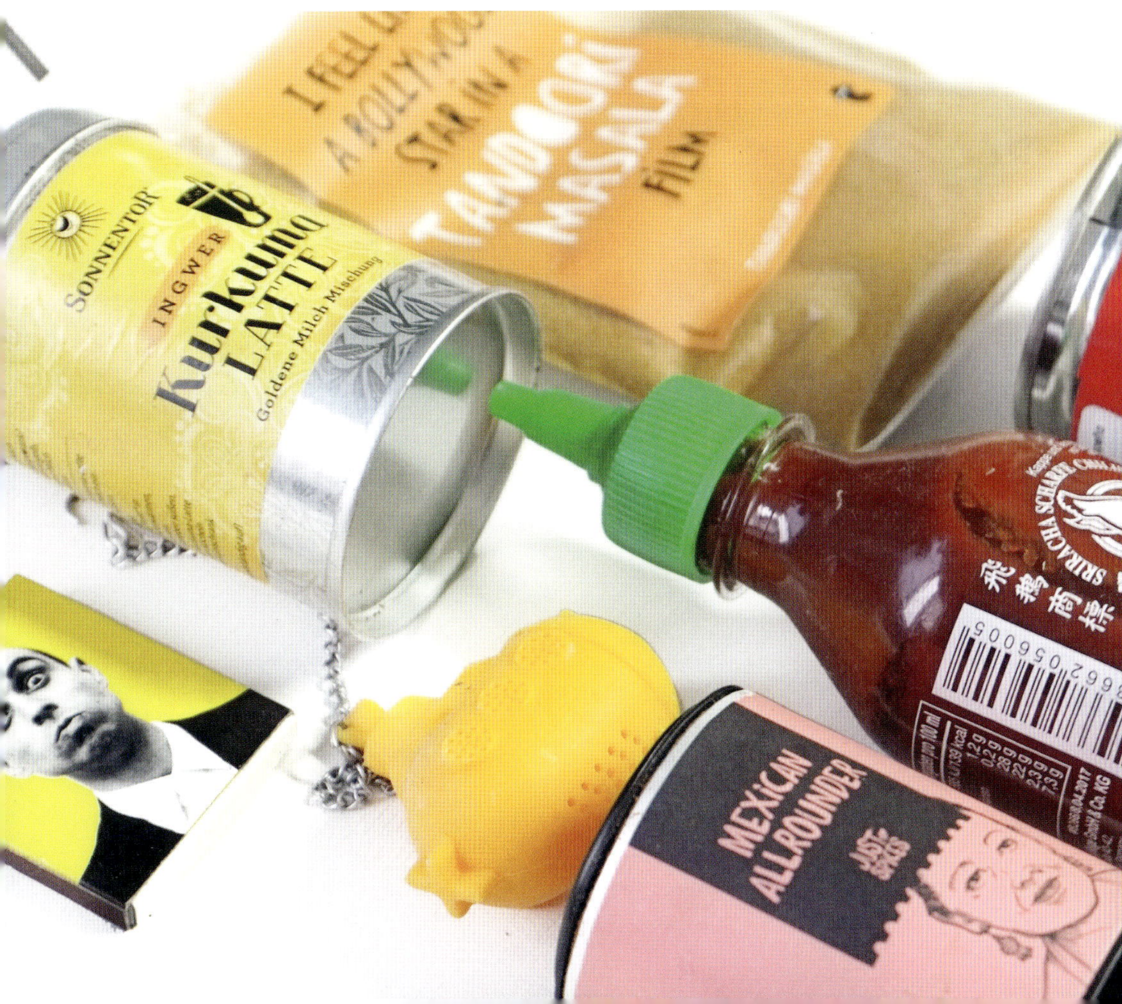

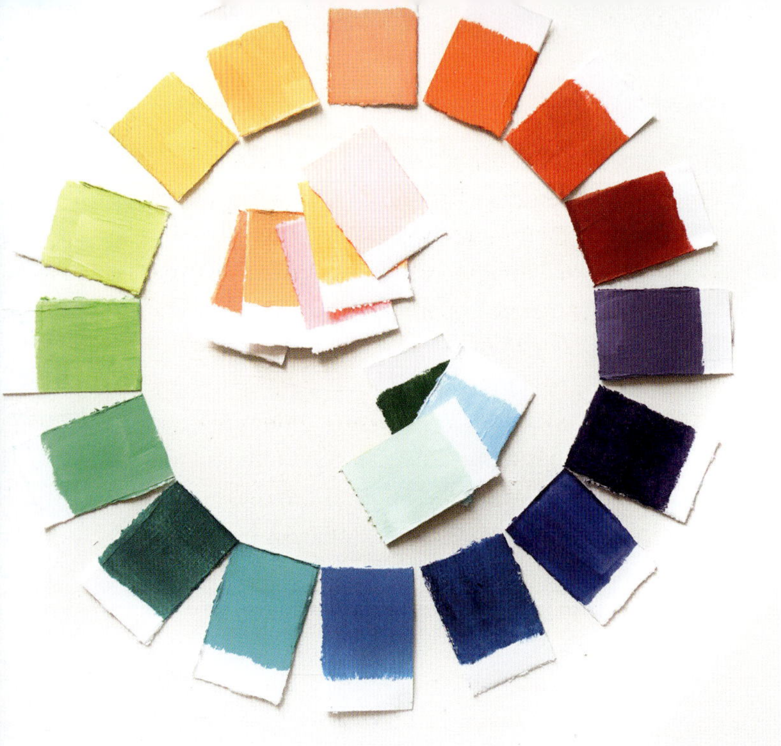
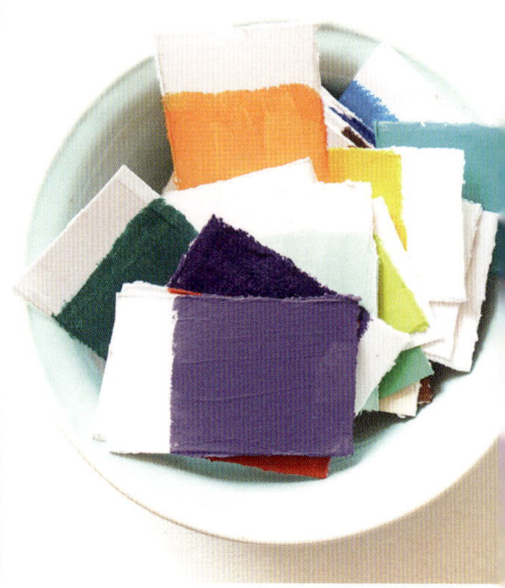

EIGENE FARBKOMBINATIONEN ENTWICKELN

Die vorigen Seiten haben gezeigt, wie vielfältig und nahezu unbegrenzt Farben sind. In der Praxis werden wir aber immer mit einigen Lieblingsfarben drucken bzw. mit den Farben, die wir zu Hause haben, – und allen Farben, die sich daraus mischen lassen. Deshalb geht es jetzt darum, die vorhandenen Farben besser kennenzulernen, und das machen wir am besten direkt mit einem Projekt.

FARBMUSTER GESTALTEN

Wenn es später um mehrfarbigen Druck geht, ist die Farbzusammenstellung wirklich entscheidend für das Ergebnis. Man kann das natürlich intuitiv machen und einfach ausprobieren. Wenn man aber Enttäuschungen minimieren will, ist es sehr nützlich, die Farben vorher zusammenzustellen und zu testen. Solange man auf Papier druckt, kann man verschwenderischer damit umgehen. Wenn man aber auf Stoff druckt oder eine limitierte Ressource wie z. B. einen Lampenschirm bedrucken will, sind farbliche Fehlschläge ärgerlich.

Schneiden oder reißen Sie sich Papierstreifen zu – diese hier sind ca. 4 x 6 cm. Probieren Sie alle vorhandenen Farben aus. Wenn Sie einen weißen Streifen lassen, können Sie später Bemerkungen dazuschreiben, z. B. bei Mischfarben. Das mag zunächst langweilig klingen, aber im Grunde ist das eine herrlich meditative Arbeit, vor allem, wenn Sie nebenher Musik hören.

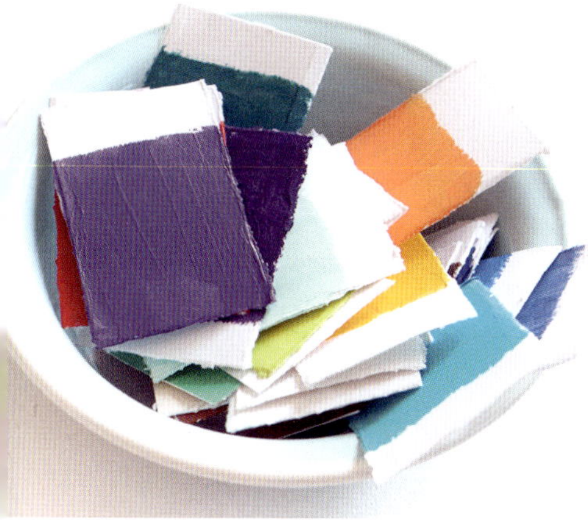

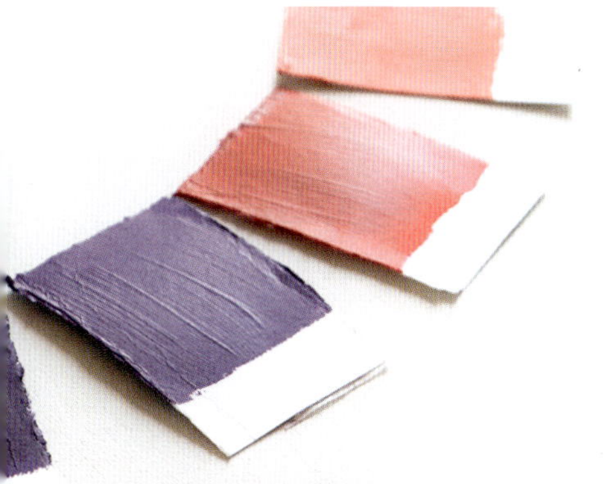

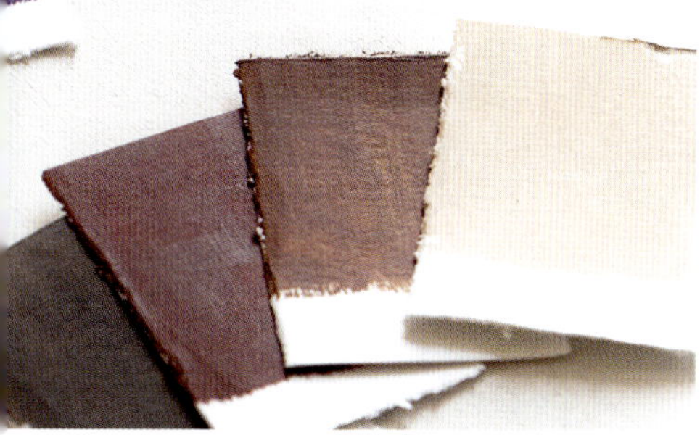

1. Legen Sie für Ihren persönlichen Farbkreis aus Ihren Proben zunächst die Grundfarben aus – Rot, Gelb und Blau – und danach deren direkte Mischtöne Grün, Orange und Violett. Wenn all diese Farben vorhanden oder mischbar sind, haben Sie schon eine gute Basis.

2. Erweitern Sie den Farbkreis, indem Sie alle Ihre Farbmuster zuordnen. Grasgrün gehört z. B. eher in Richtung Gelb, Mintgrün hat einen höheren Blauanteil und gehört in die blaue Richtung.

3. Falls Sie nicht genügend Farben haben, fangen Sie an, Farben zu mischen und auszuprobieren. Die Mischung wird je nach verwendeter Farbmenge anders. Ein Orange z. B. aus einem Teil Gelb und zwei Teilen Rot wird dunkler, ein Orange aus zwei oder drei Teilen Gelb und einem Teil Rot wird heller und leuchtender sein. Sie können nahezu unendlich viele Zwischentöne anmischen. Vermerken Sie das Mischverhältnis auf Ihrem Farbmuster, dann können Sie die Farbe immer wieder annähernd reproduzieren.

4. Achten Sie beim Legen schon darauf, wie sich die Farben anfühlen. Die Farben, die Ihnen hier besondere Freude bereiten, werden Sie nachher beim Drucken glücklich machen.

5. Sie werden vielleicht darüber hinaus Farben wie Grau oder Braun in Ihrer Farbpalette haben. Die passen nirgendwo direkt in den Farbkreis; man bezeichnet sie auch als „neutrale Farben". Sie können wilde Farbkombinationen ausgleichen, weil sie Ruhe mit ins Spiel bringen.

6. Farben wie Neonpink oder -orange sind ebenfalls Sonderfälle. Je krasser eine Farbe ist, desto vorsichtiger sollte sie eingesetzt werden, damit sie die anderen Farben nicht erschlägt. Sonderfarben eignen sich jedoch wunderbar für Akzente.

Drucken

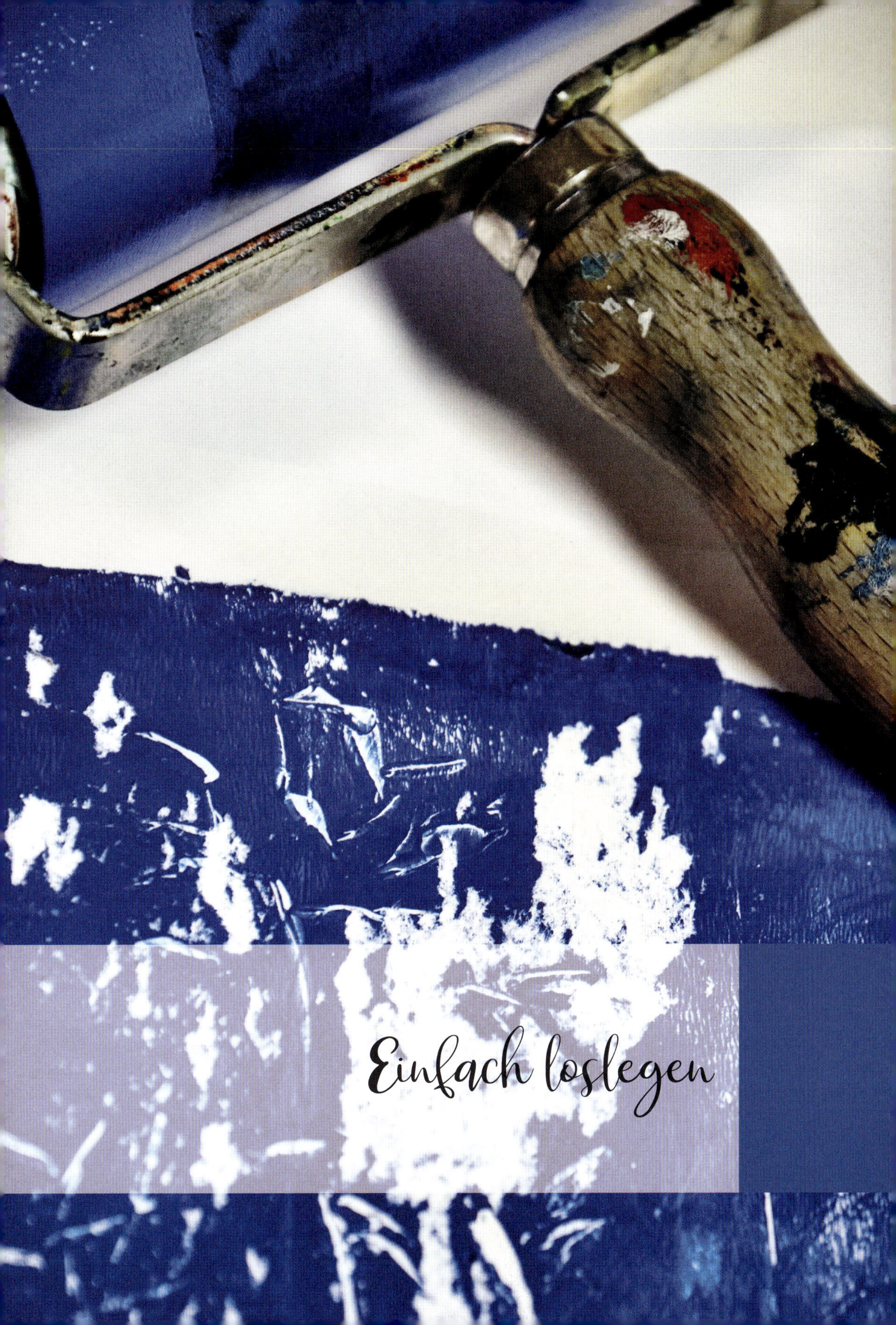

Einfach loslegen

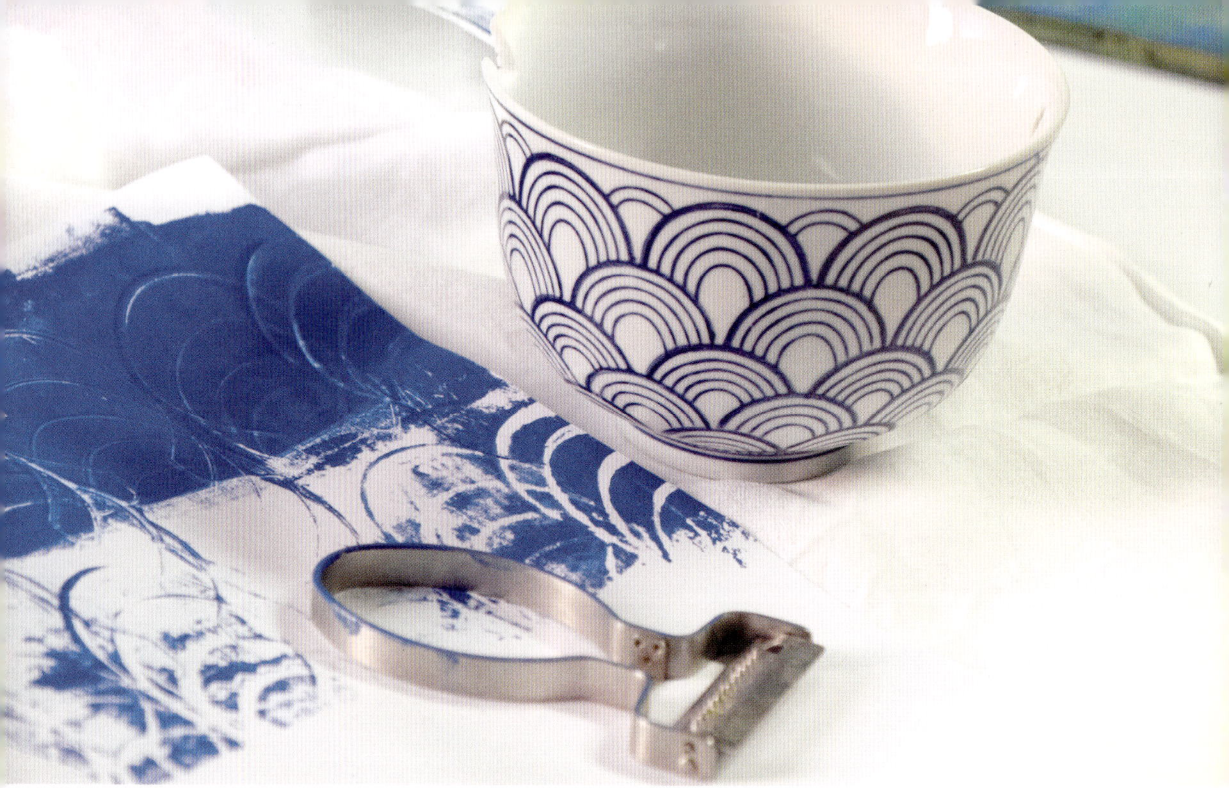

DRUCKEN MIT EINFACHEN HAUSHALTSGEGENSTÄNDEN

Am besten startet man Gellidruck direkt mit einem Projekt. Sie können nichts falsch machen, das Prinzip könnte nicht einfacher sein: Farbe auf die Gelliplatte auftragen, strukturieren, ein Blatt Papier darauflegen und die Farbe abreiben. Alles andere sind Variationen dieser Vorgehensweise. Für den Einstieg haben wir uns japanische Schälchen als Inspiration genommen und unsere Küchenschubladen nach Gegenständen (ohne Spitzen oder scharfe Kanten) durchsucht, mit denen man ähnliche Formen erzeugen kann. Und dann: loslegen!

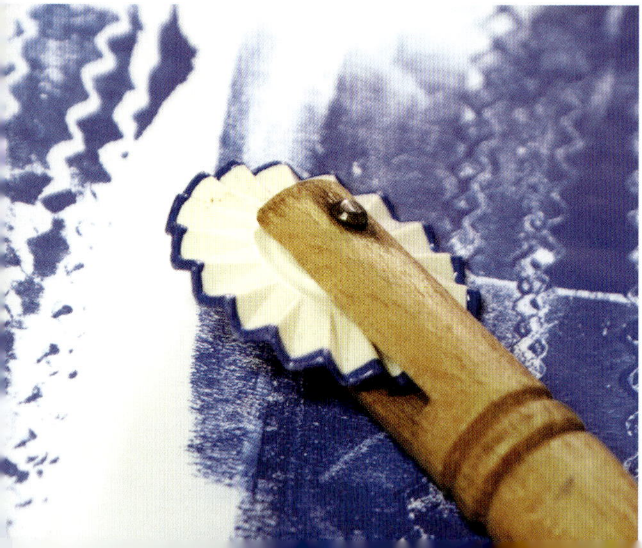

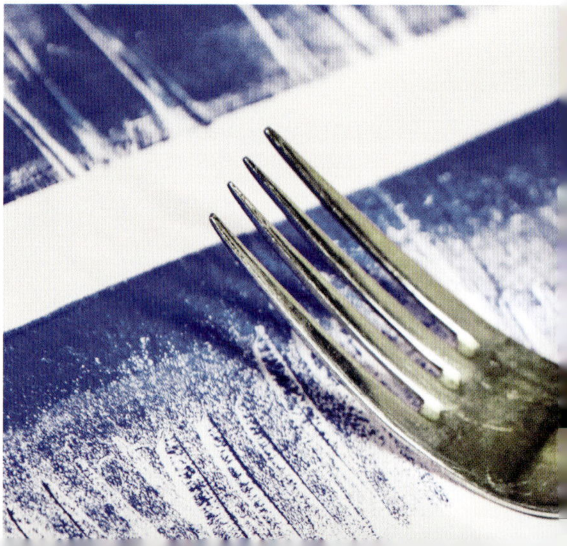

1. Suchen Sie in Ihrer Küchenschublade (oder der Werkzeugkiste, bei den Kinderspielsachen etc.) nach Gegenständen, die Spuren hinterlassen. Die Gegenstände sollten allerdings abwaschbar sein.

2. Legen Sie auch alles andere zurecht, was Sie zum Drucken brauchen: Gelliplatte, Farbe, Walze, ausreichend Papier, Zeitungspapier zum Unterlegen, alte Stofflappen oder Papiere zum Ablegen der Linolwalze oder zum Säubern der Gegenstände.

3. Walzen Sie die Gelliplatte gleichmäßig mit Farbe ein und beginnen Sie, Spuren darauf zu hinterlassen. Dabei nicht viel nachdenken, einfach machen.

4. Legen Sie dann ein Blatt Papier auf die noch feuchte Farbe und streichen Sie mit den Händen darüber. Ziehen Sie das Papier langsam ab. Machen Sie anschließend noch einen Ghostprint (siehe Seite 41) und lassen Sie sich überraschen!

5. Sie können dann die Gelliplatte reinigen oder bedenkenlos weitermachen, der nächste Farbauftrag wird die restliche Farbe anlösen und mit abdrucken. Experimentieren Sie mit den entstehenden Effekten – und haben Sie jede Menge Spaß beim Ausprobieren!

Die Vorgehensweise zeigen wir in einer der Lektionen unseres Onlinekurses.

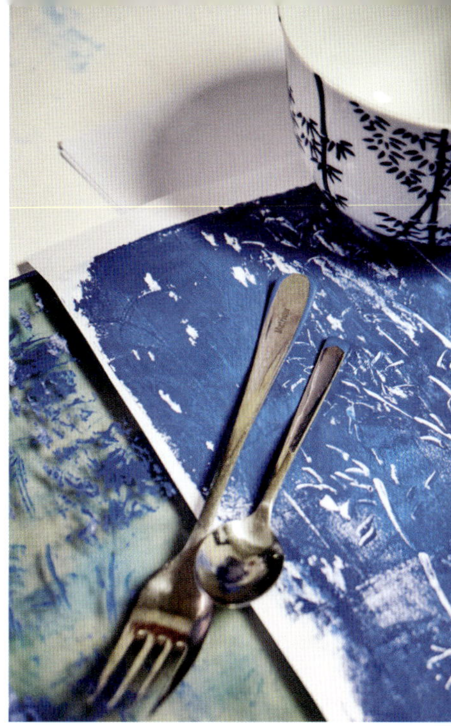

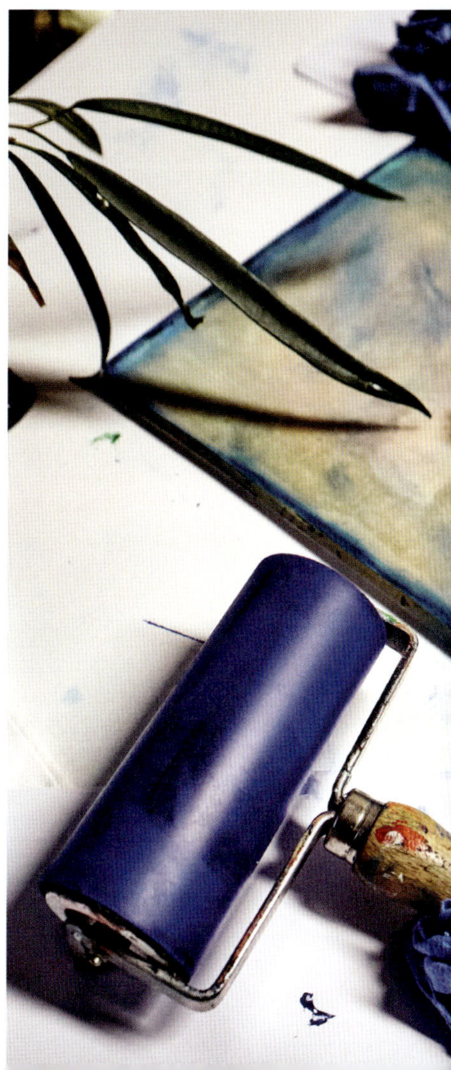

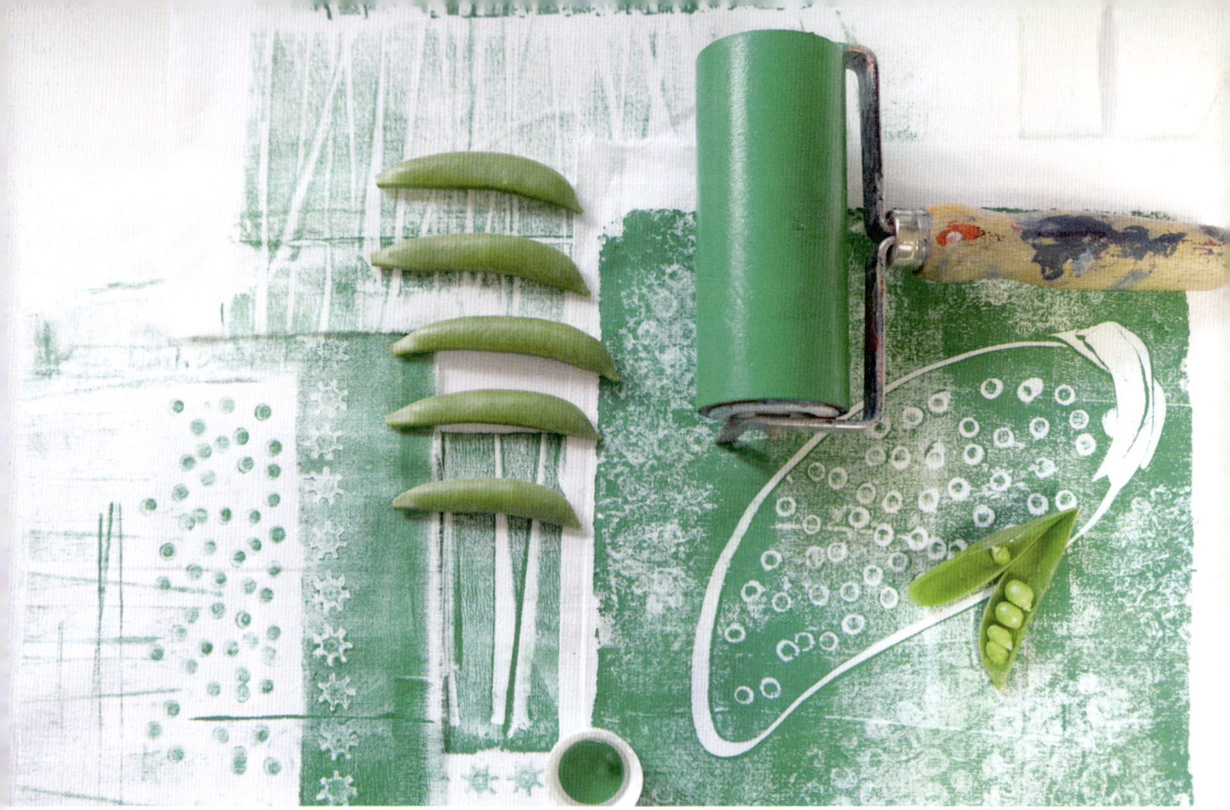

EINFACHE FORMEN DRUCKEN

Der nächste Schritt nach dem Gestalten mit Objekten aus der Küchenschublade oder dem Werkzeugkasten ist, dass wir selbst Formen bestimmen, die wir drucken wollen. Als Inspiration dienten hier Erbsenschoten. Einerseits also die runden Erbsen an sich, die perfekt durch die abgedrückten Kreise und Ovale verschiedener Deckel realisiert werden konnten. Andererseits die länglichen Schoten, die aus Papier geschnitten wurden.

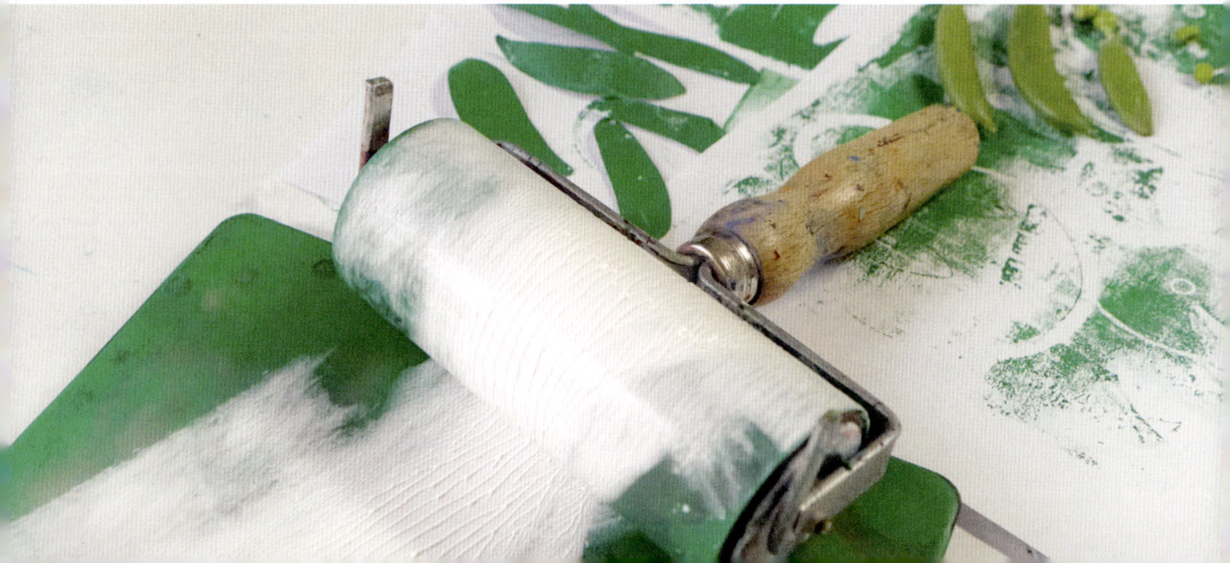

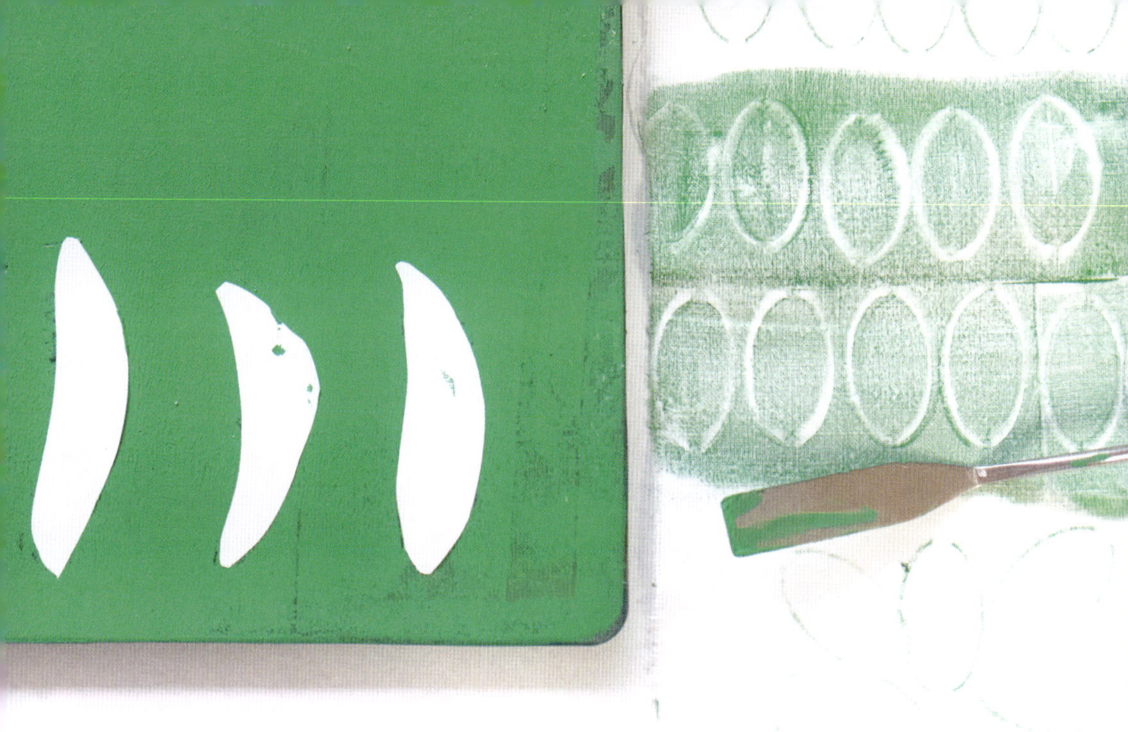

Weiße Flächen bzw. Aussparungen kann man auf zweierlei Weise erzielen:
a. die ausgeschnittenen Papierformen direkt auf die Gelliplatte legen, Farbe darüberwalzen, dann vorsichtig die Formen entfernen – der darunterliegende Bereich der Gelliplatte blieb ohne Farbauftrag, oder
b. erst die Farbe auf die Gelliplatte auftragen, dann die Papierformen auflegen, sodass verhindert wird, dass die darunterliegende Farbe abgedruckt wird.

Bei beiden Varianten können Sie der Farbfläche wieder mit Stempeln und anderen Gegenständen Struktur verleihen. Machen Sie aus Ihren ersten Papieren anschließend doch ein Minibuch (Projekt Seite 96)!

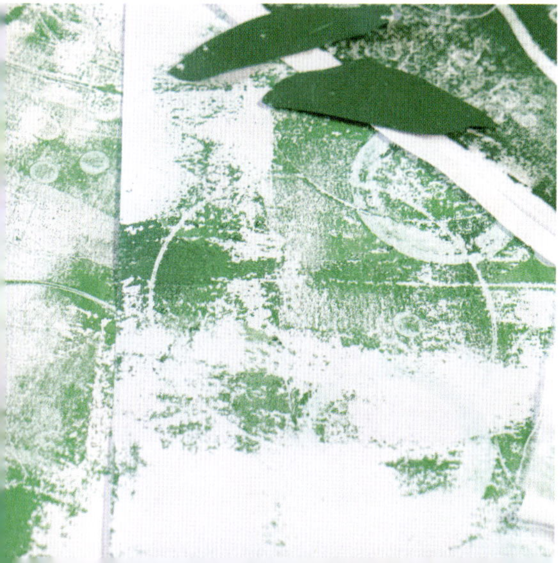

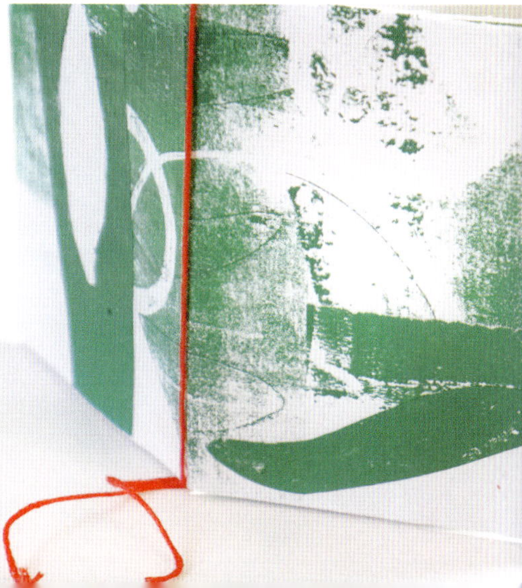

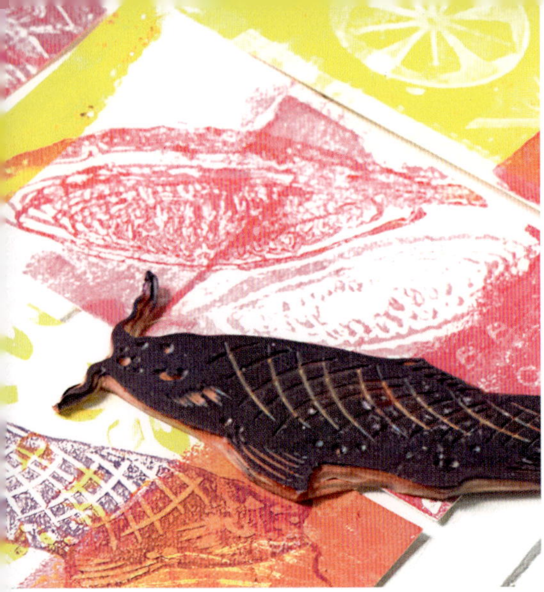

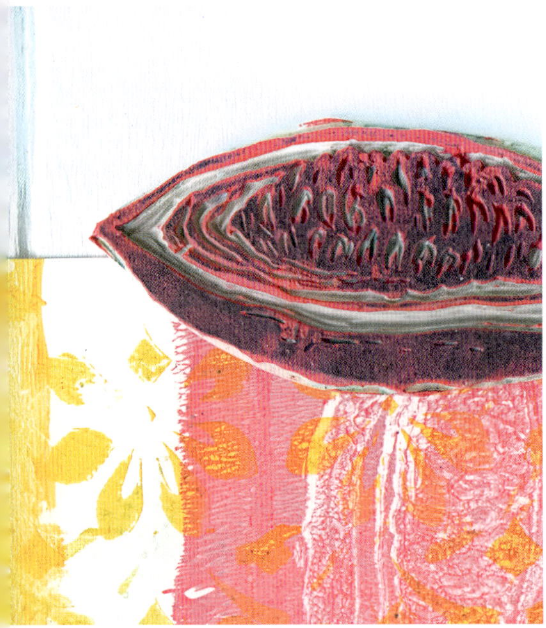

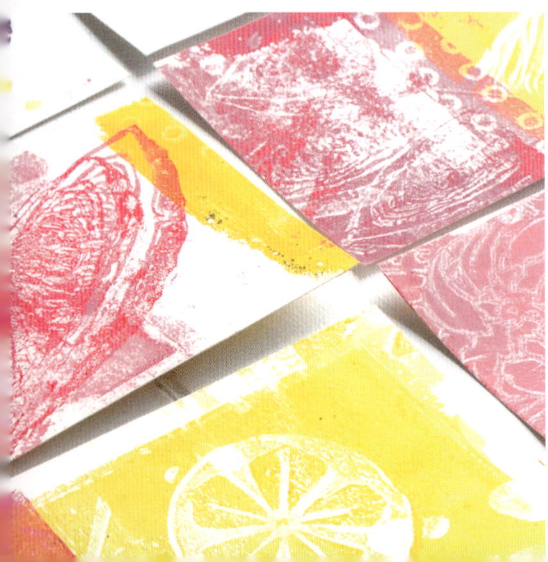

MEHRFARBIG DRUCKEN

Gelliprint lädt zum Experimentieren ein. Deshalb geht es im nächsten Schritt darum, eine ganze Serie zu drucken und sich von den Ergebnissen überraschen zu lassen. Diesmal starten wir ohne große Erklärungen direkt in ein Projekt.

1. Suchen Sie sich drei bis vier Farben aus, bei mehr Farben wird es schnell zu bunt. Das können ähnliche Farben sein (monochrom) oder Farben, die Kontraste bilden. Sie können den Unterschied in unserer Postkartenserie sehen: Rosa, Gelb und Rot sind warme Farben und damit in einer Farbfamilie. Violett dagegen stammt aus dem kälteren Spektrum und bildet einen starken Kontrast; die Farbwirkung wird knalliger. Falls Sie Grün- und Blautöne verwenden wollen, würden z. B. Orange oder Pink einen starken Kontrast ergeben.

2. Walzen Sie Ihre Gelliplatte mit einer dünnen Schicht Farbe ein und strukturieren Sie die Fläche. Nehmen Sie mit verschiedenen Stempeln Farbe von der Gelliplatte ab, sodass das Motiv als Negativ darauf erscheint.

3. Wenn Sie wie wir Postkarten machen wollen, schneiden Sie Ihre Wunschgröße aus Skizzen- oder Aquarellpapier zu oder nehmen Sie fertige Karteikarten (es gibt sie unliniert im Postkartenformat).

4. Fangen Sie an, Teile der Papierfläche auf die Gelliplatte zu legen und reiben Sie die Farbe ab. Sie müssen also nicht immer die ganze Gelliplatte gestalten und ein Papier verwenden, das größer als die Platte ist, sondern Sie können immer Teilabdrücke machen.

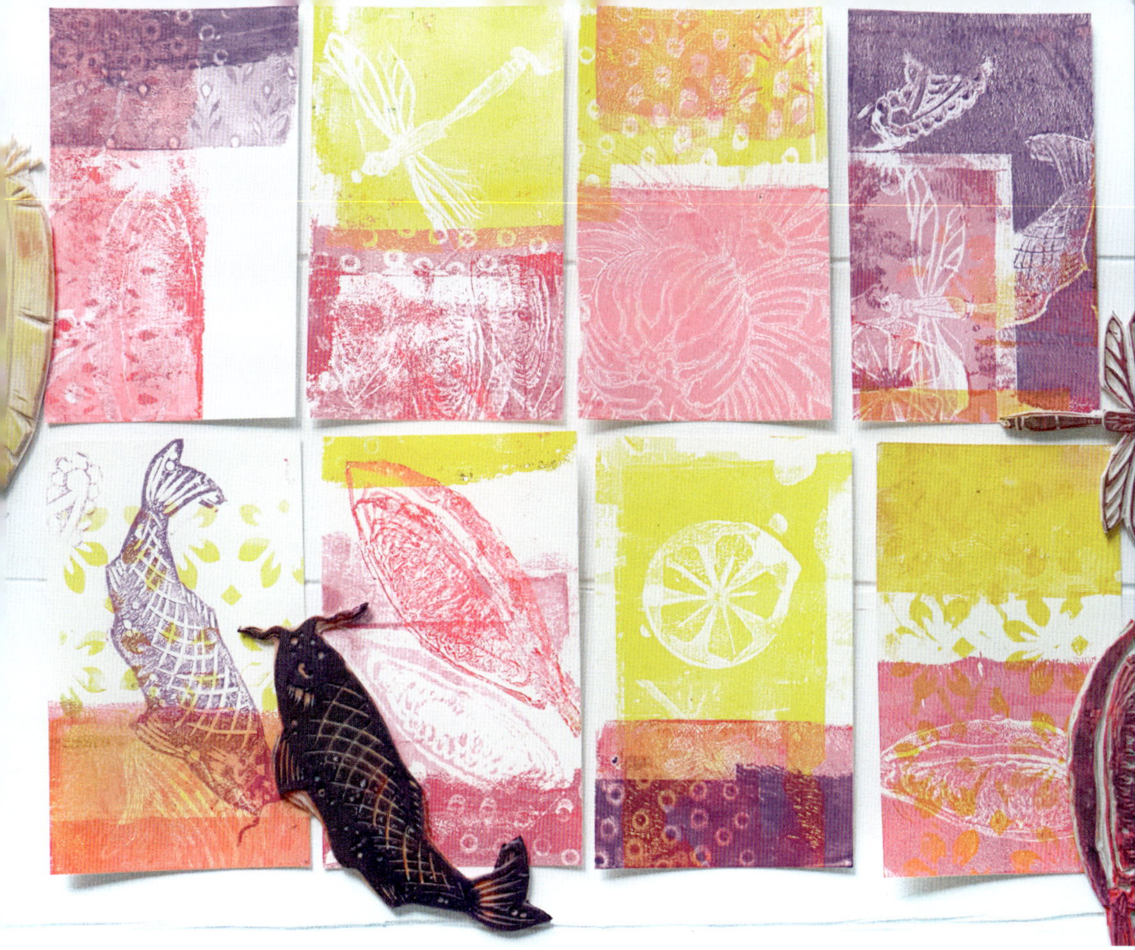

5. Wenn Sie klare Linien zwischen den Flächen haben wollen, kleben Sie die Gelliplatte vor dem Farbauftrag mit einem Klebestreifen ab und entfernen Sie diesen vor dem Druck. Oder legen Sie Papierstreifen als Abdeckung auf die Farbfläche.

6. Drucken Sie eine zweite und dritte Farbe, überlappend oder nebeneinander. Denken Sie nicht zu viel nach, lassen Sie sich einfach von den Ergebnissen überraschen.

7. Nutzen Sie den Negativ-Positiv-Effekt: Mit jedem Stempel, mit dem Sie Farbe von der Gelliplatte abnehmen, können Sie zusätzlich direkt auf eines der Papiere stempeln.

8. Breiten Sie Ihre Drucke zum Trocknen aus. Wählen Sie alle aus, die „fertig" aussehen und legen Sie sie zur Seite.

9. Analysieren Sie die restlichen Drucke. Was fehlt? Eine Fläche, eine Farbe, eine Verbindung zwischen einzelnen Elementen, Struktur oder vielleicht nur ein paar kleine Akzente? In der nächsten Runde Gelliprint können Sie all das ergänzen. Oder benutzen Sie aussortierte Fehldrucke, schneiden Sie gelungene Elemente aus und kleben Sie sie als Collage, wie in unserem Skizzenbuch auf Seite 50, auf.

1. Pink mit leichter Textur, nicht vollflächig gedruckt

2. Gelbgrün mit ganz leichtem Grunge-Effekt und Stempelabdruck

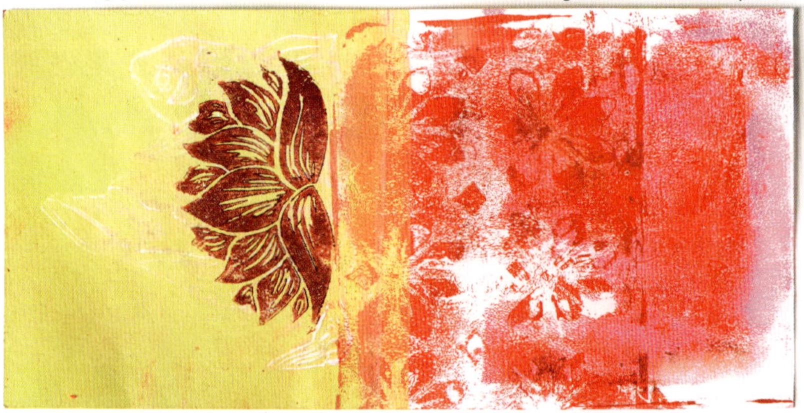

3. Hellrot, nicht vollflächig

4. Schablonenmuster, in leicht dunklerem Rot, überlappend mit der gelbgrünen Fläche

5. Positivdruck in ganz dunklem Rot: Stempel in eine satt eingewalzte Gelliplatte gedrückt (oder Farbauftrag direkt mit der Walze), dann aufgestempelt

1. Grunge-Effekt: Pink aufgewalzt, darunter waren noch angetrocknete Reste in Rot

2. Negativprint (rot auf die Gelliplatte aufgewalzt, Motivstempel aufgedrückt)

3. wie in 2.

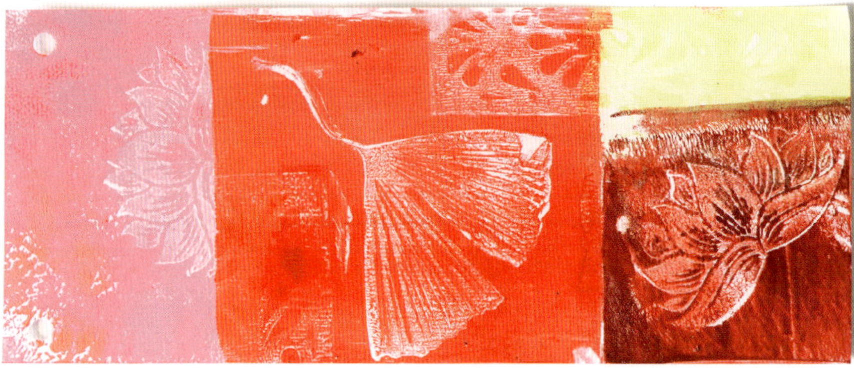

1. Pink Negativdruck

2. Hellrot, nicht vollflächig

3. Schablone auf Gelliplatte, dunkelrot

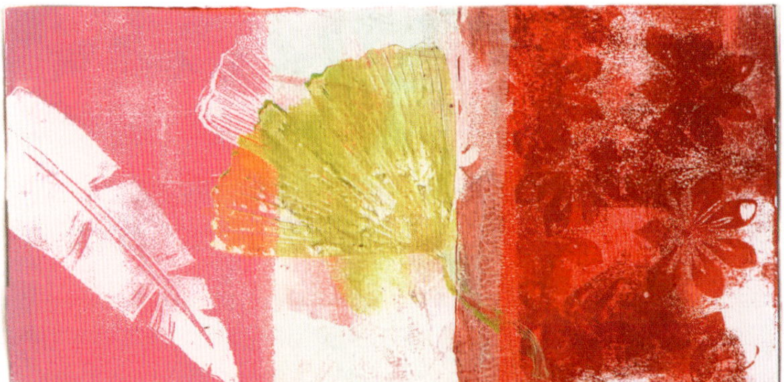

4. Grunge-Effekt-Druck in ganz hellem Türkis, das hier mit der roten Fläche überlappt

5. Positivdruck mit Blattstempel in Gelbgrün

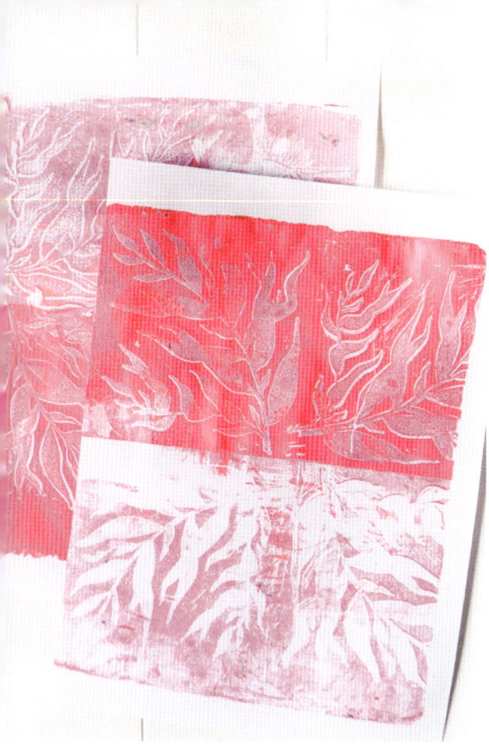

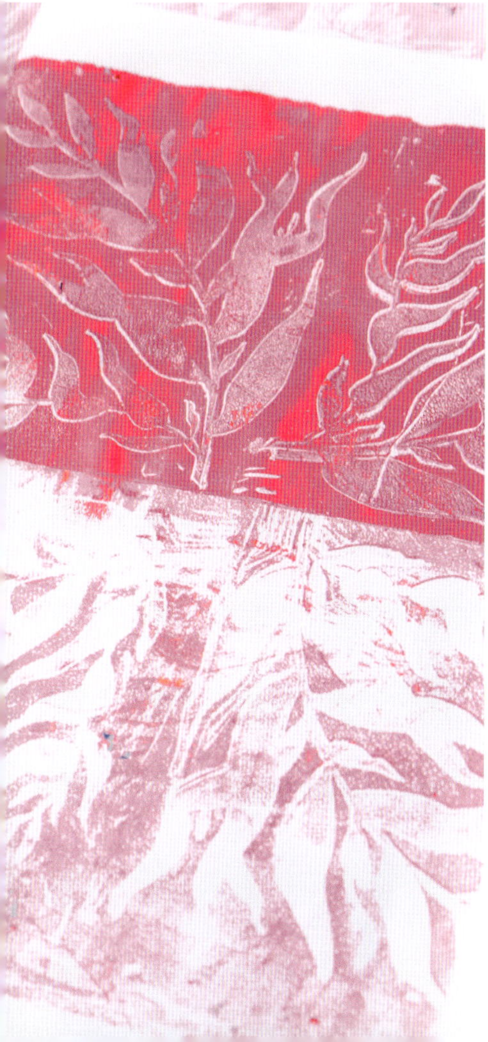

GHOSTPRINTS

Wir können mit einem Druckvorgang zwei Druckergebnisse erzeugen: den Positivdruck, wenn wir mit einem Stempel Farbe von der Gelliplatte abnehmen und den Stempel dann irgendwo abdrücken, und den eigentlichen Gellidruck, wenn wir Papier oder Stoff auf die Gelliplatte legen und die Farbe von der gestalteten Fläche abnehmen.

Da auf der Gelliplatte meist Farbreste zurückbleiben, gibt es noch zwei zusätzliche Druckvarianten:

a. Beim sogenannten Ghostprint (deutsch: „Geisterdruck“) kann man, wenn man schnell arbeitet und die restliche Farbe noch feucht ist, direkt nach dem ersten Druckvorgang einen zweiten Druck machen. Der erscheint dann ganz zart und als undeutliches Motiv, wie ein geisterhafter Schatten des Erstdruckes. Auf dem Foto links stellen die dunkleren Flächen den direkten, ersten Druck dar und die hellen, zarten Strukturen den Ghostprint desselben Motivs.

b. Lässt man die Farbe auf der Gelliplatte antrocknen, wird sie beim nächsten Farbauftrag wieder aktiviert und mitgedruckt. Man spricht von einem Grunge-Effekt. Experimentieren Sie einfach damit! Wie man Grunge-Effekte gezielt als Gestaltungsmittel einsetzen kann, erfahren Sie im nächsten Kapitel.

Schablonen & Stempel

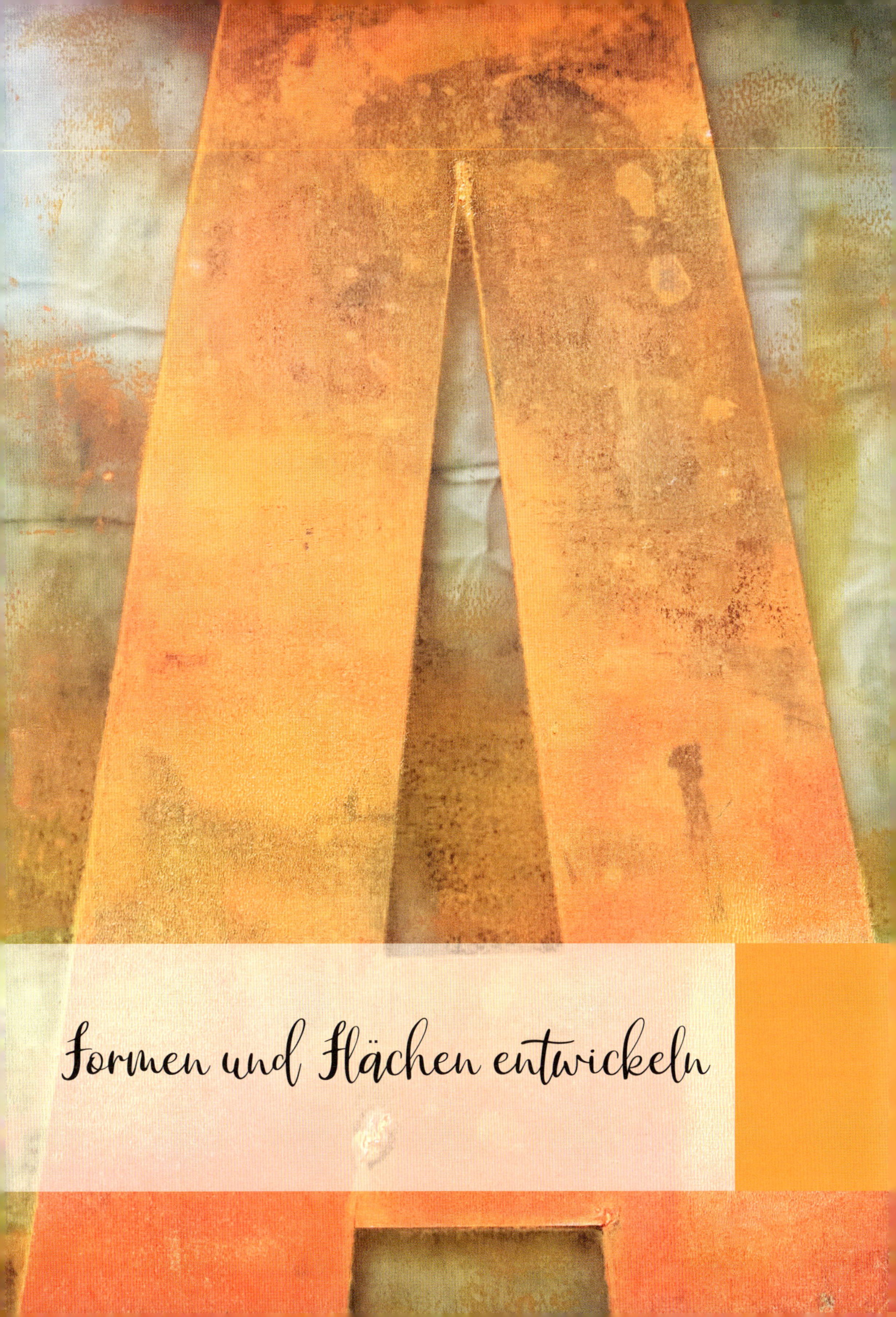

Formen und Flächen entwickeln

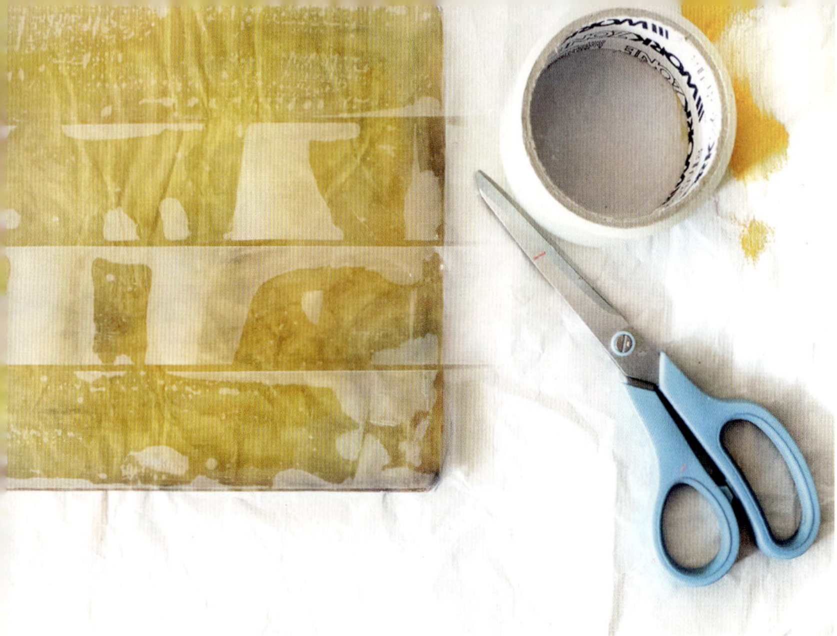

DER GRUNGE-EFFEKT

Beim Drucken bleiben meist Reste auf der Gelliplatte zurück. Man kann die Platte nach jedem Druck reinigen, man kann die Farbreste aber auch als zusätzliches Gestaltungsmittel nutzen. Trägt man über die getrockneten Farbreste eine neue Farbschicht auf, verbindet sie sich mit den Farbresten und aktiviert sie. Diese werden dann mitgedruckt; man spricht hier vom sogenannten Grunge-Effekt. Man erhält auf diese Weise abwechslungsreich strukturierte Flächen.

Wenn man Farben aus einer Farbfamilie verwendet, also eine ähnlich getönte Farbpalette wie in unserem Fall verschiedene Gelb- und Orangetöne, entstehen lebendig gefärbte Flächen. Je kontrastreicher die verwendeten Farben, desto auffälliger der Effekt.

Wir kombinieren den Grunge-Effekt hier mit einer weiteren Technik. Mit Klebeband in allen Breiten können wir Linien erzeugen – breite, schmale, über Kreuz etc. Mit selbstklebender Transparentfolie (aus dem Bürobedarf, z. B. Schutzfolie für Schulbücher) können wir Formen oder Buchstaben ausschneiden und aufkleben. Die glatten Oberflächen nehmen Farbe anders an als die Gelliplatte; mit einem Farbauftrag können wir so einen zweifarbigen Druck machen. An den Kanten sammeln sich außerdem Farbreste für den Grunge-Effekt an.

Entfernt man die Schablonen vor dem Druck, bleibt eine ausgesparte Fläche, durch die der Hintergrund durchscheint (in den Beispielen rechts wäre es einfach weißes Papier).

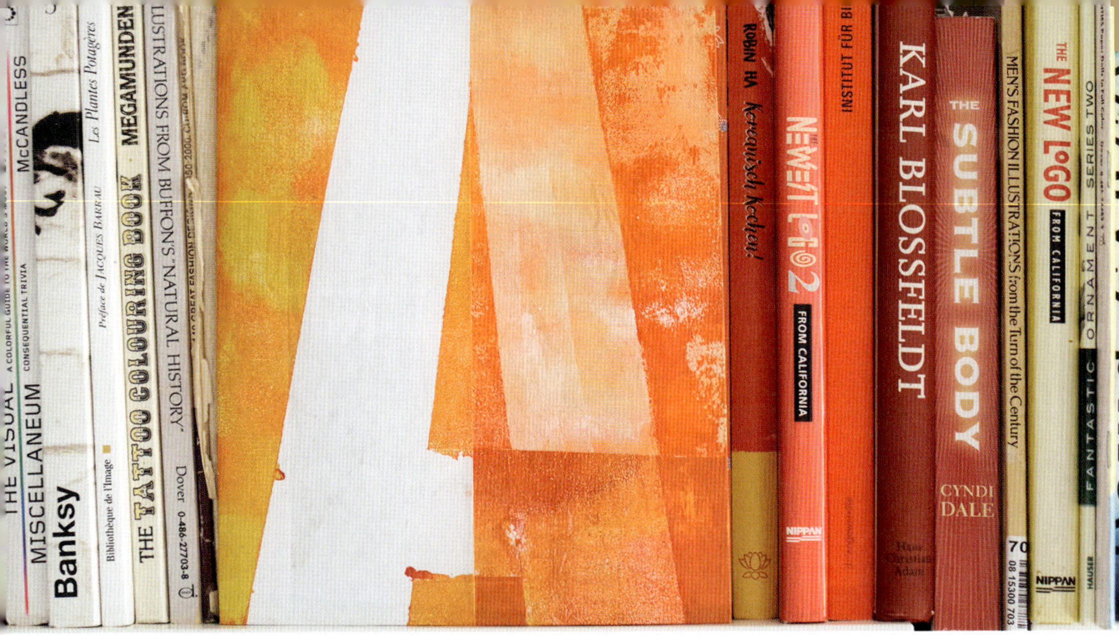

Einmal in Orange gedruckt: Die Farbabstufungen entstehen nur durch die unterschiedlichen Oberflächen.

Je weniger gleichmäßig der Farbauftrag ist, desto stärker sind die Effekte!

Die Schablone wurde vor dem Druck entfernt.

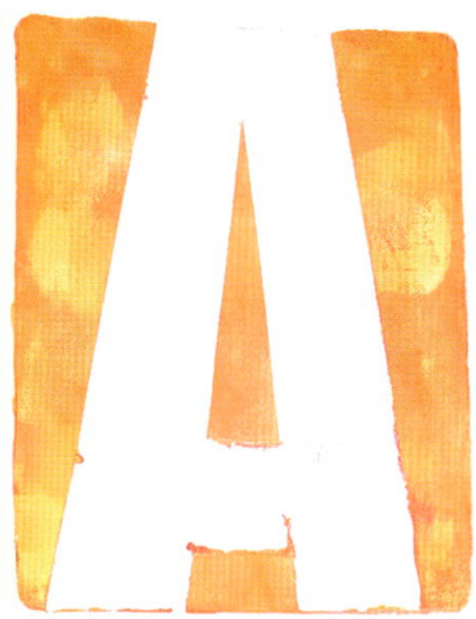

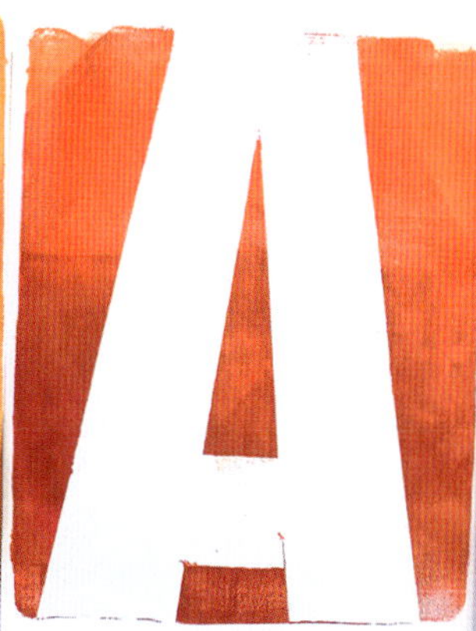

Erster Druck in Gelborange, dann dunkelrot darübergedruckt.

Die Schablone wurde vor dem Druck entfernt.

Zwei Drucke in ähnlichen Farben leicht verschoben übereinander.

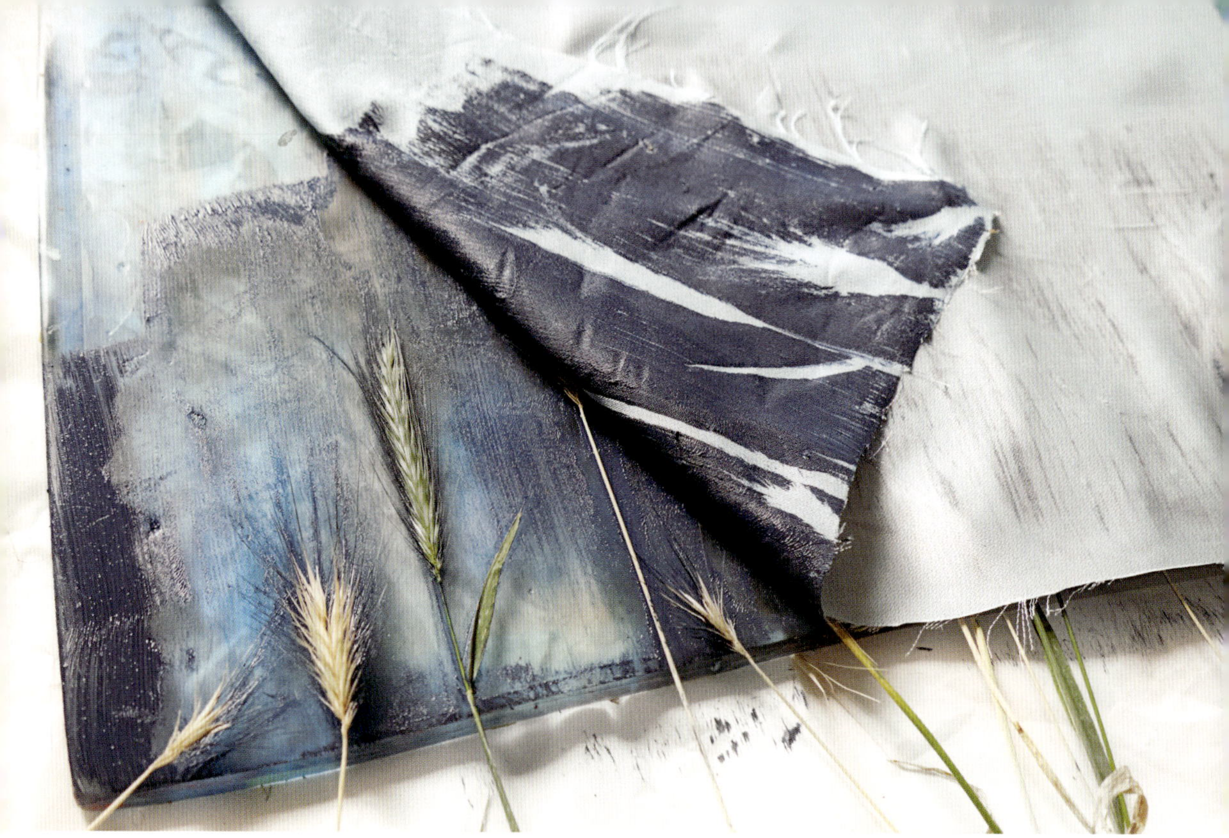

PFLANZENDRUCK

Eine wunderschöne Möglichkeit für unkompliziertes Schablonieren ist der Pflanzendruck. Er liefert wirklich immer zauberhafte Ergebnisse. Die verwendeten Pflanzen sollten einigermaßen flach sein und sich nicht völlig in Einzelteile auflösen, wenn man sie wieder von der Gelliplatte abhebt, sonst wird das anschließende Saubermachen mühsam. Das sind aber schon die einzigen Einschränkungen.

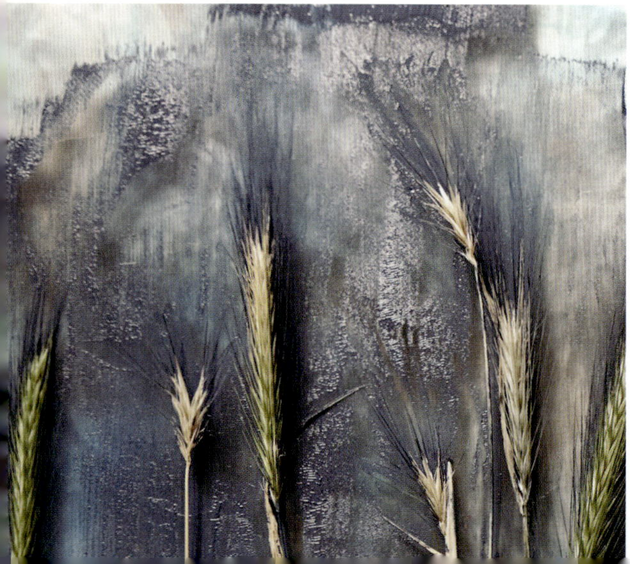

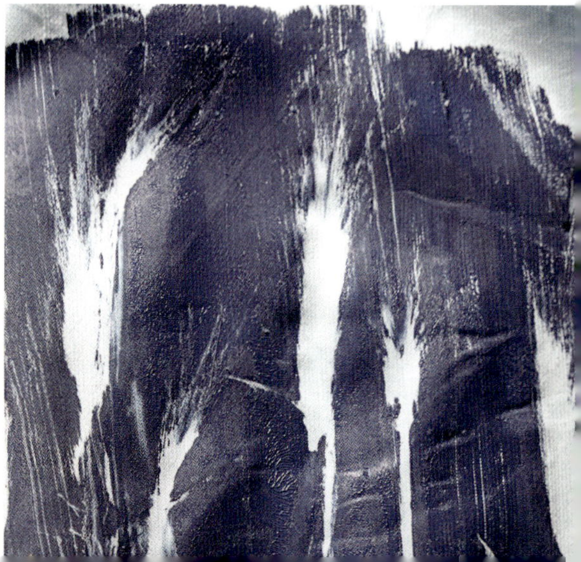

Die Gelliplatte wird eingewalzt, je dicker wir die Farbe auftragen, desto stärker wird nachher der Kontrast zu den weißen Flächen.

Dann legen wir Pflanzenteile auf der Platte zurecht. Würden wir sie andrücken und wieder abnehmen, hätten wir sie als Stempel verwendet. Für den Schablonendruck lassen wir sie aber auf der Platte liegen und legen das zu bedruckende Material darüber und reiben es gut ab. Wir haben hier ährenförmige Gräser verwendet, die leicht erhöht waren. Dann muss man zusehen, dass man um die Ähren herum gut anreibt. Die Farbe sollte bei dieser Technik noch gut feucht sein.

Dann das bedruckte Material abheben, die meiste Farbe müsste jetzt von der Gelliplatte abgerieben sein. Die Pflanzenteile vorsichtig wegnehmen (wenn man die Stiele über den Plattenrand hat hängen lassen, einfach nach oben abziehen). Zurück bleiben Farbreste, die den Abdruck der Pflanzen enthalten. Wer schnell genug arbeitet, kann jetzt noch einen weiteren Druckvorgang anschließen und erhält zauberhafte, zarte Pflanzendrucke, die sich wunderbar mit den Schablonendrucken kombinieren lassen.

Im Bild rechts unten zeigt der untere Bereich den Schablonendruck (Erstdruck), der obere Bereich ist der Zweitdruck nach dem Entfernen der Ähren.

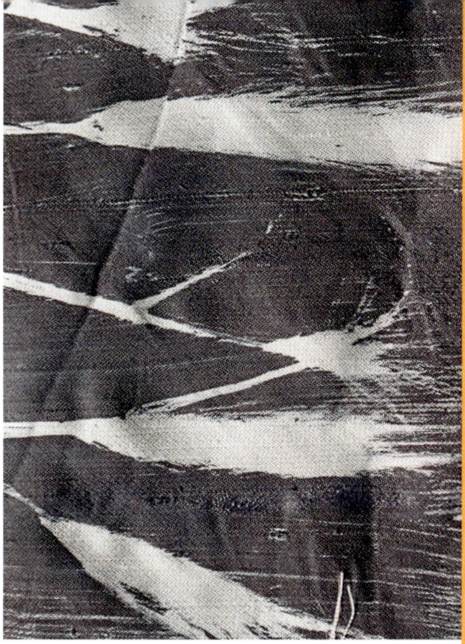

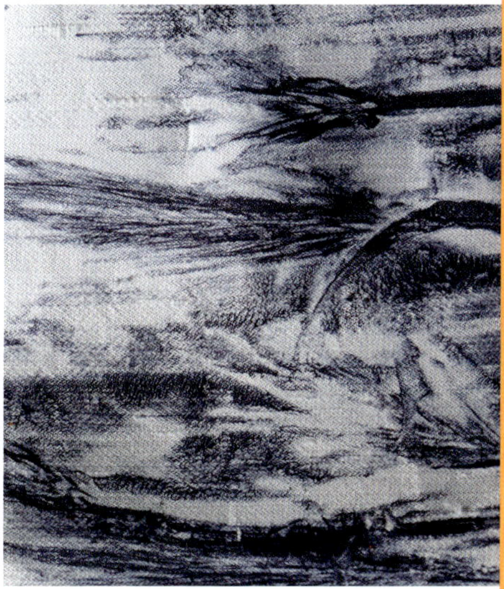

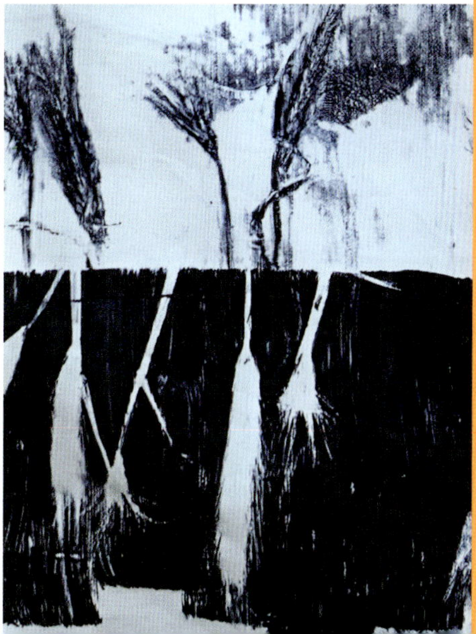

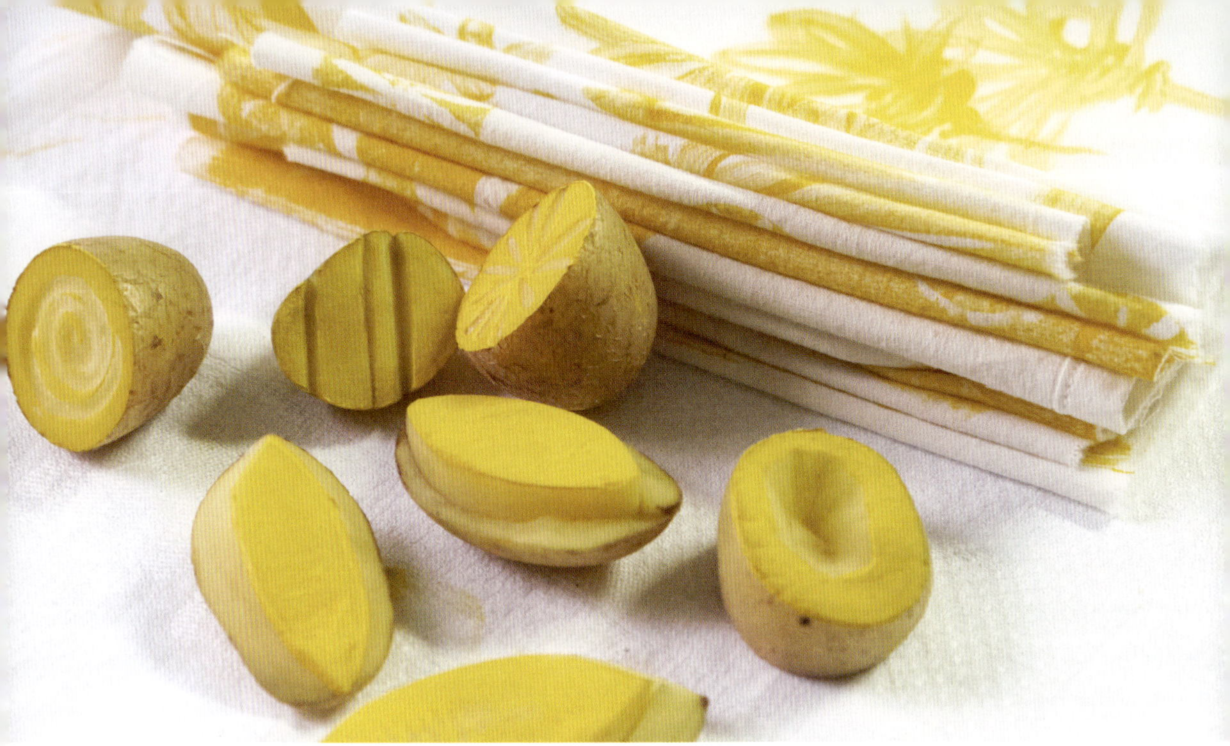

KARTOFFELDRUCK

Kartoffeldruck, das klingt vielleicht zunächst nach Kinderkram. Aber Kartoffelstempel sind eine wunderbare Möglichkeit, schnell einfache Formen zu entwickeln und letztlich einen eigenen Stoffentwurf, wie man an der Tasche auf Seite 52 sehen kann, zu realisieren.

Für diese Druckvariante nutzen wir wieder die Möglichkeit, mit der Gelliplatte positiv und negativ zu drucken. In diesem Fall also positiv: Gelb auf Weiß (indem wir die von der Gelliplatte aufgenommene Farbe direkt auf Stoff stempeln); und negativ: Weiß auf Gelb (indem wir mit dem Kartoffelstempel Farbe abtragen, sodass im Druck weiß bleibende Flächen entstehen).

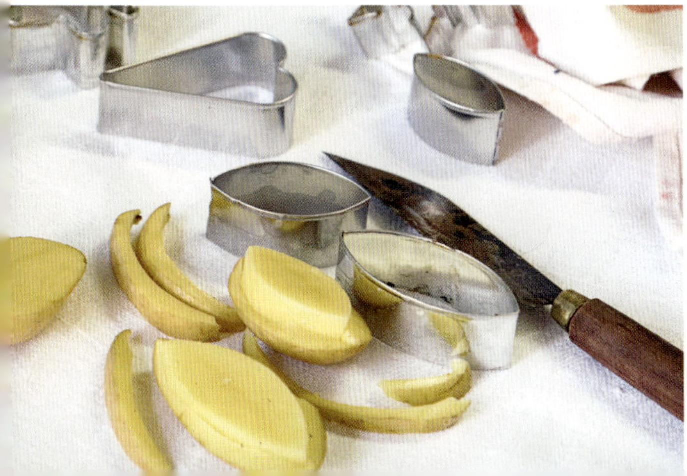

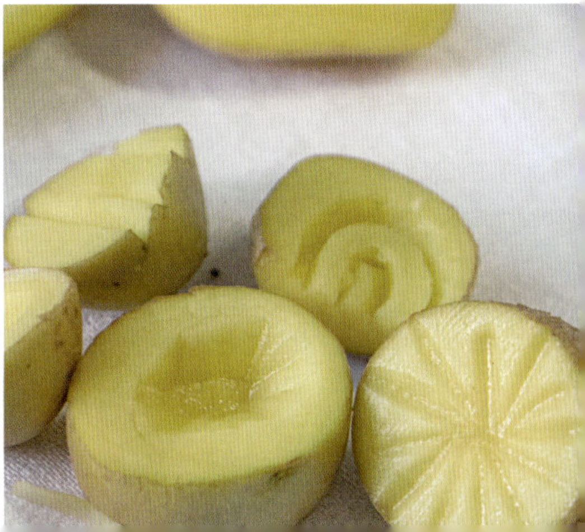

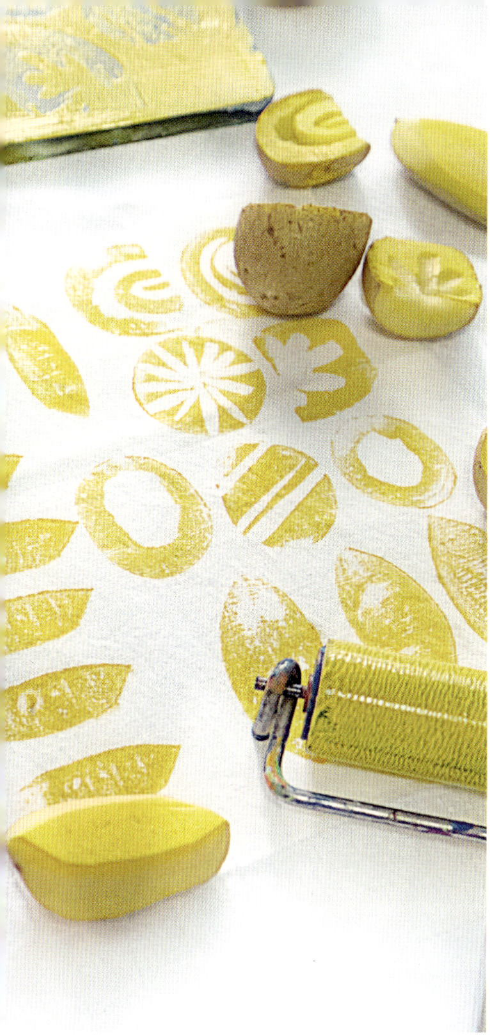

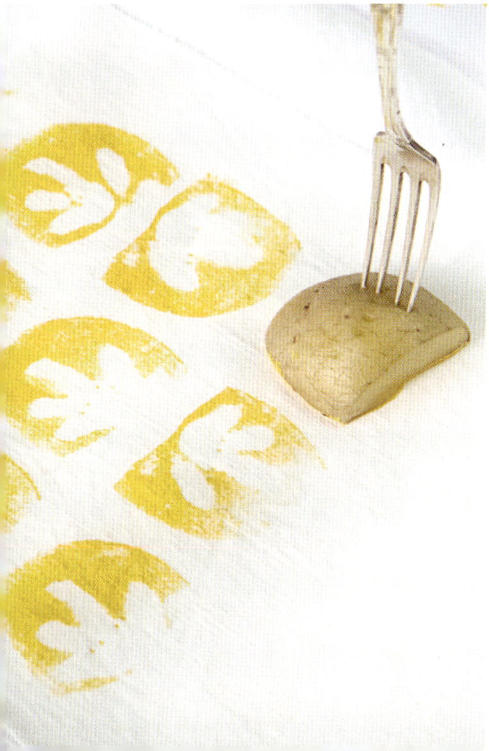

Kartoffeln kommen in ganz unterschiedlichen Formen daher und bieten sich eher für runde bzw. längliche Schablonenformen an. Mit Plätzchenausstechern kann man ganz schnell fertige Formen nutzen. Schöner sind aber die unregelmäßigen Formen, die sich ergeben, wenn man die Stempel frei Hand schnitzt. Sie können Küchenmesser, aber auch z. B. Linol- oder Holzschnittmesser verwenden.

Schneiden Sie Kreise, Spiralen, Rechtecke, Dreiecke, Sterne, Blumen ... lassen Sie die Schnittflächen vor dem Drucken kurz antrocknen, z. B. auf einem Geschirrtuch.

Ausprobieren:

1. Wählen Sie Ihre Lieblingsstempel aus und drucken Sie Ihr erstes Muster.

2. Sie können den Stempel in einer Linie mit gleichen Abständen stempeln, kreuz und quer durcheinander oder immer im 45- oder 90-Grad-Winkel versetzt.

3. Die Formen lassen sich kombinieren: Aus länglichen Formen können Sie Sterne bilden, aus Streifen Gitter etc.

4. Testen Sie verschiedene Abstände. Kreise oder Ringe können sich z. B. berühren oder überschneiden, das Muster kann gleichmäßig über eine Fläche gedruckt werden oder vielleicht an einer Stelle dicht beginnen und dann über die restliche Fläche auslaufen.

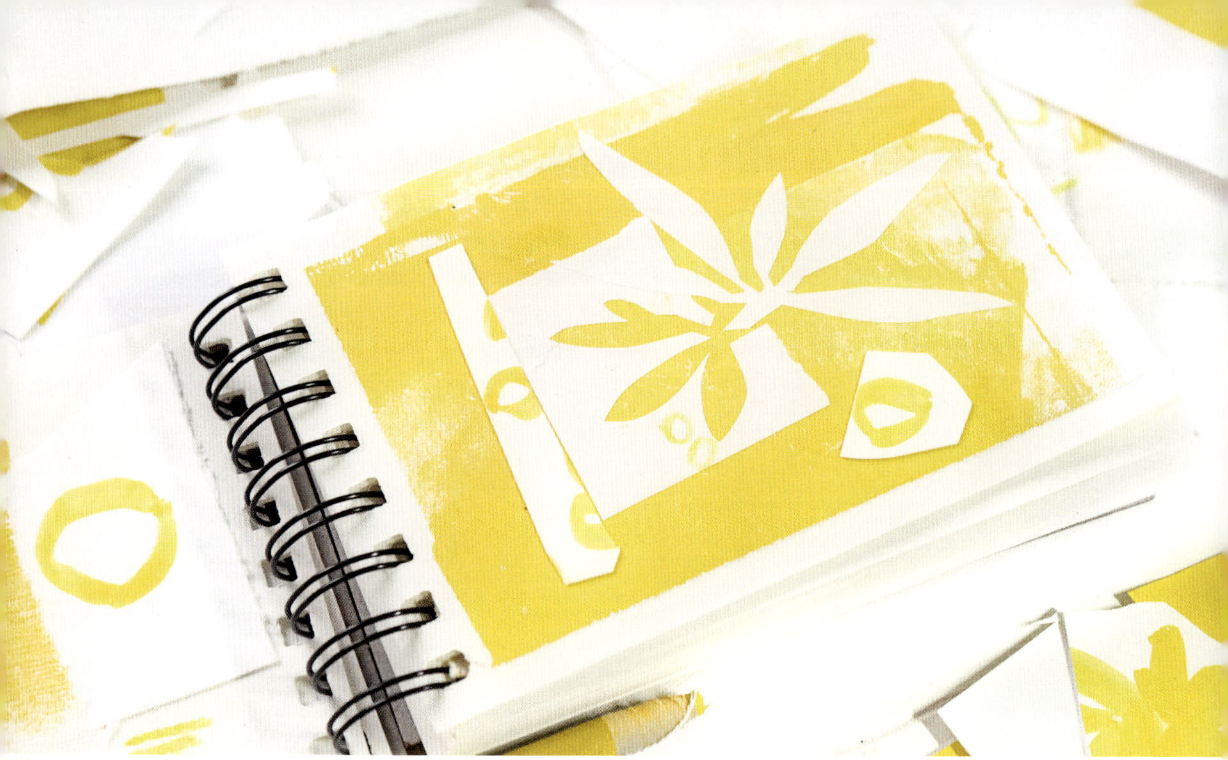

SKIZZENBUCH MIT KARTOFFELDRUCK

Wenn Sie den Kartoffeldruck ausprobieren, entstehen ganz sicher viele Drucke, die Sie aufbewahren und vielleicht sogar einrahmen wollen. Wie immer sind hier die Fehldrucke, mit denen man nicht ganz zufrieden ist, durchaus wert, für die weitere Verwendung aufbewahrt zu werden. Legen Sie ein kleines Skizzenbuch an, in dem Sie mit Reststücken oder Probedrucken weiterarbeiten.

Florale Motive liegen beim Kartoffeldruck natürlich nahe, es können aber auch einfach Streifen oder Muster sein. Vielleicht inspiriert Sie das zum nächsten Projekt und führt Sie z. B. zu Moosgummistempeln in Pflanzenform – und damit zur nächsten Runde Gellidruck.

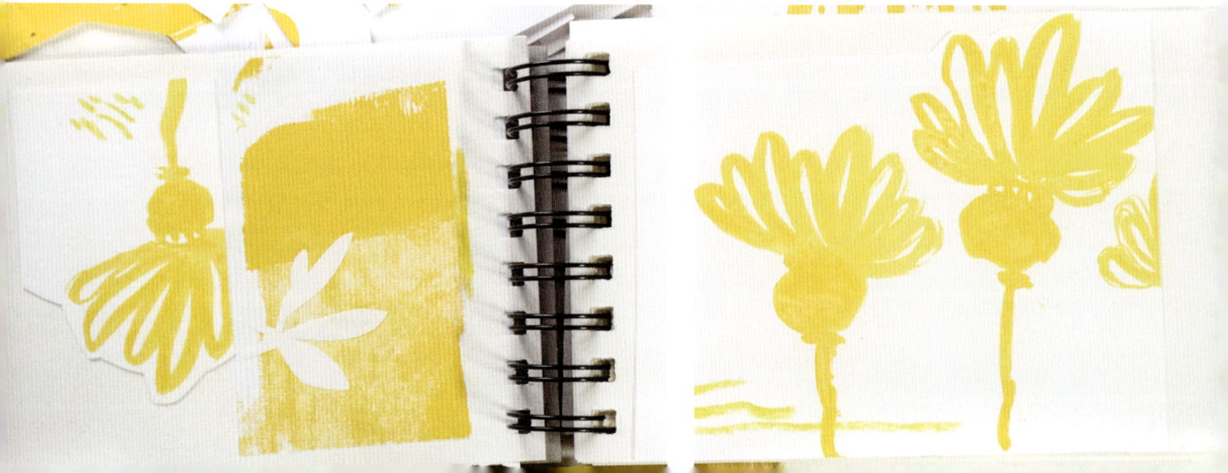

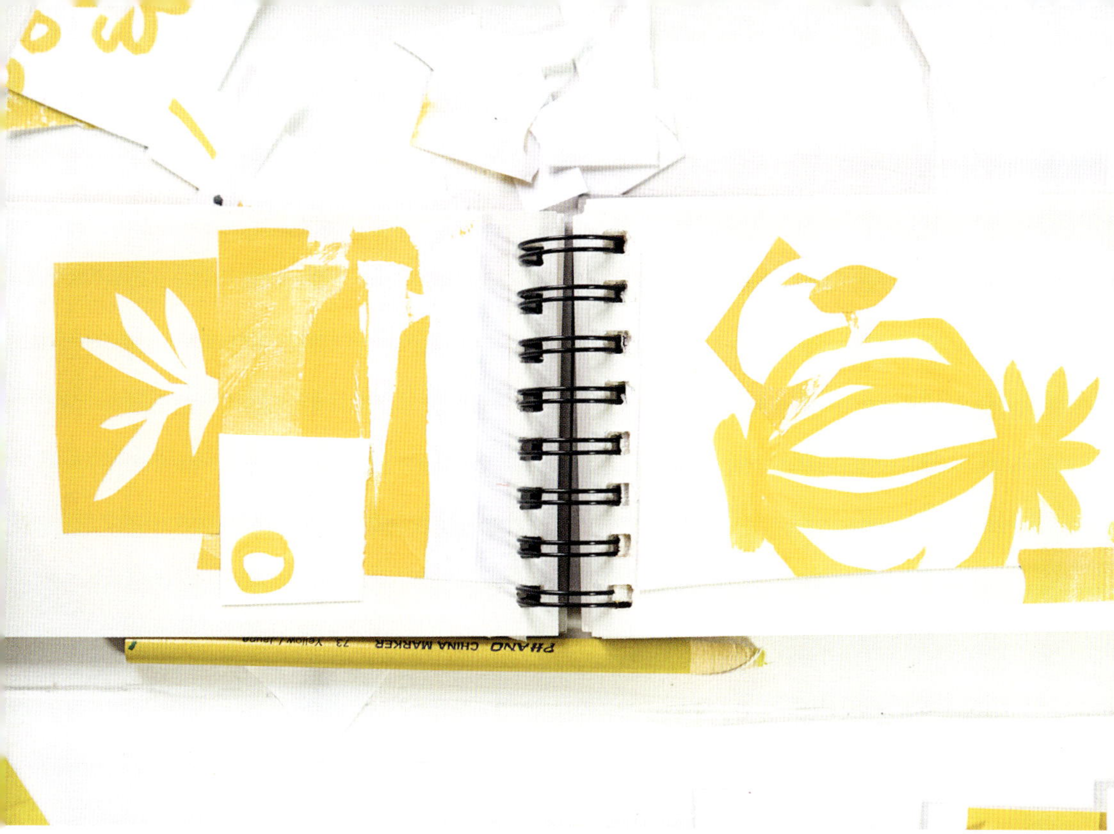

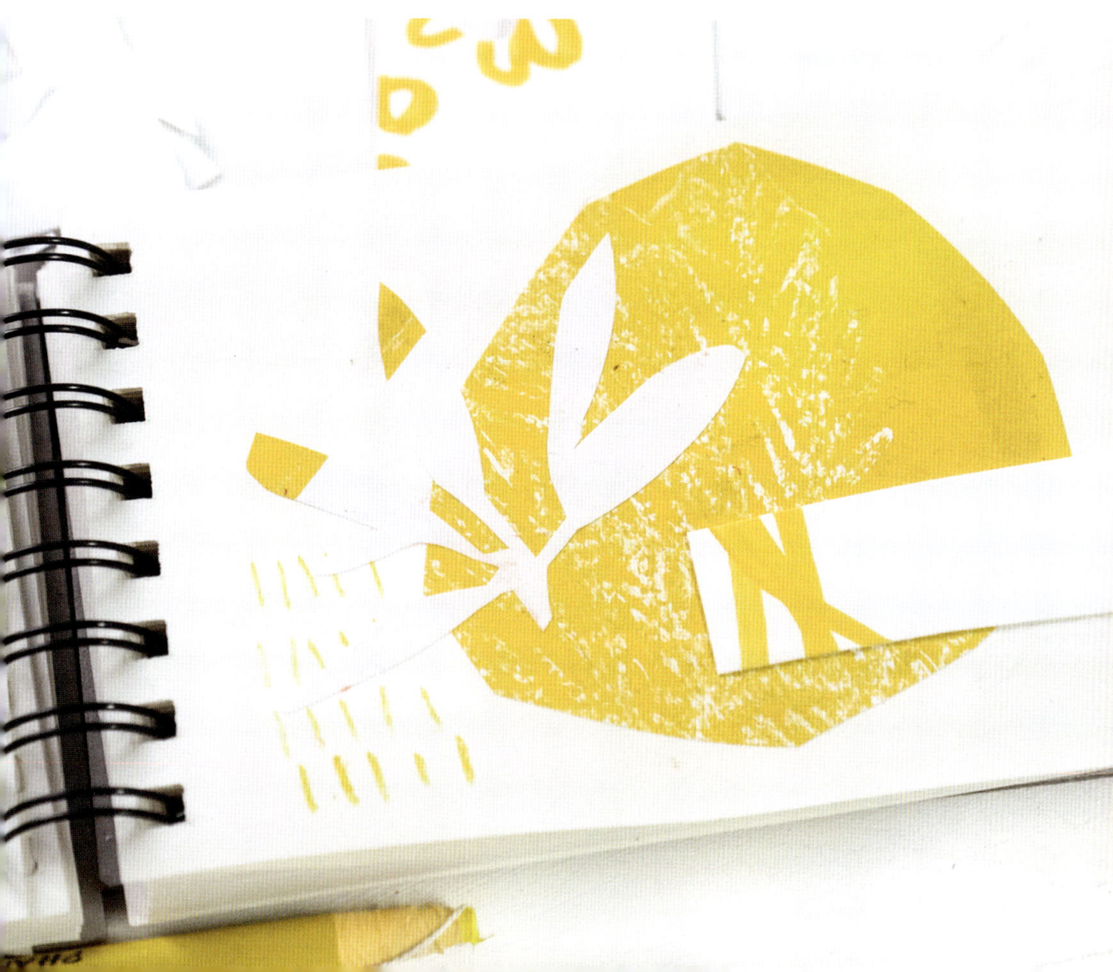

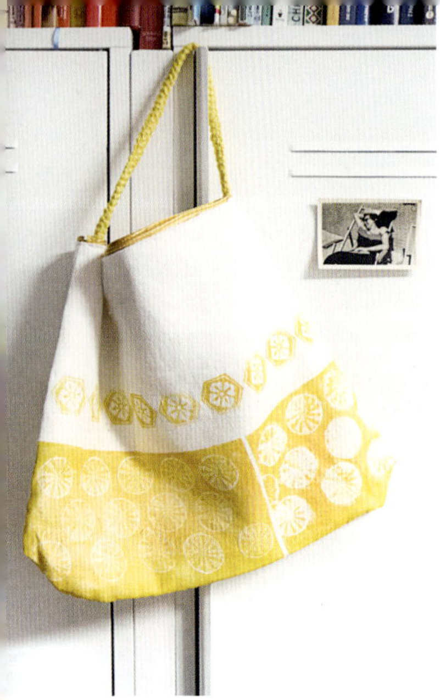

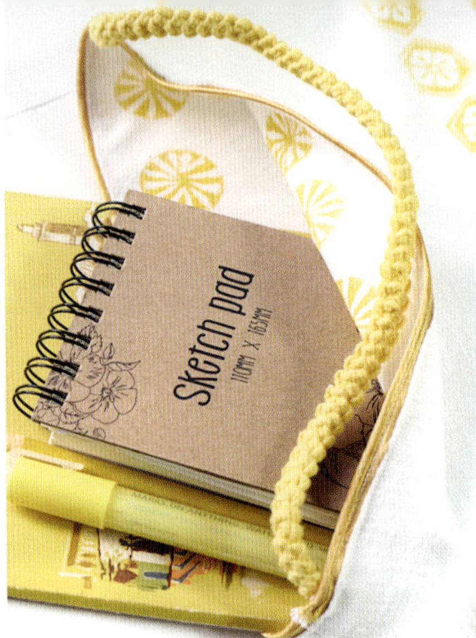

Die Innenseite der Wendetasche ist ebenfalls bedruckt.

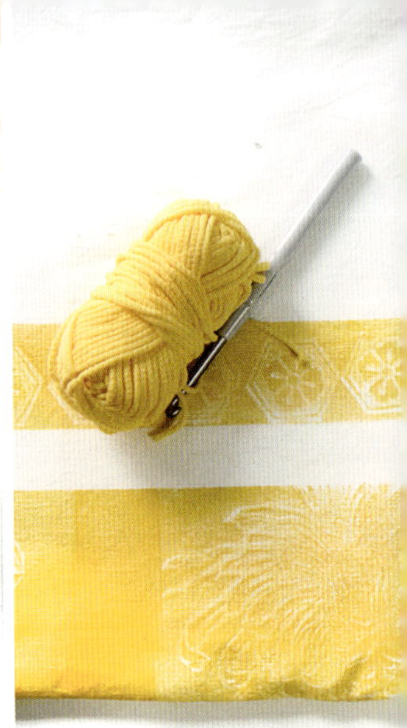

Rückseite in einem anderen Design: weiße Streifen (vor dem Druck mit Klebeband abgeklebt).

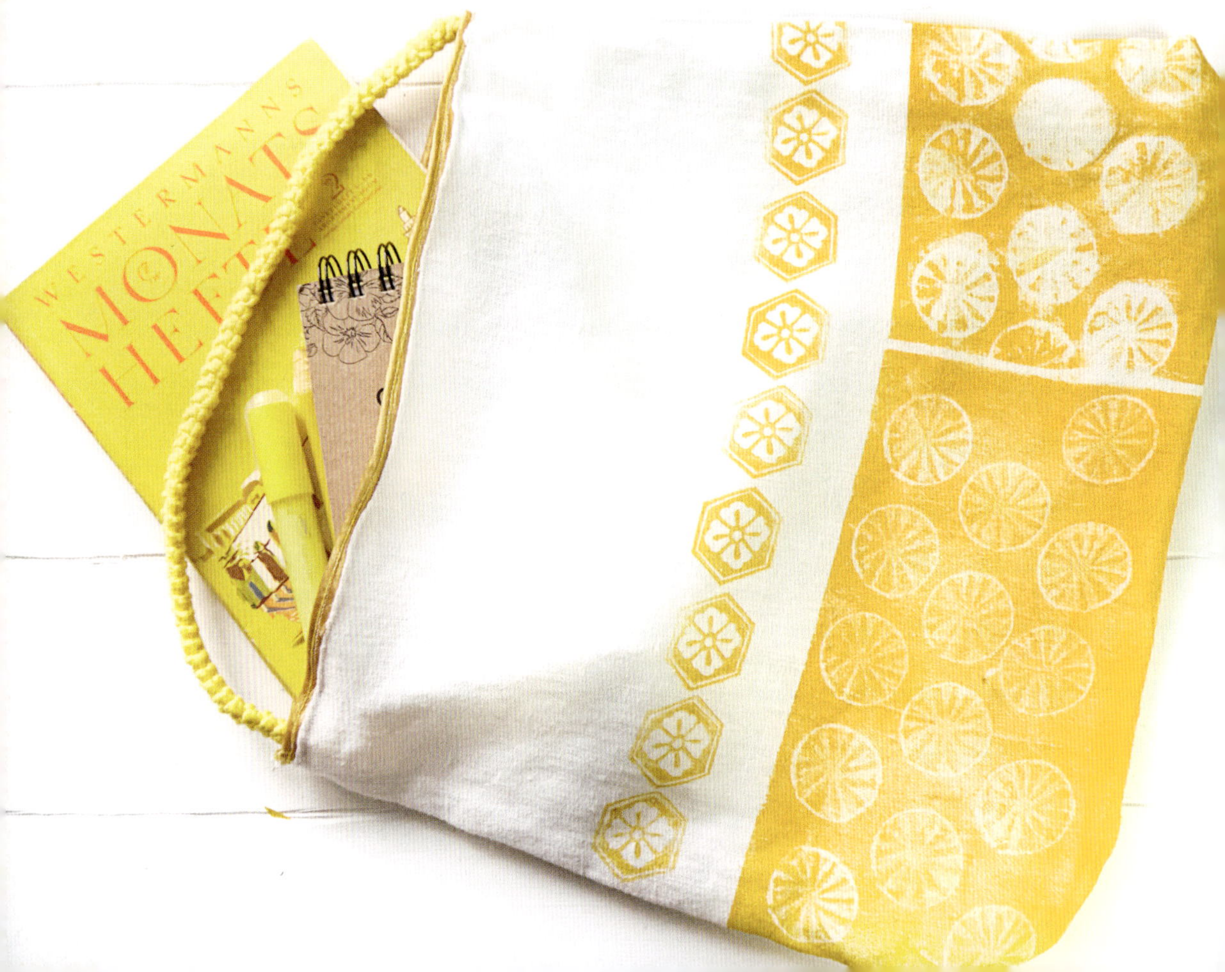

STOFFKOLLEKTION UND GELBE TASCHE

Selbst mit solch einer einfachen Technik wie dem Kartoffeldruck kann man dank der Gelliplatte aufwendige Dinge gestalten. Mit den Lieblingsmustern können Sie z. B. kleine Stoffkollektionen drucken. Hier zeigt sich wieder die einzigartige Möglichkeit, mit Gellidruck durch den Negativ- und Positiv-Effekt mit wenigen Arbeitsgängen eine Vielzahl an Ergebnissen zu erzielen.

Wenn man noch einen Schritt weiterdenkt, kann man gezielt Stoffe für ein individuell entworfenes Objekt bedrucken. Als Beispiel haben wir hier eine Tasche genäht. Die Stoffteile wurden zuerst zugeschnitten und dann passgenau bedruckt. Ein farblich abgestimmtes Satinband am Rand und ein gehäkelter Henkel im gleichen Gelb ergänzen das Musterdesign.

Die untere Reihe des Drucks – der Negativdruck – ist mit Kartoffeldruck auf der Gelliplatte gestempelt. Im rechten Bereich wurde die Farbe vor dem erneuten Abdrücken vom Stempel entfernt, dann erscheinen die abgenommenen Flächen weiß. Im linken Bereich wurde der Stempel immer wieder auf die Gelliplatte gedrückt, ohne zwischendrin gesäubert zu werden. Dann nimmt der Stempel nicht viel Farbe an, der Abdruck auf der Gelliplatte bleibt farbig, ohne starke Weißkontraste. Die Musterreihe darüber ist mit einem Linoleumstempel im Positivdruck gedruckt.

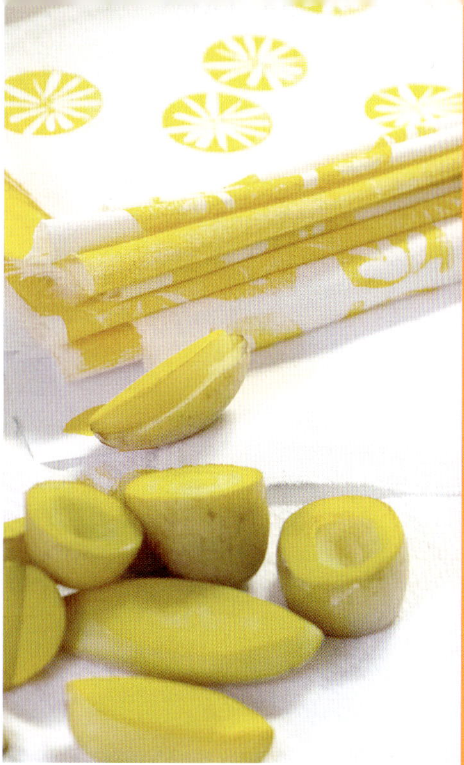

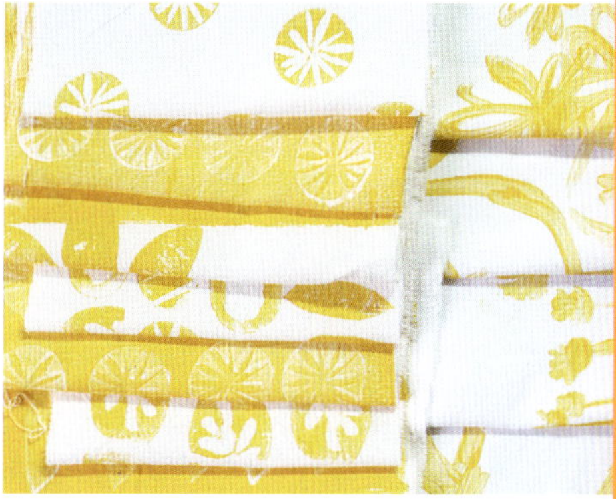

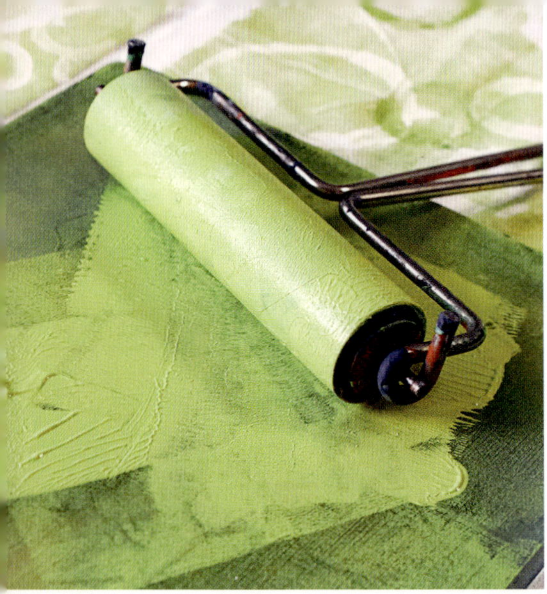

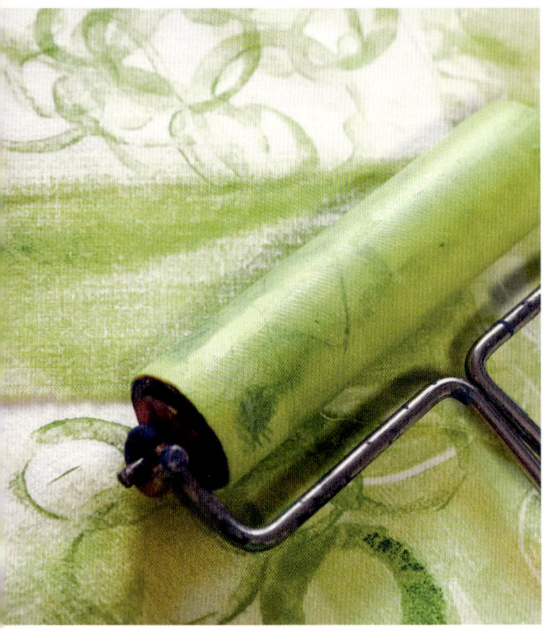

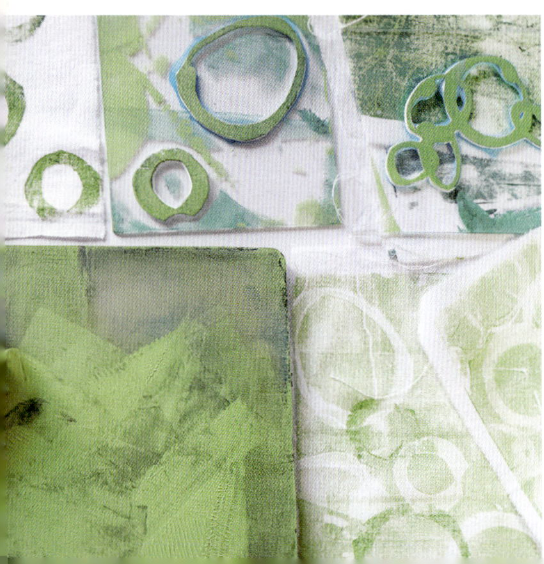

MOOSGUMMISTEMPEL

Moosgummi ist ein Material, aus dem sich leicht und schnell kleine und große Stempel herstellen lassen. Auf Pappe oder wie hier auf kleine Acrylplatten geklebt, können Sie mit wenig Aufwand Stempel machen – oder besser gleich eine ganze Stempelkollektion.

Moosgummi gibt es in verschiedenen Stärken: je dicker das Material, desto einfacher der Druck. Mit Cutter oder Schere schneidet sich Moosgummi fast so leicht wie Papier.

Moosgummi lässt sich mit einem Kugelschreiber wunderbar „gravieren". Wenn Sie eine Linie zwei-, dreimal fest mit dem Kugelschreiber nachfahren, wird die Vertiefung so tief, dass diese Linien nicht mitdrucken. Bei diesem Stempel hier ist nur der äußere Rand mit einer Schere ausgeschnitten. Alle anderen Formen wurden mit dem Kugelschreiber eingeprägt.

Ausprobieren:

Gestalten Sie Ihren eigenen Blumenstempel aus Moosgummi!

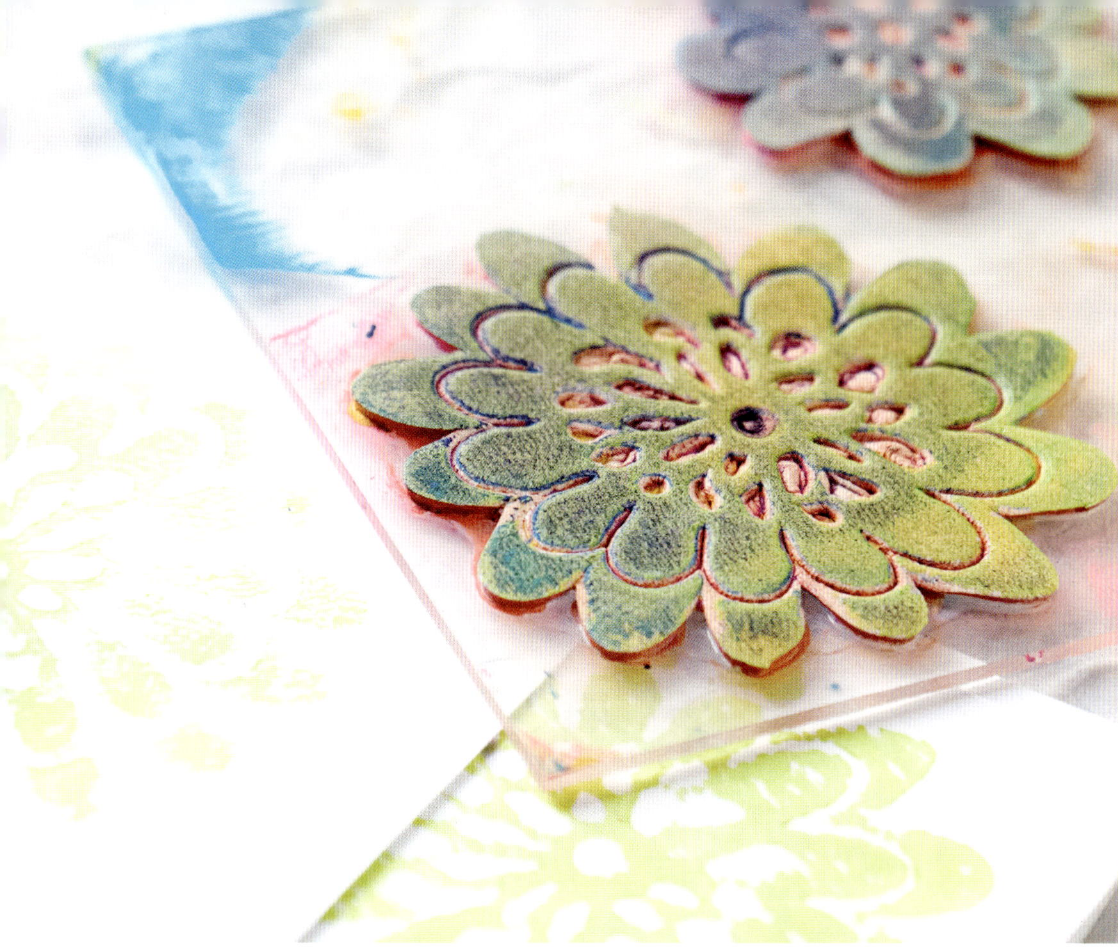

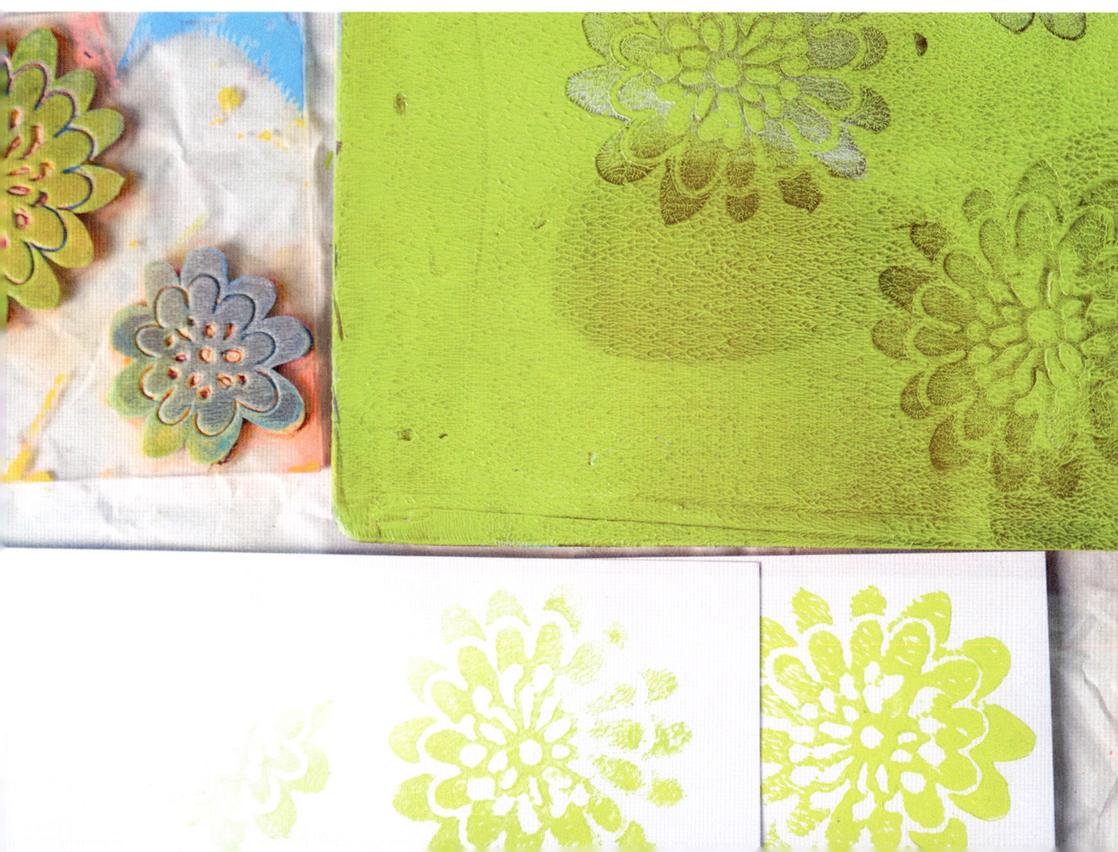

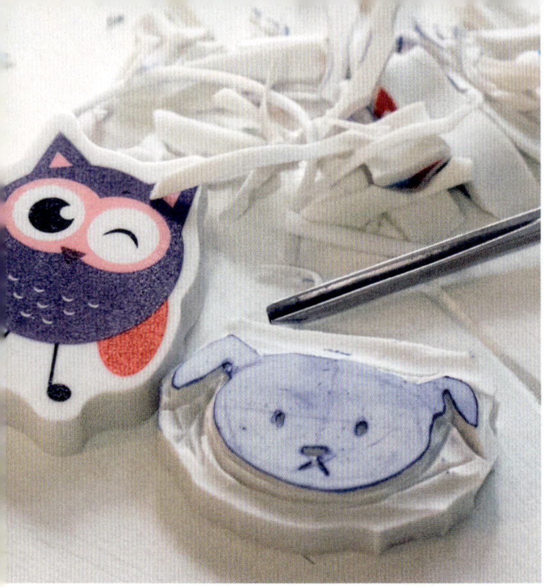

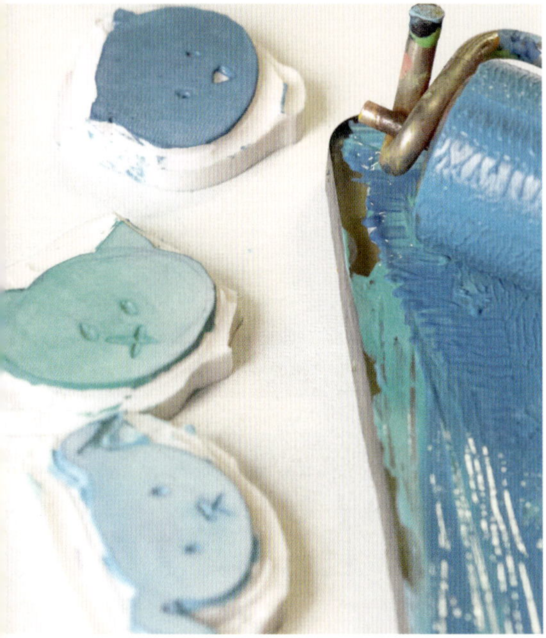

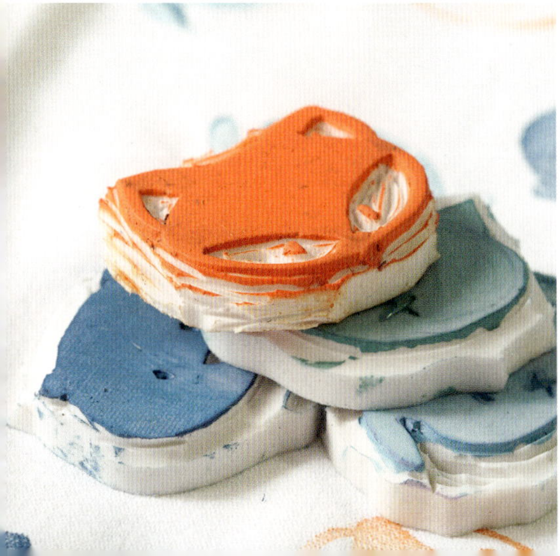

RADIERGUMMISTEMPEL

Ähnlich leicht wie Kartoffeln lassen sich auch Radiergummis schnitzen. Letztere haben den Vorteil, unbegrenzt haltbar zu sein. Alle festen Radiergummis, die beim Benutzen nicht bröckeln, eignen sich. Neben den klassischen länglichen Radiergummis gibt es sie auch günstig als Merchandising für bekannte Zeichentrickfilme; sie haben rundere Formen.

Die Vorlagen zu den Stempeln, die wir hier mit einem simplen Linolschnittmesser geschnitzt haben (es ginge ebenso mit einem scharfen Küchen- oder Taschenmesser bzw. einem Cutter), finden Sie im Anhang auf Seite 134.

Die Gelliplatte lässt sich wunderbar als Mischpalette verwenden. Hier wurden drei Farben in ähnlichen Tönen gemischt, jeweils durch Zugabe von Grün bzw. Grau. Leuchtender wird das Ganze, wenn wir eine Kontrastfarbe benutzen.

Auch als Stempelkissen diente die Gelliplatte: Sie wurde eingewalzt, der Stempel in die Farbe gedrückt und dann auf den Stoff.

Mit zwei bis vier einfachen Nähten kann man aus dem bedruckten Stoff ganz schnell einen Lunchbeutel nähen, wie Sie auf den nächsten Seiten sehen werden – nicht nur für Kinder.

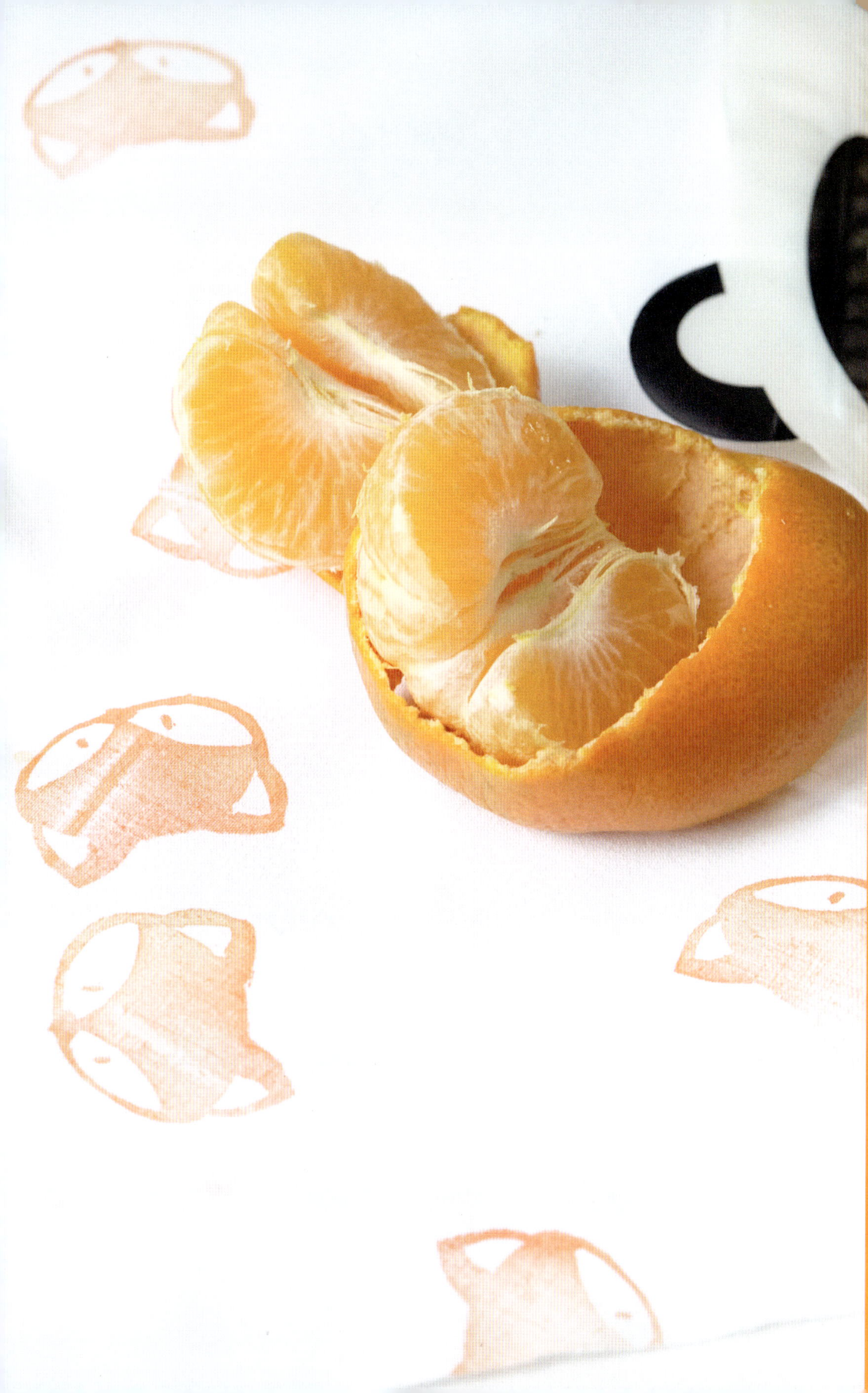

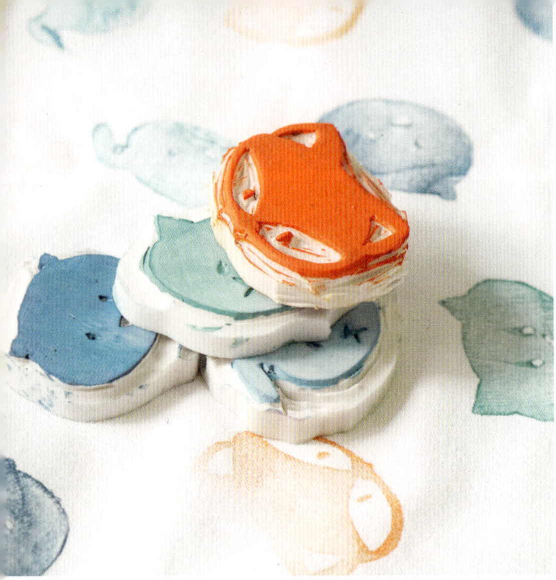

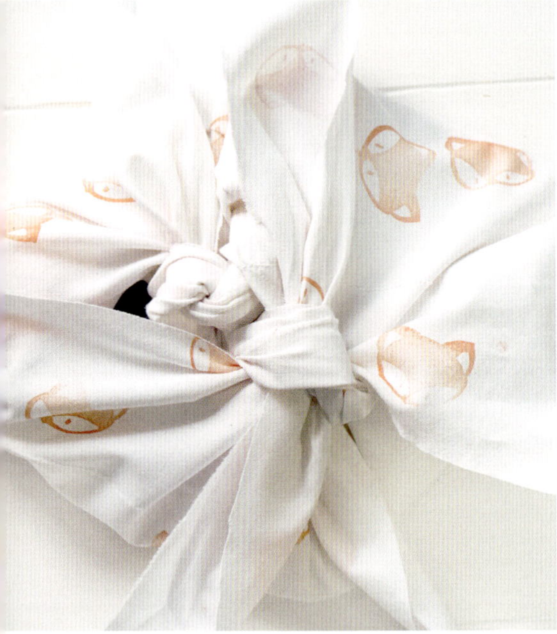

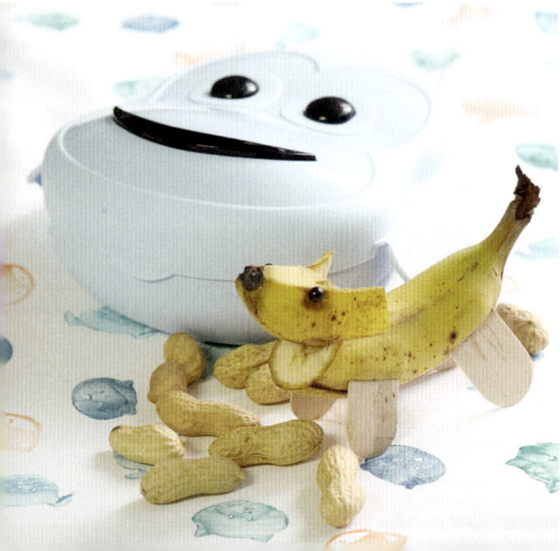

JAPANISCHE STOFFBEUTEL

In Japan, dem Land der Muster und schönen Verpackungen, werden Gegenstände oft einfach in hübsch gemusterte Stoffe gewickelt und zu kleinen Päckchen oder zu Vorratstaschen, z. B. für Essen oder Wollreste, verknotet. Eine richtige Tasche kann man ebenso daraus machen, indem man die Seitenteile nicht miteinander verknotet, sondern an einen Gurt oder alten Ledergürtel knotet.

In dieser Tradition haben wir schlichte Lunchbeutel bedruckt, die man in einem etwas größeren Format auch als Tasche anfertigen kann. Zwei dreieckige Stoffstücke werden dafür, wie in der Zeichnung im Anhang auf Seite 135 zu sehen, aufeinandergenäht. Wenn man die Seitennähte schließt, erhält man einen Beutel. Nicht zusammengenäht kann das Stoffstück als Unterlage verwendet bzw. kleiner zusammengefaltet werden. Zum Verschließen die Enden verknoten. Bedrucken können wir die Stoffstücke natürlich mit jeder Gelliprint-Technik, und das Ergebnis wird immer wunderschön sein.

Falls Sie Stoffstücke übrig haben, egal in welcher Form und Größe: Vielleicht verpacken Sie die nächsten Päckchen, die Sie verschenken wollen, in selbst bedruckten Stoff? Dann landet kein Verpackungsmaterial mehr in der Mülltonne, und der Einwickelstoff ist ein zusätzliches Geschenk.

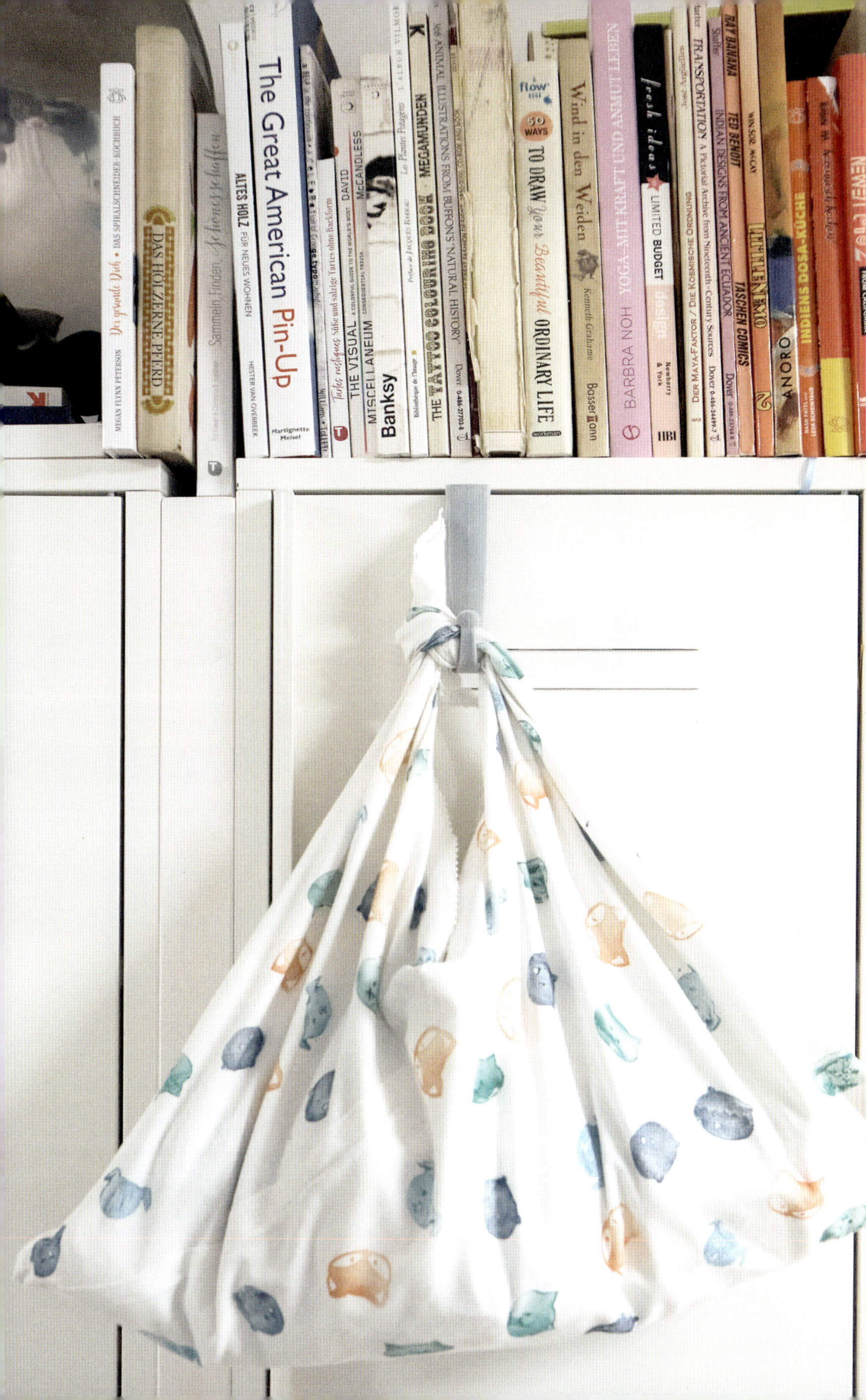
DAS HÖLZERNE PFERD
ALTES HOLZ FÜR NEUES WOHNEN
HESTER VAN OVERBEEK
The Great American Pin-Up
THE VISUAL MISCELLANEUM
DAVID McCANDLESS
Banksy
THE TATTOO COLORING BOOK
MEGAMUNDEN
ANIMAL ILLUSTRATIONS FROM BUFFON'S NATURAL HISTORY
50 WAYS TO DRAW Your Beautiful ORDINARY LIFE
Wind in den Weiden
Kenneth Grahame
BARBRA NOH
YOGA – MIT KRAFT UND ANMUT LEBEN
fresh ideas
LIMITED BUDGET
design
DER MAYA-FAKTOR / DIE KOSMISCHE ORDNUNG
TRANSPORTATION A Pictorial Archive from Nineteenth-Century Sources
INDIAN DESIGNS FROM ANCIENT ECUADOR
TED BENOIT
TASCHEN COMICS
ANORO
INDIENS DOSA-KÜCHE
FROM CALIFORNIA

Resist-Druck

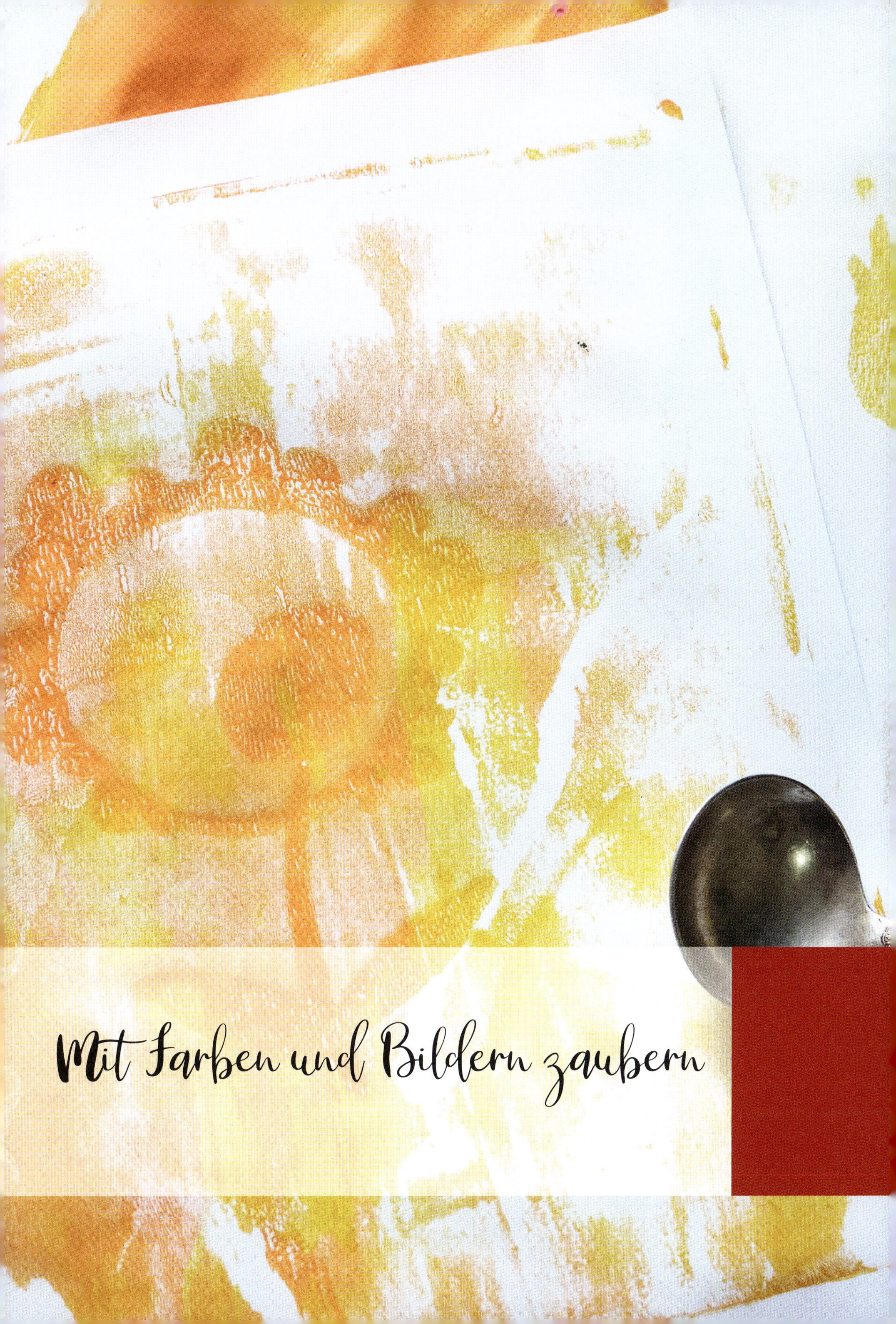

Mit Farben und Bildern zaubern

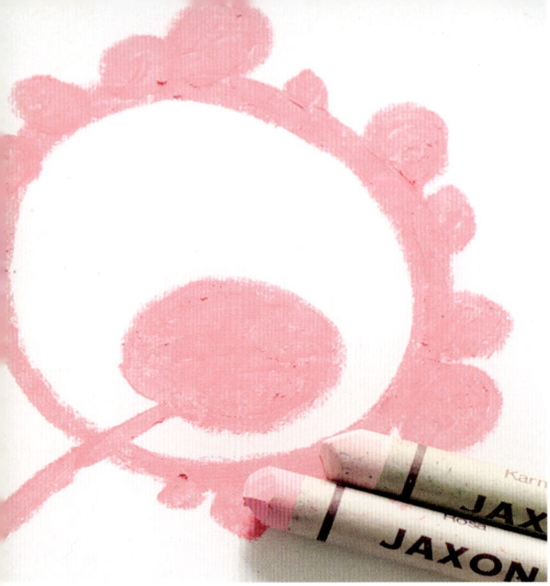

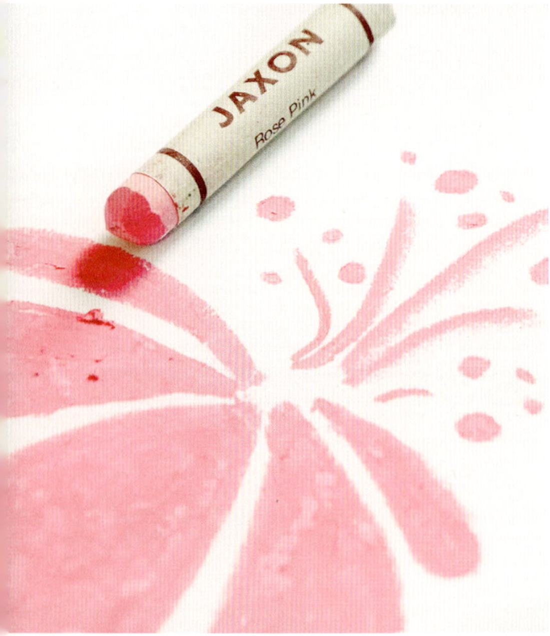

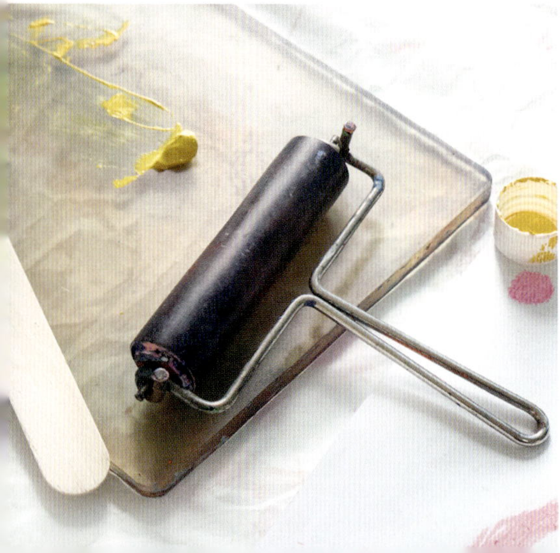

WACHSFARBEN-RESIST-TECHNIK

Eine weitere Gellidruck-Technik ist der Resist-Druck. Davon gibt es verschiedene Varianten – eine stellen wir hier vor, eine weitere im nächsten Kapitel.

Wir verwenden Materialien, die Farben abstoßen (im Englischen: *resist*), um unterschiedliche Farbaufträge in einem Druck zu erzielen. Wir hatten etwas Ähnliches schon mit dem Klebeband bzw. der Klebefolie auf Seite 44, jetzt verwenden wir Wachsfarben. Bitte beachten Sie dabei, dass es wasserlösliche Wachsfarben im Künstlerbedarf gibt – diese eignen sich für diese Technik nur sehr bedingt. Die besten Ergebnisse erzielen Sie mit ganz normalen Wachsfarben oder Ölkreiden und mit einem sehr dicken Farbauftrag.

Zunächst malen Sie Ihre Motive auf Papier. Der Farbton ist im Prinzip völlig egal, aber wenn Sie hier gut harmonierende Farben auswählen, können Sie nachher alle Drucke gut miteinander kombinieren (die Papiere, die Sie mit Wachsfarben bemalen, hinterlassen Spuren auf der Gelliplatte, werden aber gleichzeitig mit der aufgetragenen Farbe bedruckt und können ebenfalls verwendet werden). Vielleicht haben Sie in Ihrem Skizzenbuch neue Formen entwickelt, die Sie ausprobieren wollen. Sie können aber auch dicke Kreise malen, einen großen Buchstaben etc. Einfache Formen eignen sich besser als komplexe. Bereiten Sie mindestens fünf oder sechs Motive vor.

Walzen Sie dann Ihre Gelliplatte mit Farbe ein, legen Sie eines der Papiere darauf und reiben Sie entweder mit der Hand oder mit einem Löffel oder Falzbein vorsichtig darüber.

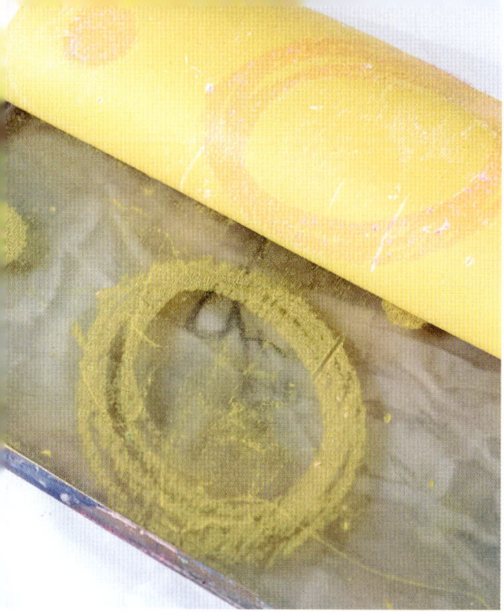

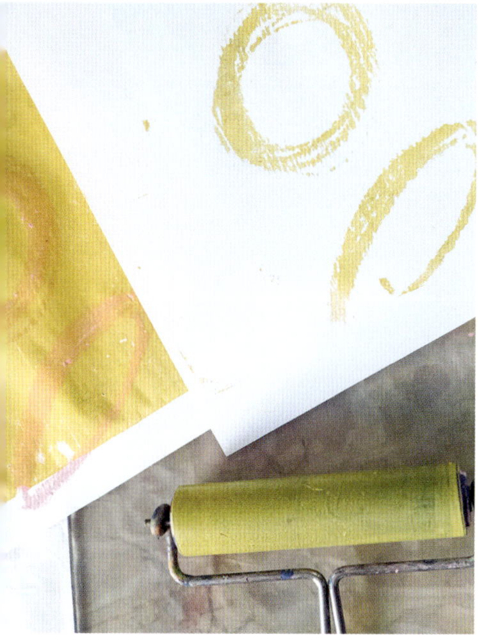

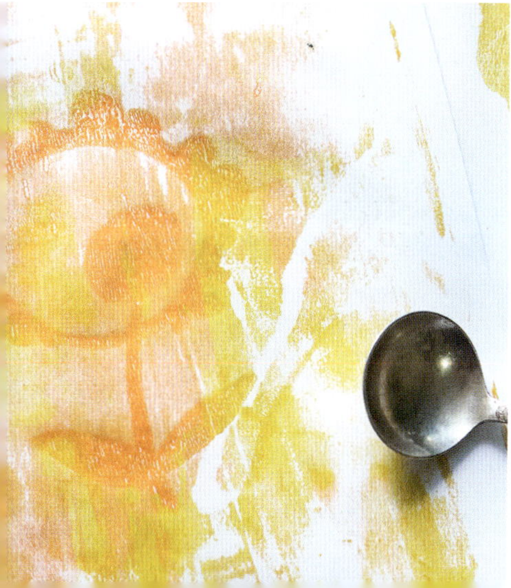

Je mehr Sie hier reiben, desto weniger Hintergrundfarbe wird für den Zweitdruck übrig bleiben.

Was jetzt passiert, ist Folgendes: Da, wo Sie Wachsfarben aufgetragen haben, nimmt das Papier weniger Farbe an; entsprechend verbleibt mehr Farbe auf der Gelliplatte. Die können wir mit einem zweiten Papier abdrucken – dazu sollte man entweder schnell arbeiten, solange die Farbe noch nicht trocken ist, oder sie ganz trocknen lassen und mit einer neuen Farbschicht (in Weiß oder einer Kontrastfarbe) wieder aktivieren. Beide Drucke – der Erstdruck, bei dem die Wachsfarbe durch die abgeriebene Farbschicht durchscheint, und der Zweitdruck mit dem eigentlichen Motiv – können nachher verwendet werden.

Die so entstehenden Bilder behalten die handgemachte Struktur, die beim Malen mit Wachsfarben entsteht. So kann man mit ganz einfachen Formen interessante Effekte erzeugen.

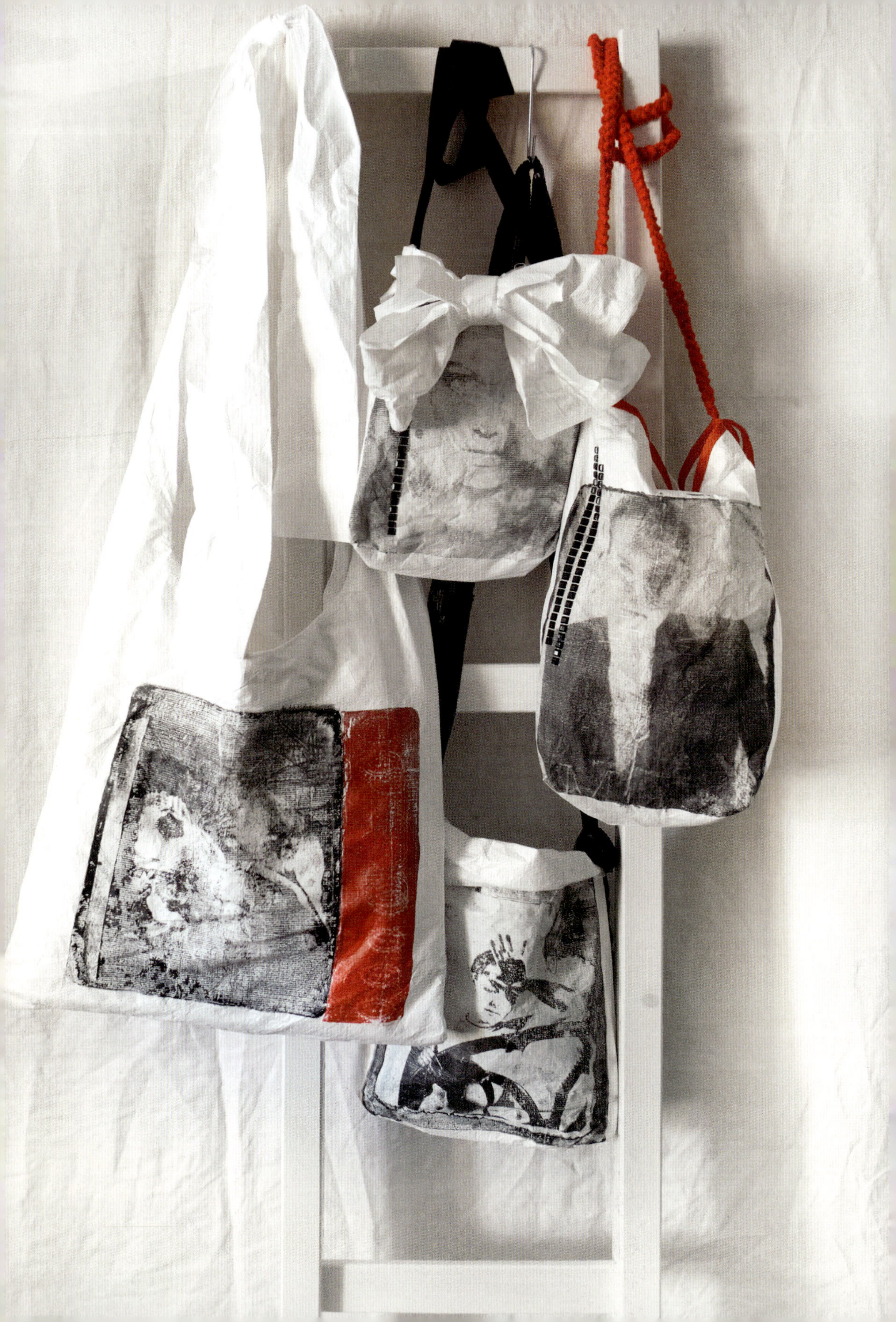

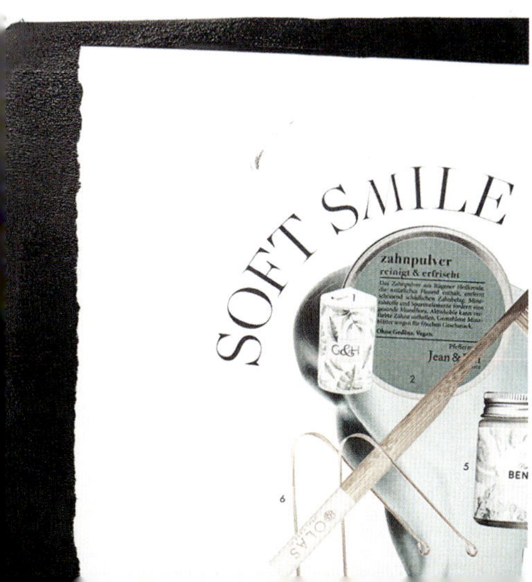

MOTIVDRUCK MIT ILLUSTRIERTEN

Gelliprint hat manchmal etwas von Zaubern. Jedes Mal, wenn wir ein Papier oder ein Stück Stoff von der Gelliplatte abheben, ist es eine Überraschung, was dabei herauskommt. Egal ob einfarbig, mehrfarbig oder in Schichten – immer gibt es diese Zufallskomponente, die den Druck und damit das Ergebnis beeinflusst. Deshalb wird Gelliprint nie langweilig.

Die Technik, die wir jetzt zeigen wollen, sieht aber auch schon von der Vorgehensweise her magisch aus. Denn auf der Gelliplatte entstehen ohne große Vorbereitung komplexe Bilder oder Gesichter lächeln uns darauf entgegen. Im Englischen heißt die Technik *magazine resist* – wir haben es also wie im vorangegangenen Kapitel wieder mit einer Resist-Technik zu tun.

Das gleiche Prinzip, nach dem Wachsfarben Farbe anders annehmen und abdrucken als ein weißes Blatt Papier, lässt sich mit Magazinseiten umsetzen – und zwar ohne vorherige Bearbeitung. Auch hier nehmen unterschiedliche Bereiche des Papiers Farbe unterschiedlich an. Am besten probieren Sie es direkt aus.

Im Prinzip ist die Vorgehensweise ganz einfach: Farbe auf die Gelliplatte auftragen, Magazinseite vorsichtig abreiben, Gelliplatte trocknen lassen, Kontrastfarbe auftragen, drucken. Da die Tücke im Detail steckt, haben wir ein paar Tipps aufgeschrieben, wie Sie schnell(er) gute Ergebnisse erzielen können.

Für diese Technik haben wir ein besonderes Material verwendet: Tyvek® (siehe Seite 108). Aber die Technik funktioniert selbstverständlich auch mit Papier oder nicht zu grobem Stoff.

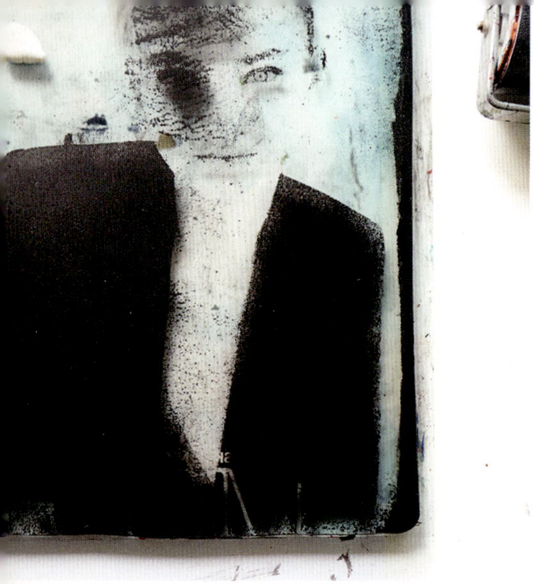

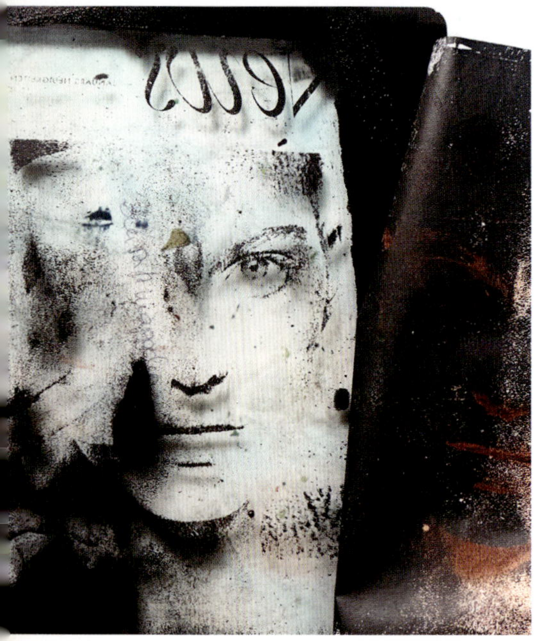

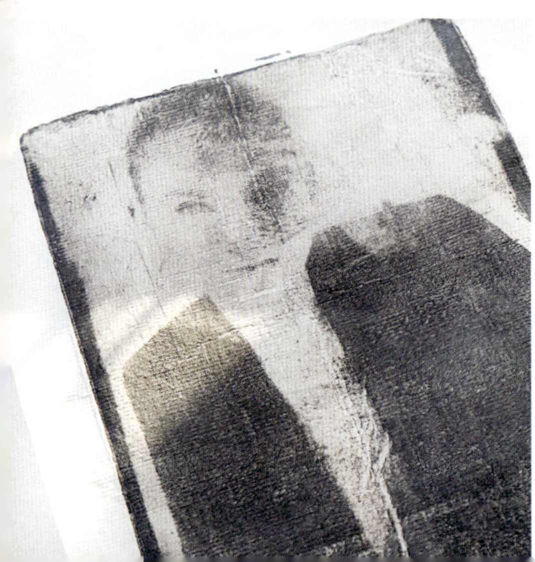

1. Legen Sie alle Materialien, die Sie zum Drucken verwenden wollen, bereit. Diese Technik muss schnell durchgeführt werden.

Das Druckergebnis hängt zum Teil von den verwendeten Magazinseiten ab. Hochglanzmagazine, wie Modezeitschriften, erzielen in der Regel gute Ergebnisse. Aber wir haben auch mit Wohnzeitschriften oder den Magazinen aus dem Drogeriemarkt gute Drucke erhalten. Vielleicht sind ein paar Tests nötig, bis Sie das richtige Medium, die richtigen Farben und die richtige Geschwindigkeit heraushaben – also dranbleiben und weiter ausprobieren.

2. Zur Motivwahl: Bildmotive mit starken Kontrasten und einfacheren Formen eignen sich besser. Parfumwerbung oder Anzeigen von Beautyprodukten beispielsweise, die nur ein Gesicht in Großaufnahme darstellen, haben im Druck einen höheren Wiederkennungswert als eine Landschaft oder ein kleinteiliges Foto.

Schrift aller Art eignet sich wunderbar zum Drucken, sammeln Sie also Überschriften, Zitate oder schön in Szene gesetzte Zahlen.

3. Tragen Sie die Acrylfarbe mit einer Linolwalze gleichmäßig und eher dünn auf die Gelliplatte auf. Dickflüssige und hochpigmentierte Farbe (also teurere Künstler-Acrylfarbe statt der günstigen Tuben aus dem Bastelmarkt) liefert hier eindeutig bessere Ergebnisse. Sie sollten eine eher dunkle Farbe für die erste Schicht Farbe verwenden und eine helle Kontrastfarbe für die zweite, sonst sieht Ihr Druck nachher wie ein altes Fotonegativ aus.

4. Sobald die Farbe aufgewalzt ist, legen Sie eine der vorbereiteten Magazinseiten darauf und reiben leicht darüber – längeres Auflegen

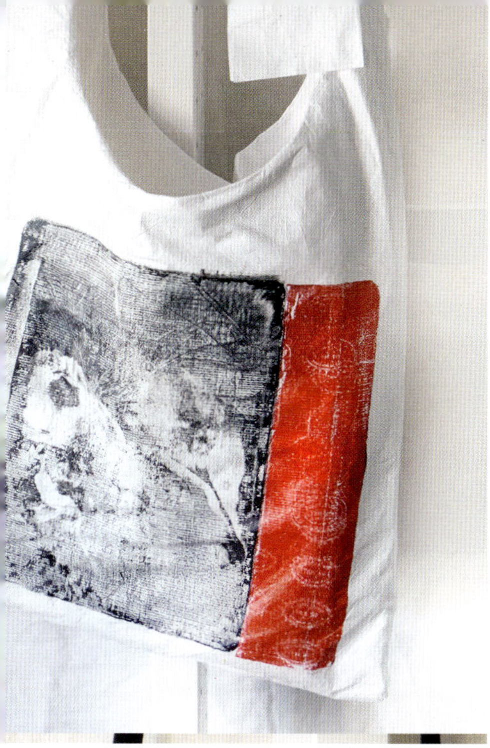

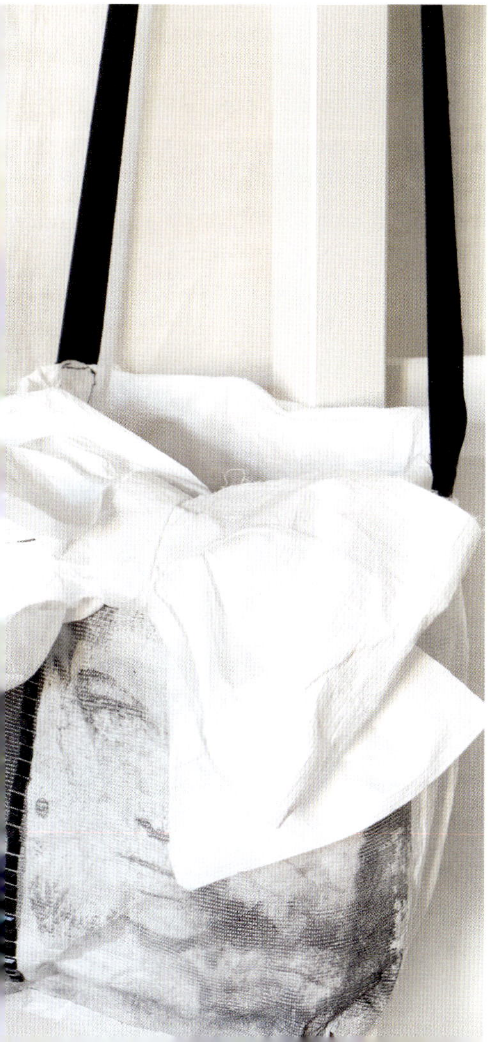

und festeres Abreiben nimmt Farbe weg und fügt nicht hinzu! Die Magie dauert nur ungefähr 3 Sekunden.

5. Sie können den Hintergrund ganz abreiben oder auch Teile stehen lassen. Entsprechend haben Sie später weniger oder mehr Farbauftrag in den einzelnen Bereichen.

6. Wenn Sie die Magazinseite vorsichtig abgezogen haben, sollten Sie das Bildmotiv in vereinfachter Form auf Ihrer Gelliplatte sehen können.

7. Lassen Sie die Farbe trocknen, denn diesmal arbeiten wir mit mehreren Farbschichten. Das Trocknen sollte relativ schnell gehen, da wir für diese Drucktechnik einen dünnen Farbauftrag verwenden. Wir kennen von der Grunge-Technik (siehe Seite 44) den Effekt, dass auf der Gelliplatte verbliebene eingetrocknete Farbe wieder reaktiviert werden kann, wenn man später frische, feuchte Farbe darüber aufträgt. Das kann man im Gellidruck ganz gezielt für mehrfarbige Drucke einsetzen – und das machen wir hier auch.

Wenn die erste Farbschicht mit dem Magazindruck ganz getrocknet ist, walzen wir eine weitere dünne Farbschicht darüber. Dazu sollten folgende Dinge beachtet werden:

a. Verwenden Sie eine Kontrastfarbe. Also eine helle Farbe, wenn Sie vorher dunkel gedruckt haben, oder eine Farbe im Komplementärkontrast. Sie wollen ja, dass das von Ihrem Magazin übertragene Bild die Hauptrolle im Druck spielt, deshalb soll es maximal betont werden.

b. Normalerweise kann man Farbe zum Auswalzen direkt auf die Gelliplatte auftragen und dann so lange mit der Walze rollen, bis der Farbauftrag gleichmäßig ist.

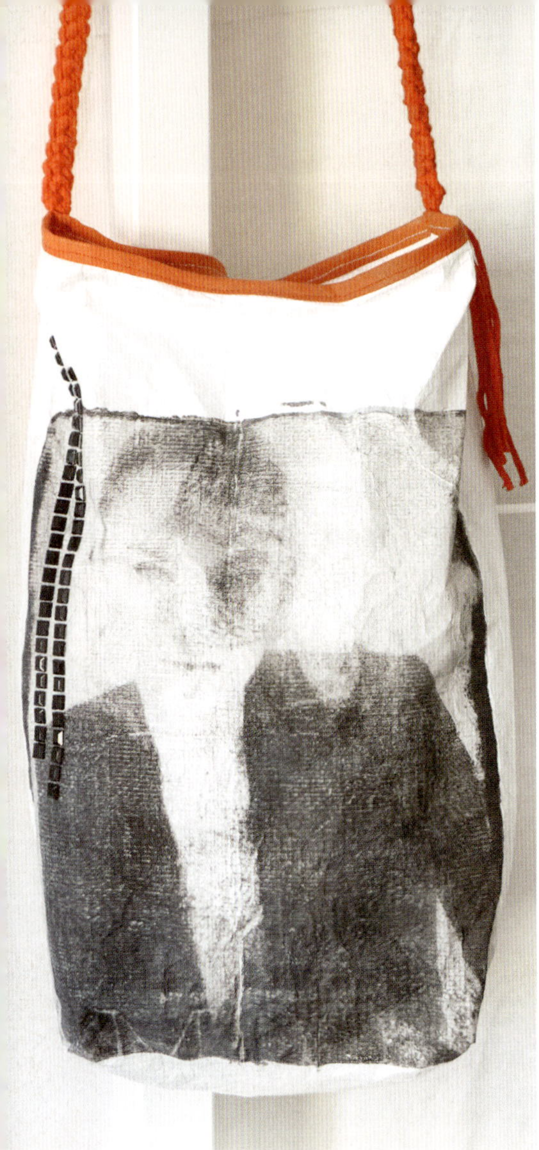

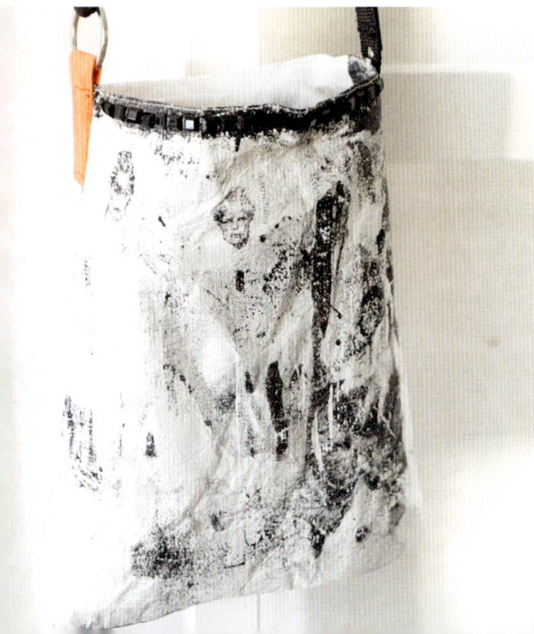

Das ist bei dieser Technik allerdings insofern gefährlich, als sich dabei die untere Farbschicht an- oder auflösen kann. Daher ist es viel besser, auf einer kleinen Glasplatte oder einer Plastiktüte (kein saugfähiges Material wie Papier, es würde zu viel Farbe schlucken) die zweite Farbe jenseits der Gelliplatte gut auszuwalzen. Wenn die Farbe gleichmäßig auf der Walze verteilt ist, tragen Sie sie zügig auf die Gelliplatte auf. Wenn Sie es bunter wollen, können Sie hier auch mehrere Farben mischen, solange der Auftrag schnell genug erfolgt.

8. Jetzt machen Sie den eigentlichen Druck, indem Sie ein Blatt Papier auflegen und dann gut und fest abreiben, z. B. mit einem Löffel.

Das Ganze ist leichter, als es hier klingt. Wenn man den Dreh einmal raushat, kann diese Technik fast süchtig machen. Wie gesagt, vieles ist von der Magazinseite und der Farbe abhängig; also kann es sein, dass Sie mit Ihren Materialien mit anderen Vorgehensweisen bessere Ergebnisse erzielen. Einfach ausprobieren und nicht entmutigen lassen!

Und noch ein Tipp zum Schluss: Wenn Sie die Farbe beim ersten Farbauftrag wirklich dünn ausrollen, ist es möglich, dass sie im Druck durchscheinend wirkt. Für kontrastreichere und deckendere Abdrucke der Zeitschriftenseiten gibt es einen Trick: Walzen Sie die Gelliplatte komplett dünn mit der Farbe ein und lassen Sie sie trocknen. Also noch keine Magazinseite auflegen! Walzen Sie dann mit derselben Farbe noch einmal dünn darüber und gehen Sie dann wie beschrieben vor. Der zweite Farbauftrag aktiviert den ersten, verändert aber nicht die Druckeigenschaften (wie es ein einziger dicker Farbauftrag machen würde). So drucken Sie zwei dünne Schichten deckend oder fast deckend übereinander.

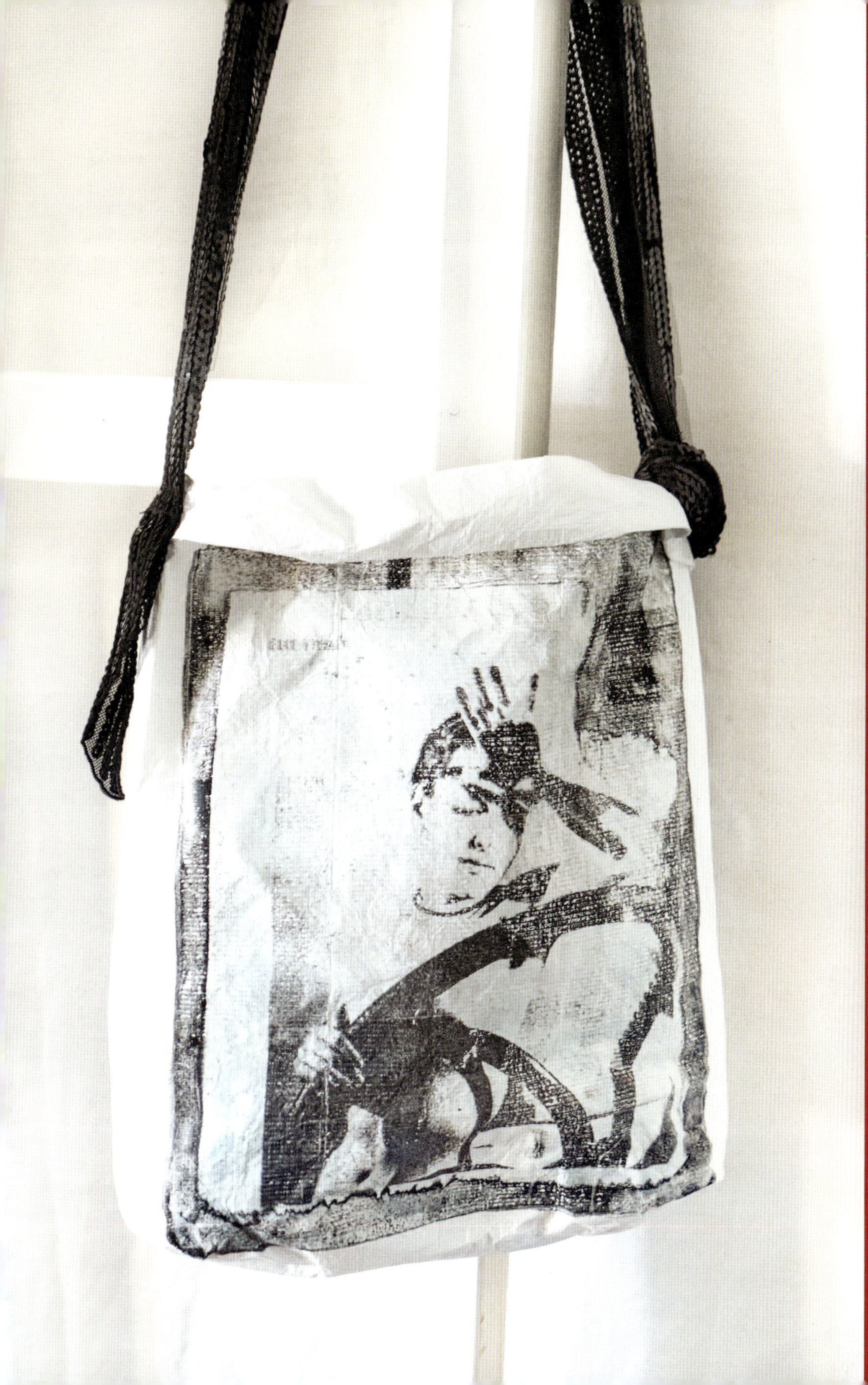

Wasser-farben

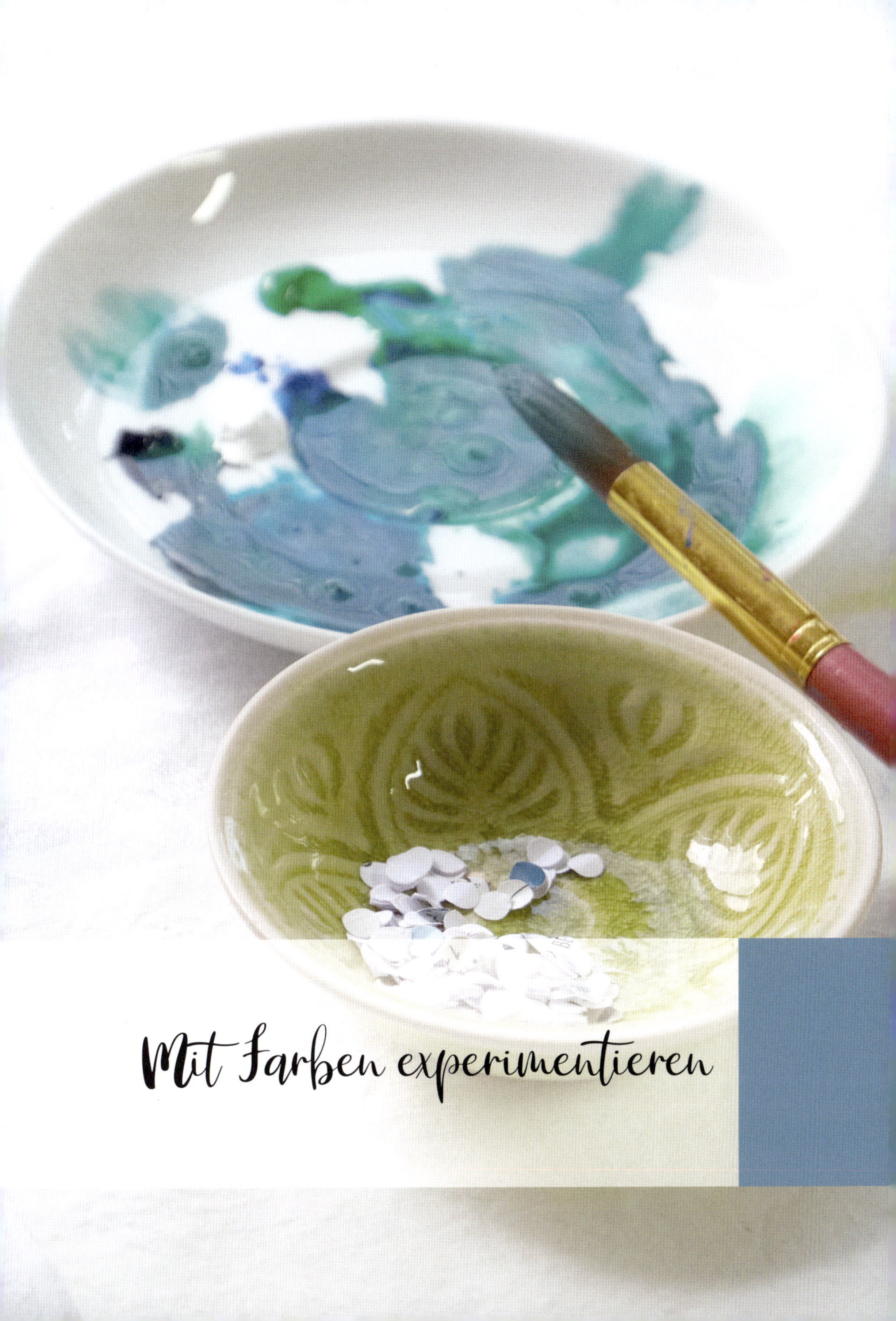

Mit Farben experimentieren

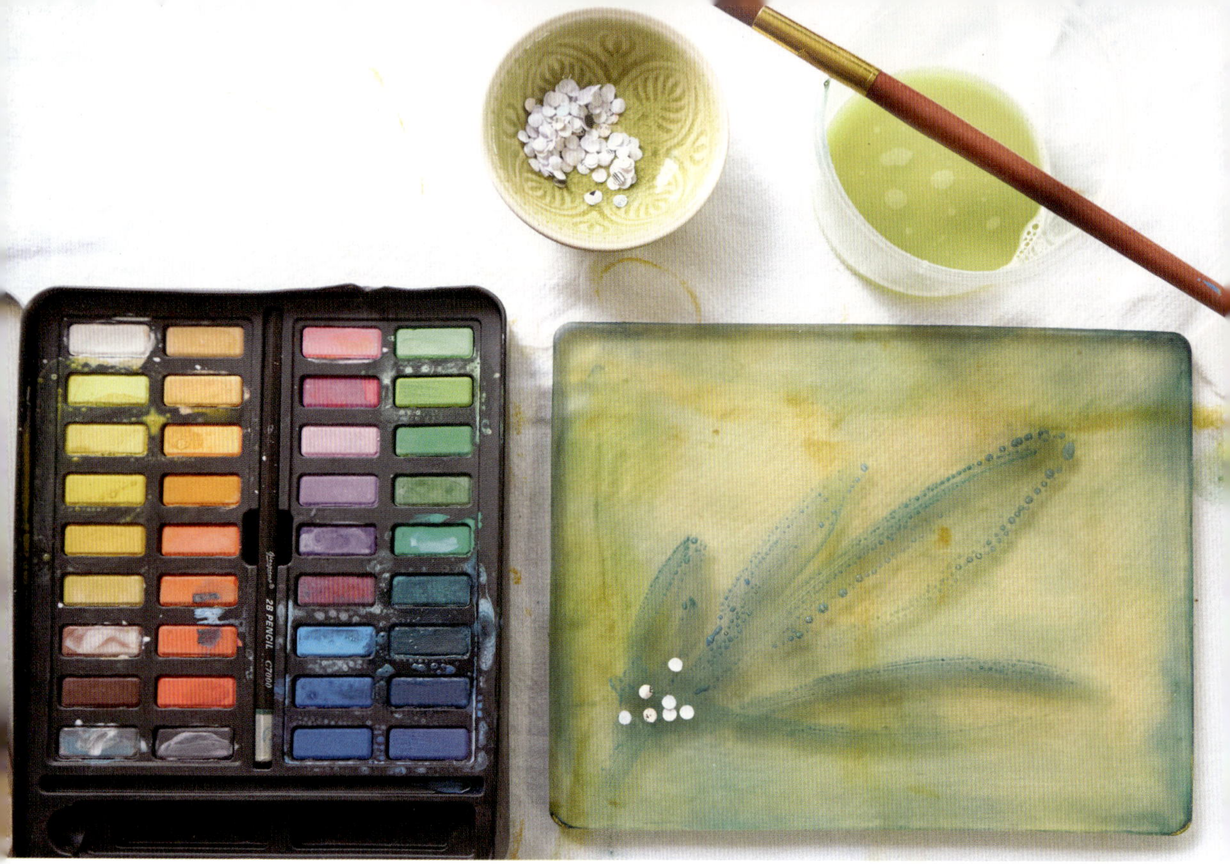

WASSERFARBEN VERWENDEN

Man kann so ziemlich alle Farben auf der Gelliplatte verwenden, von Stempelkissen über Acrylmarker bis hin zu jeder Art von Farbe in Tuben oder Flaschen. Probieren Sie es zumindest einmal aus und lassen Sie sich überraschen. Bei den meisten Farben ist es sinnvoll, sie einmal antrocknen zu lassen und dann mit einer zweiten Schicht, diesmal am besten mit Acrylfarbe, darüber zu drucken.

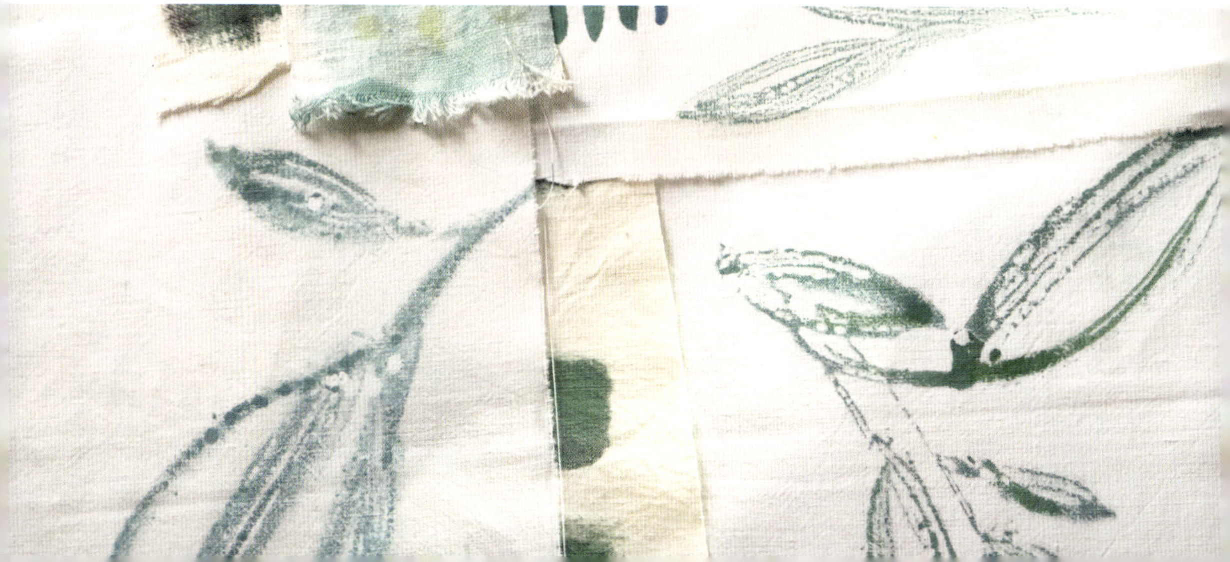

Eine Sonderform ist Wasserfarbe. Gelliplatten sind, wie bereits gesagt, leicht wasserabstoßend. Das passiert auch bei zu stark verdünnter Acrylfarbe, in ganz besonderem Maß aber natürlich bei Wasserfarben. Sie tragen die Farbe auf und sie beginnt abzuperlen und sich zu Flächen zusammenzuziehen, die den ursprünglichen Farbauftrag verändern. Trotzdem ist es einen Versuch wert, denn man kann so interessante Effekte erzeugen, die man z. B. für Mixed-Media-Projekte gezielt einsetzen kann.

Es gibt eigentlich nur zwei Tipps für den Umgang mit Wasserfarben: viel Pigmente oder Farbe ins Wasser einrühren und schnell arbeiten! Eventuell hilft eine winzige Portion Spülmittel, das Abperlen zu verringern.

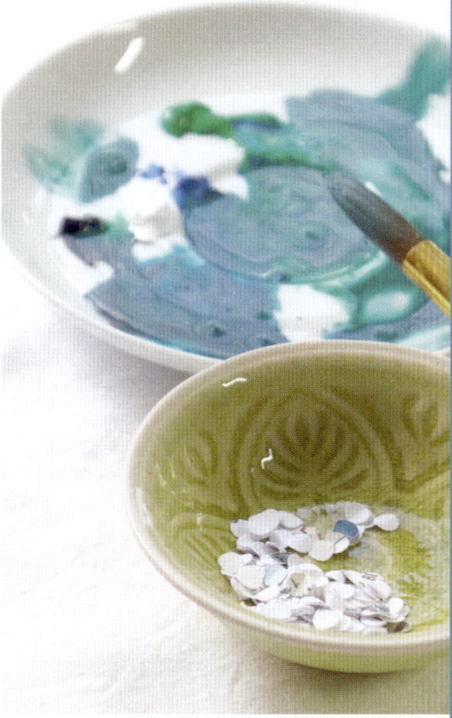

Ausprobieren:

Wasserfarbe kann man auf Stoff nicht fixieren, d. h. er ist anschließend nicht waschbar; Papier wellt sich. Für Skizzenbücher oder Junk-Journals lässt sich Wasserfarbe aber wunderbar verwenden. Wir haben als zusätzlichen Effekt noch kleine Papierkreise aus dem Locher zur Darstellung von Blüten oder Samen verwendet – einfach vor dem Drucken auf die Gelliplatte legen und Sie erhalten die weißen Aussparungen wie auf dem Foto rechts unten. Weiße Akzente bringen immer die umgebenden Farben zum Leuchten!

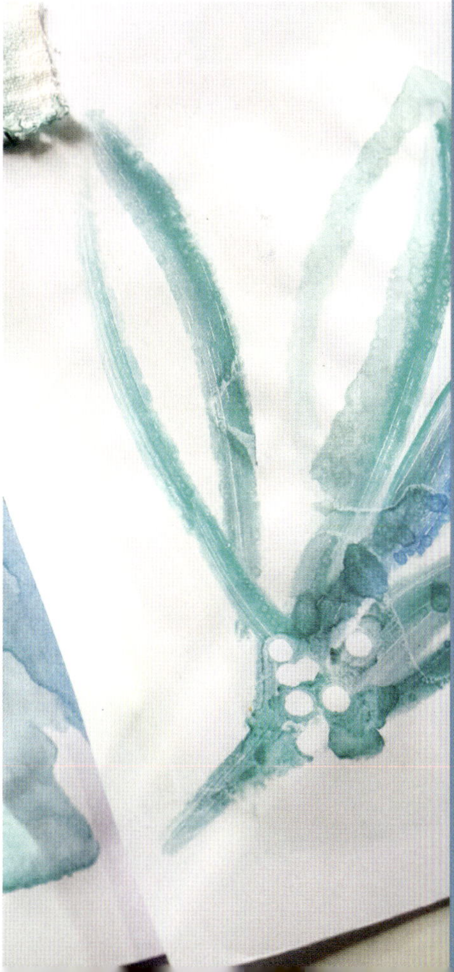

freestyle

Techniken kombinieren

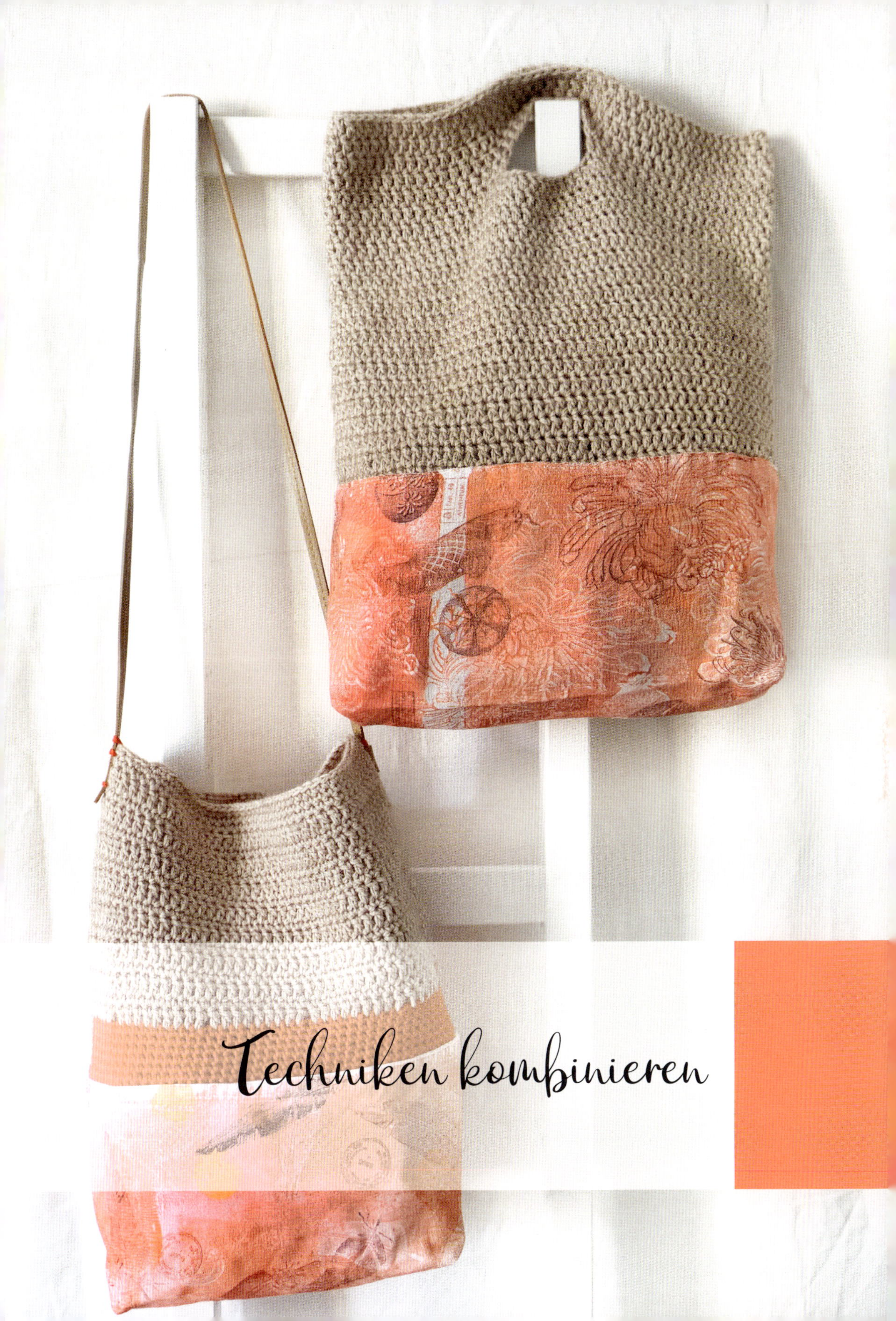

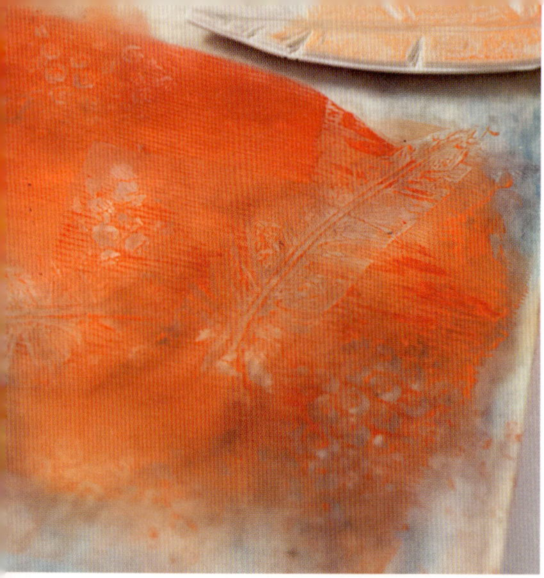

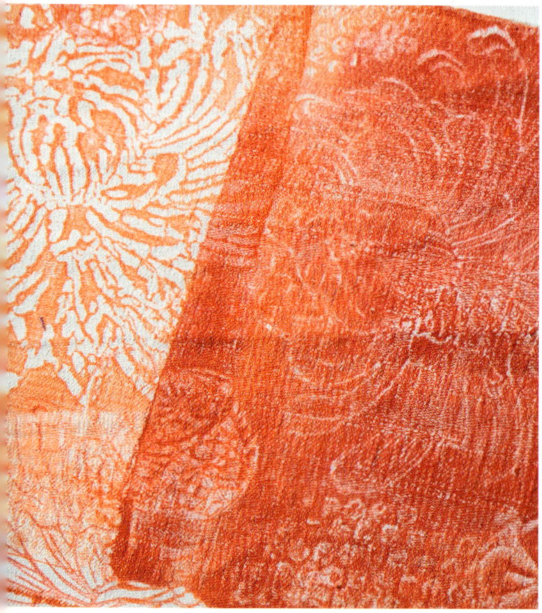

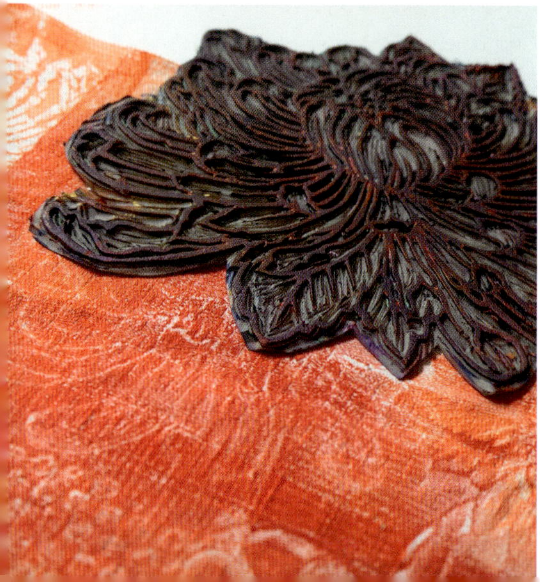

FREESTYLE-MUSTER DRUCKEN

Dieses Muster sieht aufwendig aus, lässt sich aber leicht mit einer Kombination von Techniken, die wir bereits kennen, herstellen.

1. Wählen Sie zunächst Ihre Farbkombination aus: eine hellere Farbe (in unserem Fall kirschrot) und eine kontrastierende Farbe derselben Farbpalette (hier dunkelrot).

Alle anderen Farbschattierungen entstehen dadurch, dass wir mit leichter Transparenz drucken. Das ergibt sich einerseits durch den Farbauftrag auf die Gelliplatte: je dünner, desto transparenter die Farbe. Andererseits haben wir auf einen gröberen Stoff gedruckt, der die Farbe nicht so gleichmäßig annimmt wie dünner Stoff oder Papier. Zusätzliche Effekte entstehen, wenn Sie beim Drucken an manchen Stellen mehr oder weniger stark anreiben.

2. Wie im Foto links oben gut zu sehen, wird die Farbe bei dieser Drucktechnik nicht über die ganze Gelliplatte verteilt. Wenn wir die Ränder auslaufen lassen, ergeben sich beim Druck keine klaren Kanten. Wir können aber genauso gut mit klaren Kanten arbeiten und z. B. weiße Flächen dazwischen lassen. Probieren Sie aus, was Ihnen am besten gefällt.

3. Jetzt stempeln wir: Wenn wir den Stempel fest auf die Gelliplatte drücken, nehmen wir an dieser Stelle die ganze aufgetragene Farbe weg; das Motiv erscheint nachher weiß.

Wollen Sie dasselbe Motiv mehrfach verwenden, drucken Sie es zwischendrin auf einem Papier ab, damit Sie immer mit einem farbfreien Stempel arbeiten. Nur dann erhalten Sie

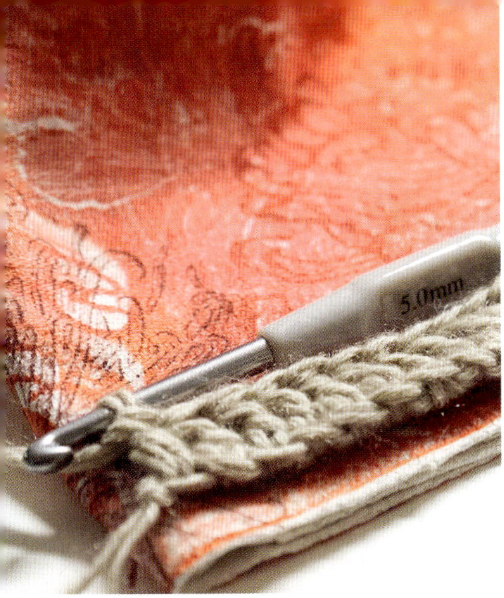

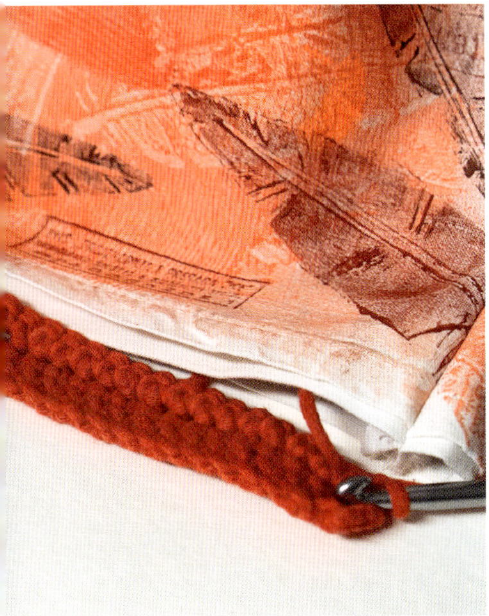

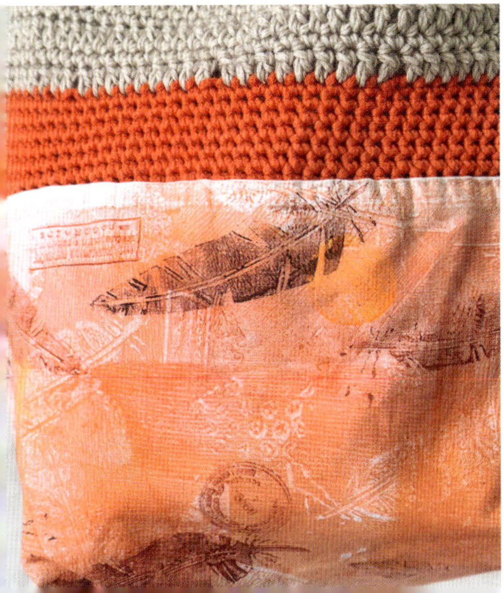

wirklich weiße Flächen und Strukturen. Nimmt man einen Stempel und drückt ihn immer wieder auf die Gelliplatte, ohne ihn zwischendrin zu säubern, erhält man weniger scharf abgegrenzte Muster. Denn solange noch Farbe am Stempel haftet, kann er nur wenig neue Farbe aufnehmen. Man erhält dann eher Ton-in-Ton-Drucke mit ein paar weißen Blitzern (diese kann man übrigens absichtlich erzeugen bzw. verstärken, indem man den Stempel nicht bloß aufsetzt, sondern auch leicht verschiebt oder verschmiert). Das haben wir hier mit den Hintergrundmustern gemacht. So entsteht eine Vielzahl an Farb- und Formabstufungen.

4. Auf diese Weise – mit überlappenden Bereichen – bedrucken wir die gesamte Fläche, die wir gestalten wollen. Sie entscheiden, wie dicht Sie Farbe und Muster haben wollen, indem Sie einfach oder mehrfach drucken. Sie können versuchen, einen eher gleichmäßigen Farbauftrag zu erreichen, oder kontrastreich und bunt durcheinander drucken. Schauen Sie, was sich ergibt und was Ihnen am besten gefällt.

5. Zum krönenden Abschluss setzen Sie mit der dunklen Farbe Akzente. Dazu stempeln Sie Ihre Motive möglichst deckend, also mit sattem Farbauftrag. Je stärker der Kontrast zwischen hell und dunkel, desto mehr stechen die Motive heraus. Je geringer der Kontrast, umso gleichmäßiger der fertige Druck.

Und noch einmal die Kurzfassung: Mit der helleren Farbe leicht transparent die Fläche bedrucken. Motive, die nicht abgedruckt werden und weiß bleiben, sind stärker betont. Gestalten Sie die Fläche durch Übereinanderdrucken, bis Sie den gewünschten Effekt erhalten. Setzen Sie zum Schluss mit der dunkleren Kontrastfarbe Akzente.

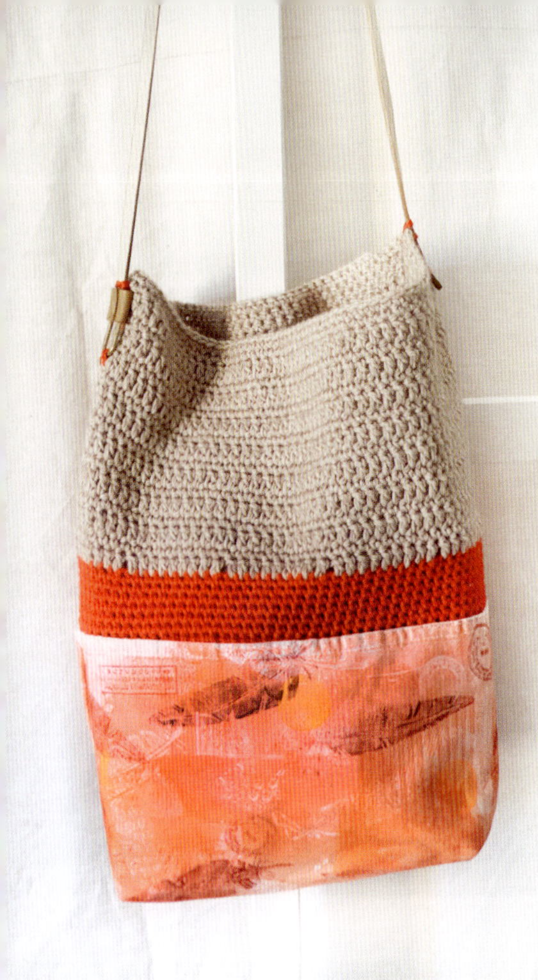

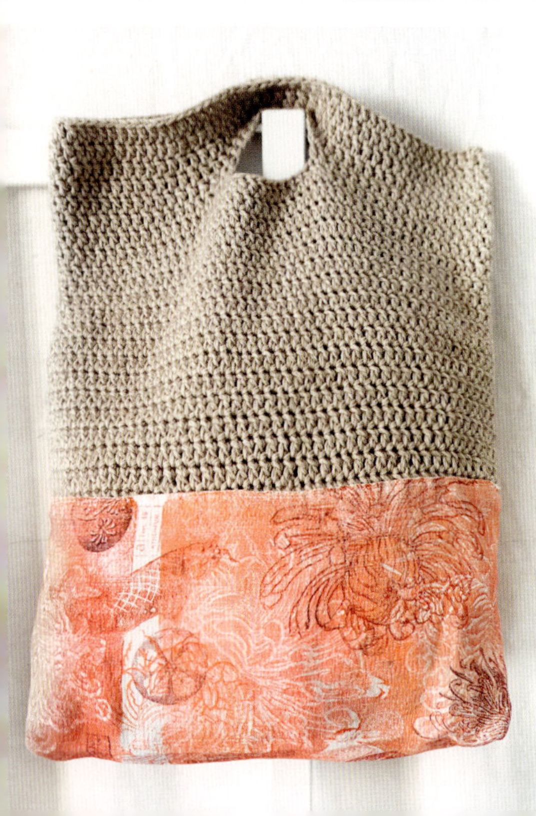

KOMBINATION MIT ANDEREN MATERIALIEN

Im Rausch der unendlichen Variationen von Farben, Formen und Strukturen, die Gelliprint ermöglicht, vergisst man leicht noch eine andere Möglichkeit: die Kombination mit anderen Materialien.

Man kann Buchseiten oder Packpapier bedrucken und bekleben (siehe auch die Projekte auf Seite 113 oder Seite 124). Wenn man mit Stoff arbeitet, kann man selbst bedruckte Stoffe mit gekauften kombinieren, mit farbigen Bändern und mit Leder aufpeppen – alte Gürtel geben z. B. wunderbare Riemen für Taschen ab. Oder man kann, wie hier auf den Fotos, gehäkelte oder gestrickte Teile hinzufügen. Anleitungen für nahezu alle Techniken gibt es mittlerweile im Internet. Vielleicht entdecken Sie dabei ganz nebenher noch ein weiteres neues Hobby für sich – oder reaktivieren Fähigkeiten, die Sie schon fast vergessen hatten?

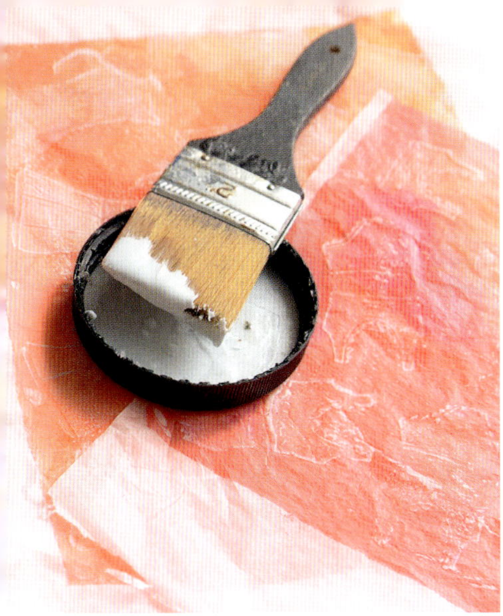

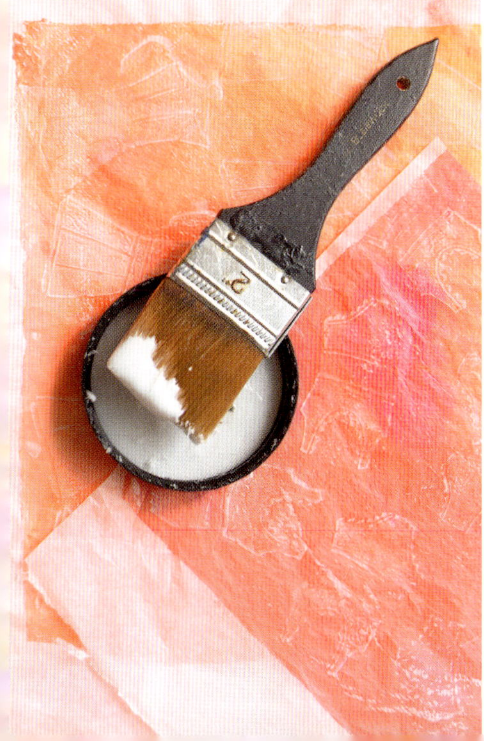

DRUCKEN AUF SEIDENPAPIER

Wenn Sie schon etwas Übung und Erfahrung mit Ihrer Gelliplatte gesammelt haben und möglicherweise eine kleine Herausforderung suchen: Drucken Sie auf Seidenpapier!

Da Seidenpapier sehr dünn ist, reißt es leicht. Das Drucken braucht also etwas Fingerspitzengefühl. Die Farbe sollte nicht zu dick aufgetragen, das Papier nur kurz angerieben und dann schnell (und vorsichtig) abgezogen werden.

Was beim Drucken etwas schwierig ist, wird beim Weiterverarbeiten zu einem großen Vorteil: Da das Seidenpapier so dünn ist, kann man sehr leicht Gegenstände damit überziehen. Es trägt nicht auf und lässt sich sogar über leicht gebogene Formen kleben. Am besten den Gegenstand mit etwas verdünntem Tapetenkleister, Buchbinde- oder Bastelleim bestreichen und dann das Papier andrücken. Gegebenenfalls mit einer weiteren Schicht Leim oder einem Klarlack überziehen.

Eine Anleitung zum Weiterverarbeiten von Seidenpapier finden Sie auf Seite 117.

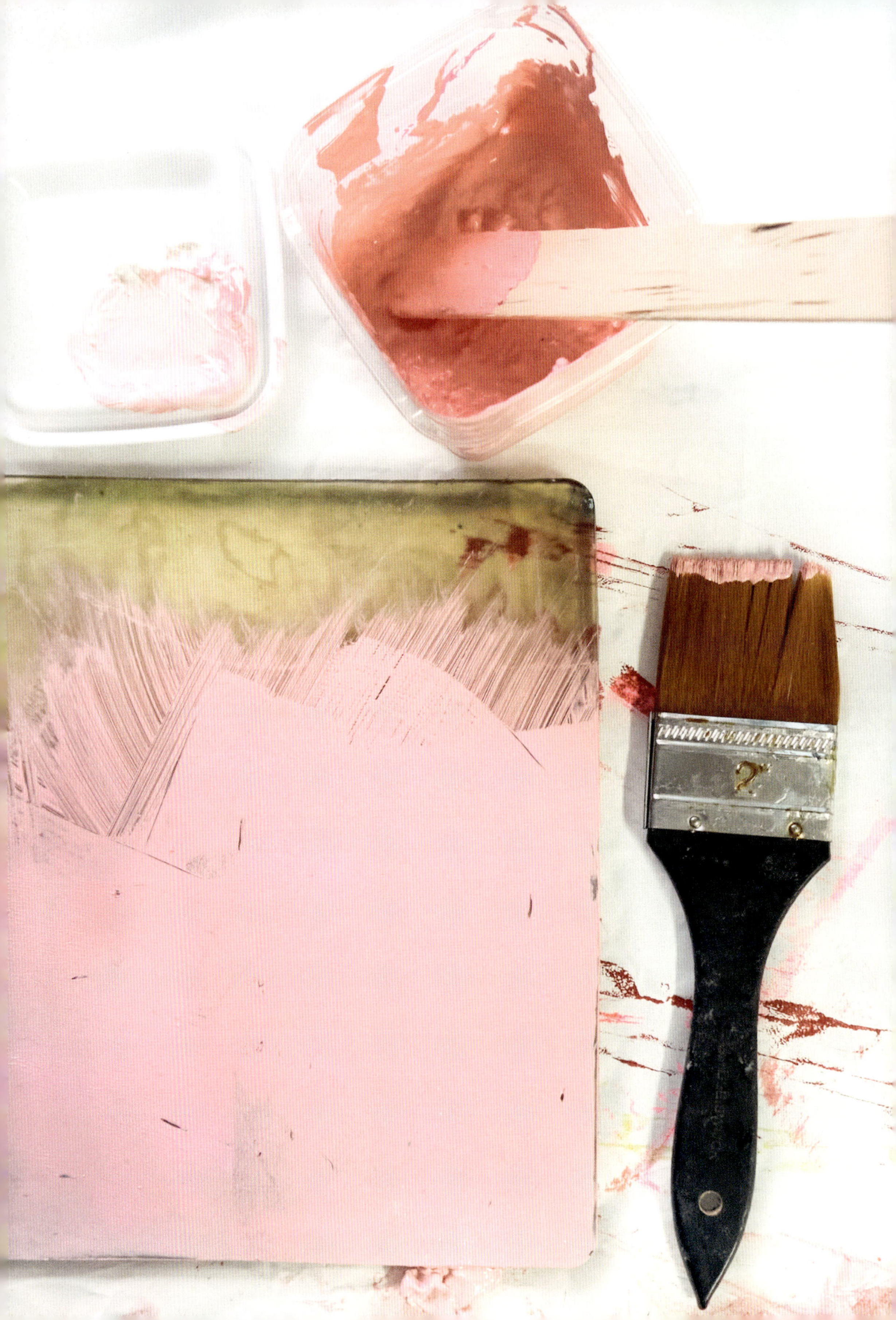

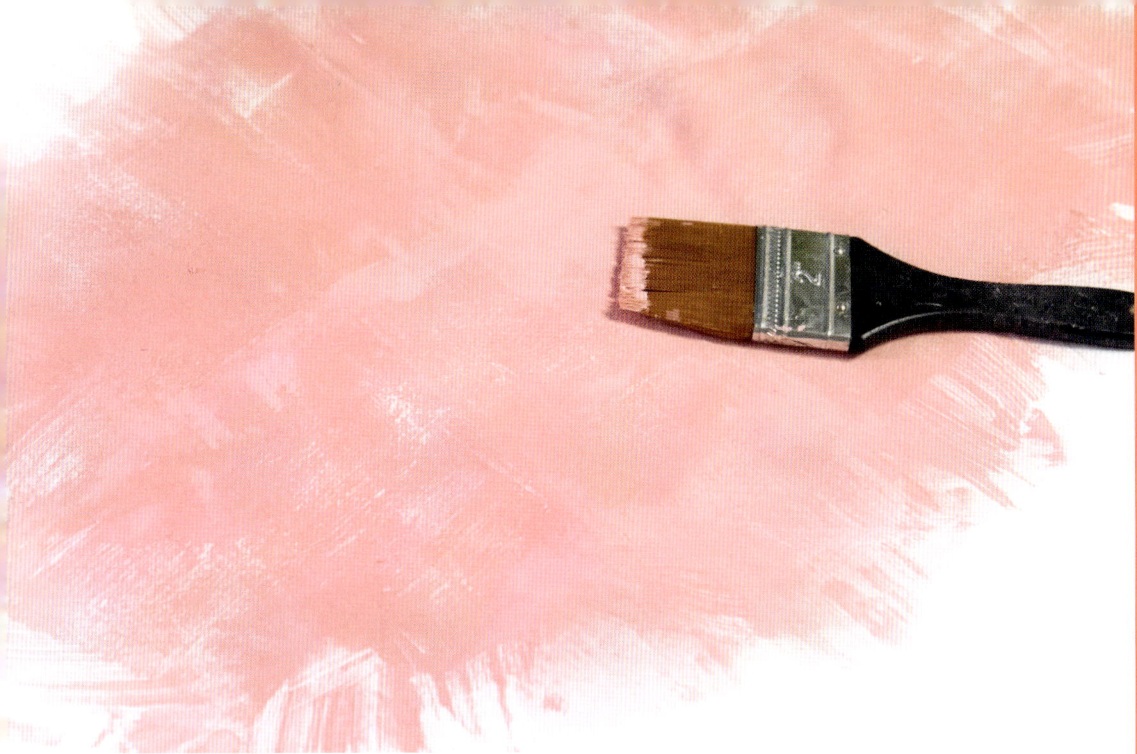

GROSSE FLÄCHEN BZW. ANSCHLÜSSE DRUCKEN

Die Gelliplatte bringt eine scheinbare Einschränkung mit sich: ihre Größe. Man neigt dazu, Projekte innerhalb der von ihr vorgegebenen Maße zu realisieren. Lassen Sie uns in diesem Kapitel ein bisschen weiter und größer denken. Denn selbstverständlich können wir Anschlüsse machen, d. h. mehrere Drucke nebeneinander, die insgesamt einen größeren Druck ergeben.

Wir drucken jetzt vier Bereiche aneinander, also in etwa die Größe von vier Gelliplatten. Natürlich kann man das auf sechs oder neun oder mehr Platten ausweiten. Für diese Technik verwenden wir die Gelliplatte besser als großen Stempel; d. h. wir legen das Papier bzw. den Stoff nicht wie sonst auf die Gelliplatte, sondern die Gelliplatte auf den Stoff. Da sie transparent ist, kann man die Kante genau sehen und den Anschluss passgenau machen.

Wenn Sie mit Stoff arbeiten, können Sie diesen anschließend vorsichtig um die Gelliplatte schlagen, die Platte umdrehen und den Stoff wieder ausbreiten. Dann können Sie wie gewohnt von oben mit den Händen, einem Löffel oder einem Falzbein abreiben. Papier klebt leichter an der Farbe, hier muss man nichts umschlagen oder fixieren, sondern lediglich beim Umdrehen schnell sein.

Es gibt verschiedene Möglichkeiten, im Druck Anschlüsse zu gestalten. Wir stellen das auf den nächsten Seiten direkt an zwei Projekten vor.

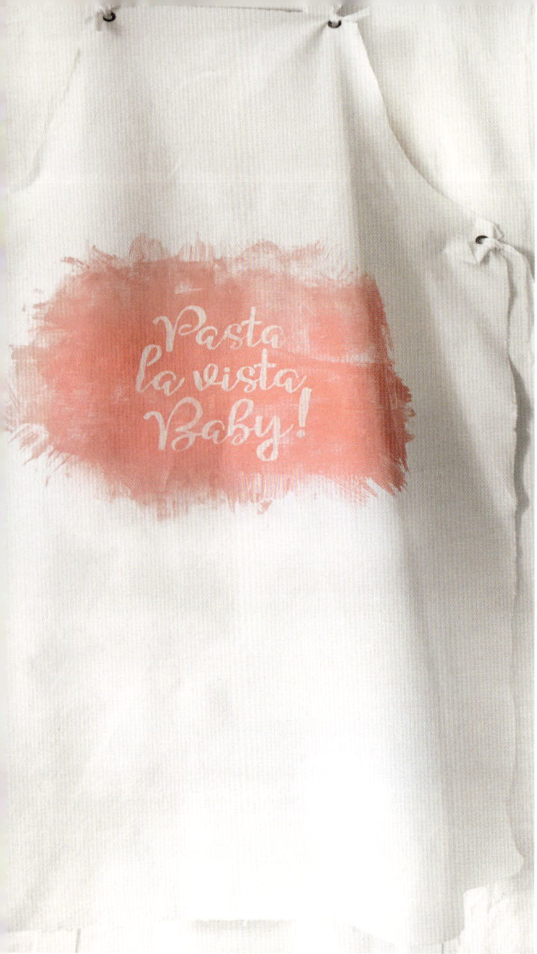

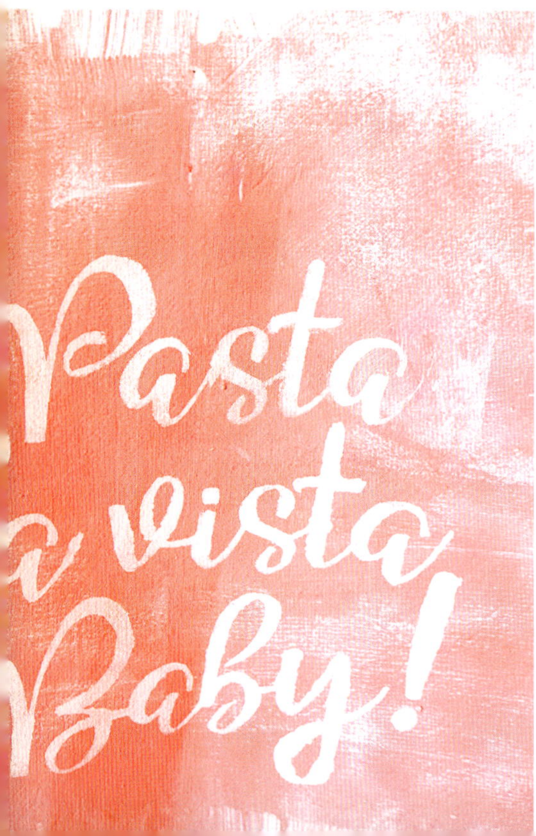

SCHÜRZEN BEDRUCKEN

Für unsere rosafarbene Schürze haben wir die Farbfläche nicht weiter gestaltet. Mit den Pinselstrichen entsteht eine lebendige Fläche, die unserem Text als Untergrund dient. Den Text finden Sie als Vorlage im Anhang auf Seite 141.

Wir haben diese Schablone von Hand geschnitten. Falls Sie einen Plotter haben, können Sie damit noch leichter eine Schablone herstellen. Aus Folie geschnitten, lohnt sich der Aufwand, denn diese Schürze lässt sich so leicht herstellen, dass es sicher nicht nur bei einer bleiben wird.

1. Schneiden Sie ein Stück Stoff gemäß der Vorlage auf Seite 137 zu. Nehmen Sie dafür grob Maß für die Schulterbreite und die gewünschte Länge der Schürze und übertragen Sie den Schnitt frei Hand auf Ihr mittig der Länge nach gefaltetes Stoffteil. Falls Sie die Nähte der Schürze versäubern wollen, sollten Sie sie mit Nahtzugabe zuschneiden. Aber Sie können selbst ohne Nähen eine Schürze machen: Wenn Sie den Stoff mit einer Zackenschere zuschneiden, verhindern Sie das Ausfransen auch ohne säumen.

Die Bänder für den Nacken und zum Zubinden können Sie anbringen, indem Sie Ösen einstanzen und die Bänder anknoten. Oder Sie nähen sie mit ein paar Stichen an, z. B. indem Sie ein paarmal hin- und hernähen – oder auch von Hand, falls Sie keine Nähmaschine haben. Das Ganze darf ein bisschen handgemacht und einfach aussehen. Fertig genähte Schürzen gibt es ansonsten im Bastelbedarf zu kaufen.

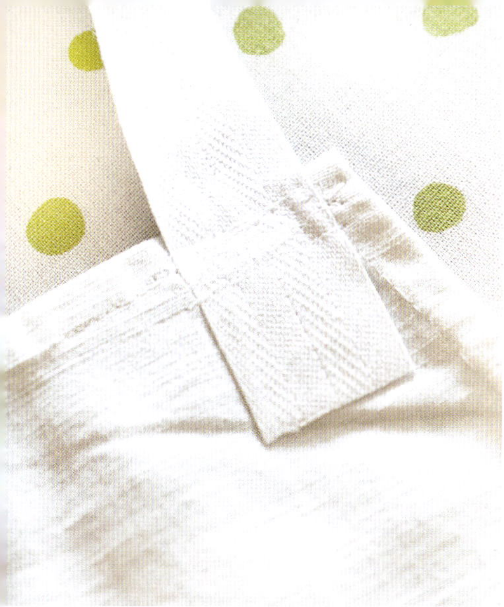

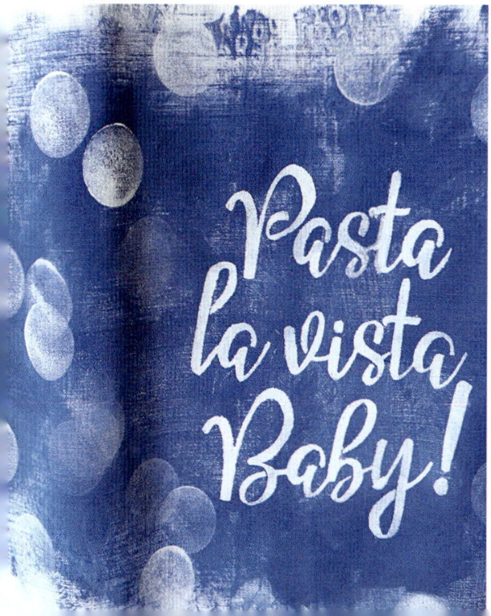

2. Bei unserer blauen Schürze haben wir die Anschlüsse genauso gemacht wie auf Seite 81 beschrieben. Jedoch haben wir die Ränder der Farbfläche mit Struktur versehen: Wir haben Noppenfolie und ein rundes Stück Schaumstoff (Verpackungsmaterial) verwendet, um an den Rändern Farbe abzutragen und den Übergang ins Weiß lockerer zu gestalten.

3. Um einen durchlässigeren Übergang zum weißen Hintergrund zu gestalten, haben wir anschließend mit leicht verdünnter Stofffarbe und einem Stück Schaumstoff die großen weißen Punkte transparent aufgestempelt. Niemand sagt aber, dass die Anschlussstellen unsichtbar sein müssen! Bei Gellidruck ist ja gerade das Spontane, das Experimentelle die große Stärke.

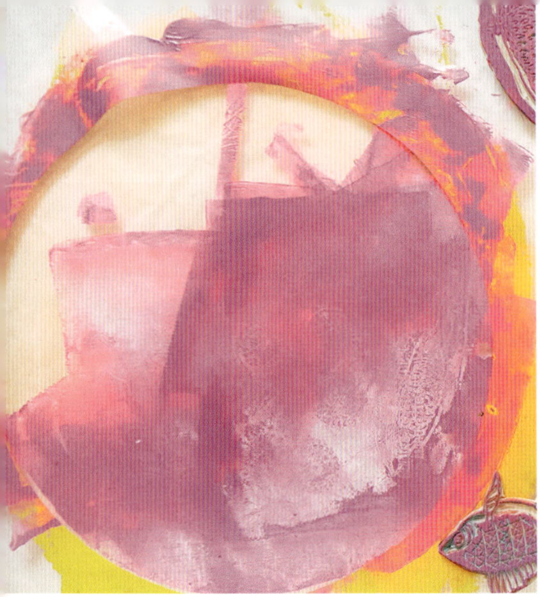

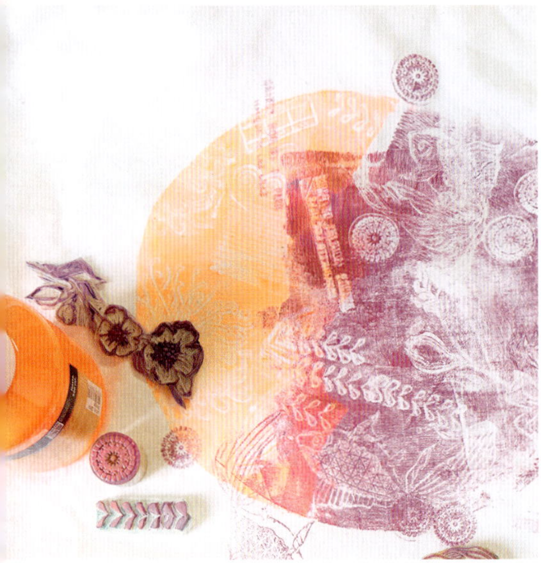

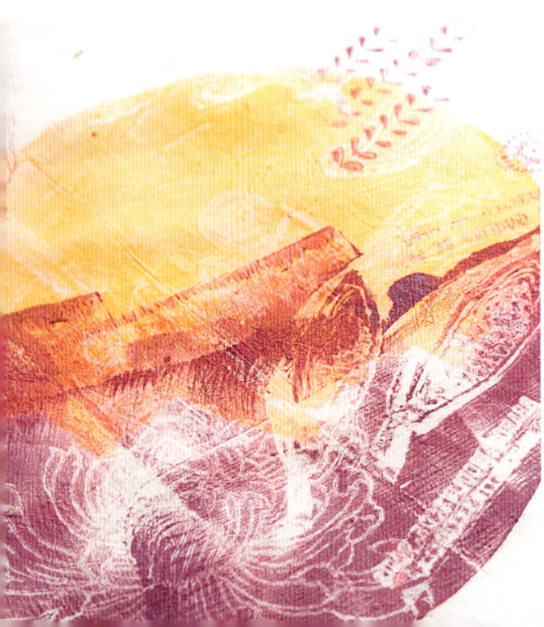

MANDALAS DRUCKEN

Bei Gelliplatten denkt man automatisch rechteckig, auch wenn es sie inzwischen in anderen Formen gibt. Drucken wir doch einfach mal rund – und zwar Mandalas! Es gibt verschiedene Varianten, die letztlich aber alle darauf basieren, auf einer rechteckigen Gelliplatte mit Schablonen einen Kreis zu drucken.

Ausprobieren:

BEUTEL BEDRUCKEN

Die simpelste Möglichkeit ist eine Schablone. Runde Schablonen lassen sich ganz einfach anfertigen, indem man mit einem Cutter oder scharfen Messer um einen Teller oder einen anderen runden Gegenstand in der richtigen Größe herumfährt. Sie können die Schablone aus Papier oder Pappe schneiden. Aber Mandalas drucken macht so viel Spaß, dass sich eine Folie lohnt (sie kann immer wieder verwendet werden). Das kann z. B. Verpackungsmaterial sein oder ein alter Schnellhefter.

Wenn Sie die Schablone genau auf die Größe der Gelliplatte zuschneiden, ist es nachher leichter, passgenau mehrere Farben zu drucken.

Wir haben für den Beutel zwei Komplementärfarben verwendet: ein helles Neonorange und ein dunkleres Violett. Die Grenze zwischen den beiden Farben kann man entweder in einer sauberen Linie oder als fließenden Übergang gestalten. Wir haben zur Auflockerung des Motivs zusätzlich einzelne Stempelformen über den Rand hinausragen lassen.

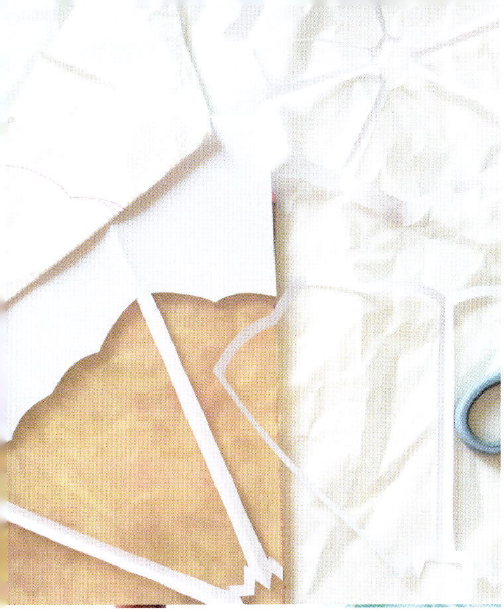
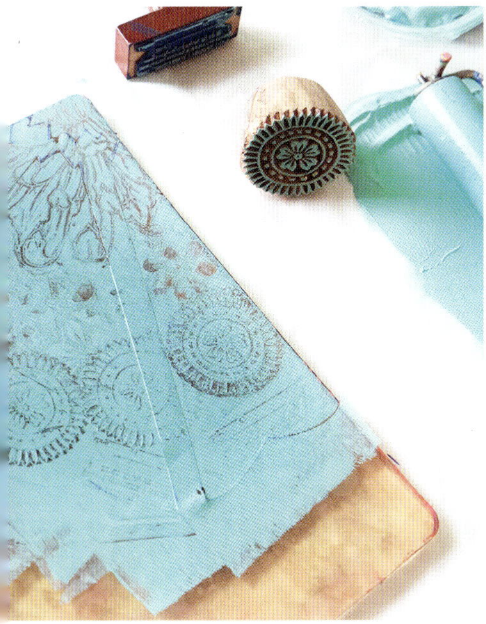
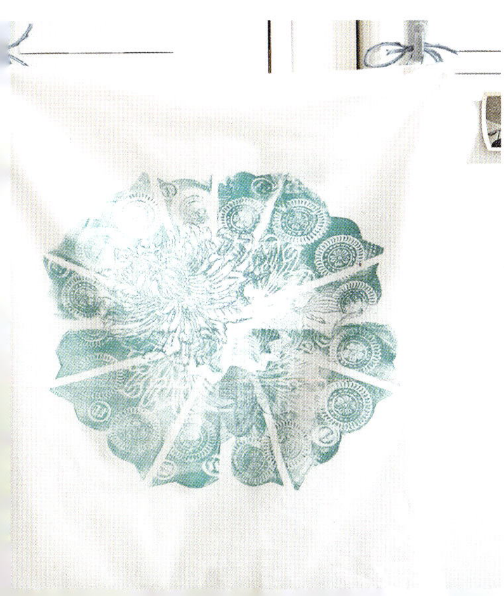

Wenn Sie mit einem einigermaßen runden Motiv in der Mitte beginnen und dann mit Wiederholungen nach außen arbeiten, bekommen Sie immer eine Art Mandala. Wir haben es in dieser Version sehr frei gestaltet.

WÄSCHESACK

Wer saubere mandalaähnliche Strukturen drucken will, schneidet sich eine etwas kompliziertere Schablone zu. Wir haben dabei die Schablone geviertelt. Damit reduziert sich der Aufwand des Schneidens auf ein Viertel, und wir können ein viermal so großes Motiv drucken. Man muss nur beim Drucken etwas mehr aufpassen.

Erinnern Sie sich an die Papiersterne, die wir vermutlich alle als Kinder ausgeschnitten haben? Nach demselben Prinzip kann man eine Papierschablone erstellen. Ein quadratisches Papier wird auf die Hälfte gefaltet, und noch einmal, und dann diagonal zur Mitte hin ein weiteres Mal. Für eine sehr kleinteilige Schablone kann man zusätzlich noch einmal falten, dann sollte das Papier jedoch sehr dünn sein. Wir schneiden keinen ganzen Stern aus, sondern nur ein Viertel, wie im oberen Foto zu sehen ist.

1. Je nachdem, von welcher der gefalteten Seiten aus Sie schneiden, erhalten Sie verschiedene Ergebnisse: einmal mit Stegen am äußeren Rand der Schablone und einmal ohne. Probieren Sie es aus – es dauert ja jeweils nur eine Minute. Wir benötigen die Version ohne Stege am Rand, da wir hier die vier Drucke zusammensetzen.

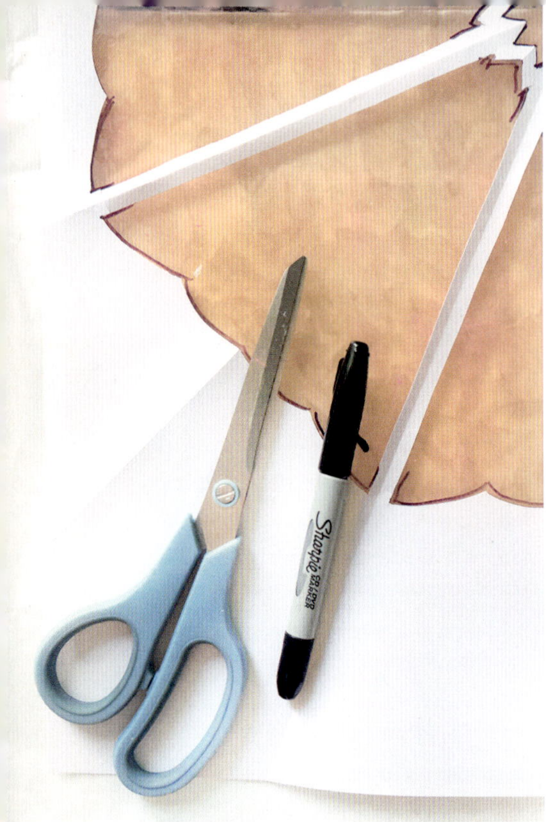

2. Weil wir vier Mal drucken wollen, müssen wir entweder vier gleiche Papierschablonen zuschneiden oder unsere Papierschablone auf eine Folie übertragen. Das gelingt mühelos, indem wir mit einem Stift die Linien andeuten und dann die Konturen mithilfe eines Lineals nachziehen und ausschneiden (siehe Foto links).

Mit dieser Folie drucken wir vier Mal. Die Folie wird auf die Gelliplatte gelegt, Farbe aufgewalzt und Muster eingedrückt. Die Folie wird erst vor dem Druck entfernt. Wenn Sie sie vor dem Mustereinprägen hochnehmen, kann es sein, dass Sie den Rand verschmieren. Falls trotzdem Farbe auf den später weißen Flächen landet, können Sie sie vorsichtig mit einem Wattestäbchen entfernen.

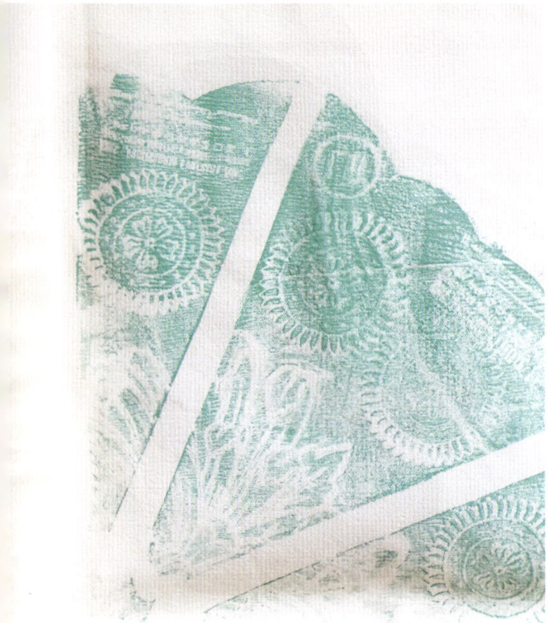

Dadurch, dass wir keine Stege am Rand der Schablone haben, müssen wir weniger passgenau arbeiten. Die Stege an den Anschlussstellen entstehen dadurch, dass wir einen kleinen Abstand auf dem Stoff lassen.

Am einfachsten funktioniert das Drucken, wenn Sie den Stoff falten und bereitlegen, bevor Sie mit dem Farbauftrag beginnen. Halten Sie den Stoff über die Gelliplatte und überprüfen Sie, wie Sie den Anschluss gestalten müssen.

Das klingt jetzt alles komplizierter, als es ist. Im Prinzip haben Sie eine Schablone, die Sie viermal drucken, wobei Sie den Stoff immer um 90 Grad drehen.

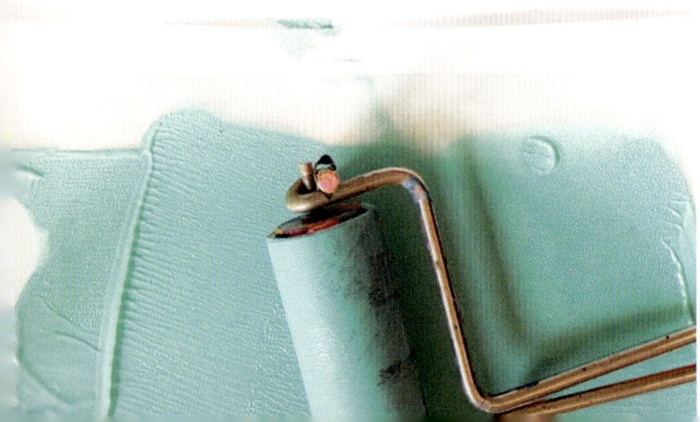

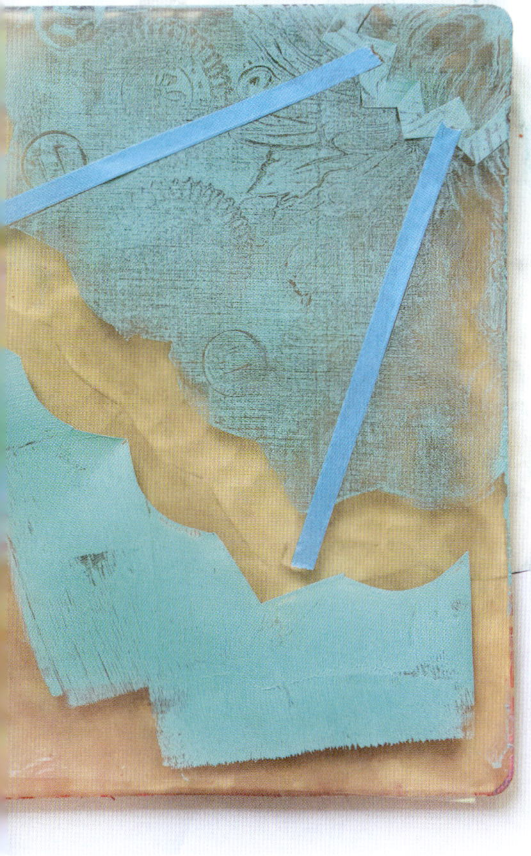

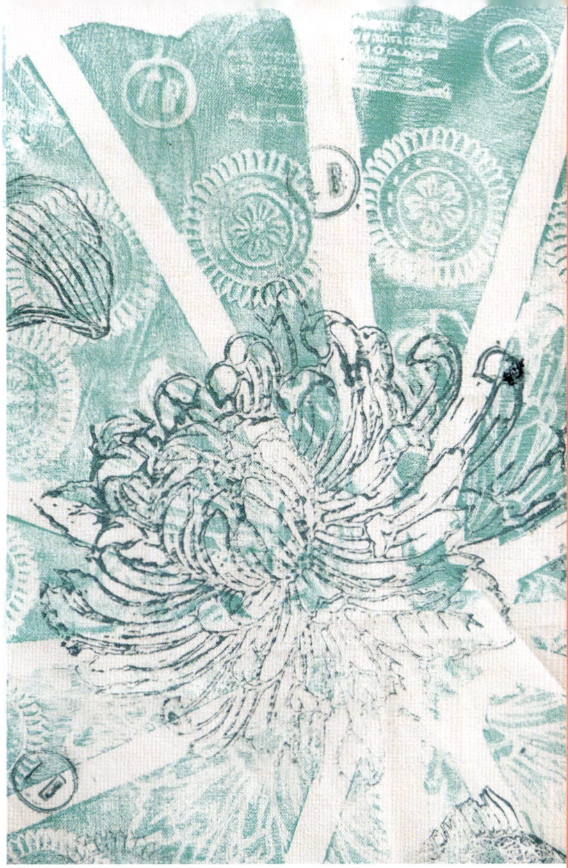

VARIANTE:

Eine andere Möglichkeit, eine Schablone zu gestalten, ist, die Stege mit schmalem Washi-Tape oder Klebeband abzudecken. Dann brauchen Sie nur den inneren Teil der „Sternschablone“ und einen äußeren Rand, wie auf dem Foto oben links zu sehen ist. Alternativ können Sie auch wieder die Kreisschablone aus unserem Beutel-Projekt von Seite 84 verwenden.

Für unseren Wäschesack haben wir das eigentliche Mandala in einem helleren Mintgrün gedruckt und anschließend mit einem abgedunkelten Grün (Schwarz zur Originalfarbe hinzugefügt) noch einzelne Motive darübergedruckt.

Der Wäschesack selbst ist im Grunde wie ein großer Kissenbezug genäht (was bedeutet, dass Sie auch alte Kissenbezüge umfunktionieren können). Am oberen Rand zwei Bänder befestigen und verknoten.

Eine Skizze zum Wäschesack finden Sie auf Seite 134 links unten.

2

Vom Druck zum Design

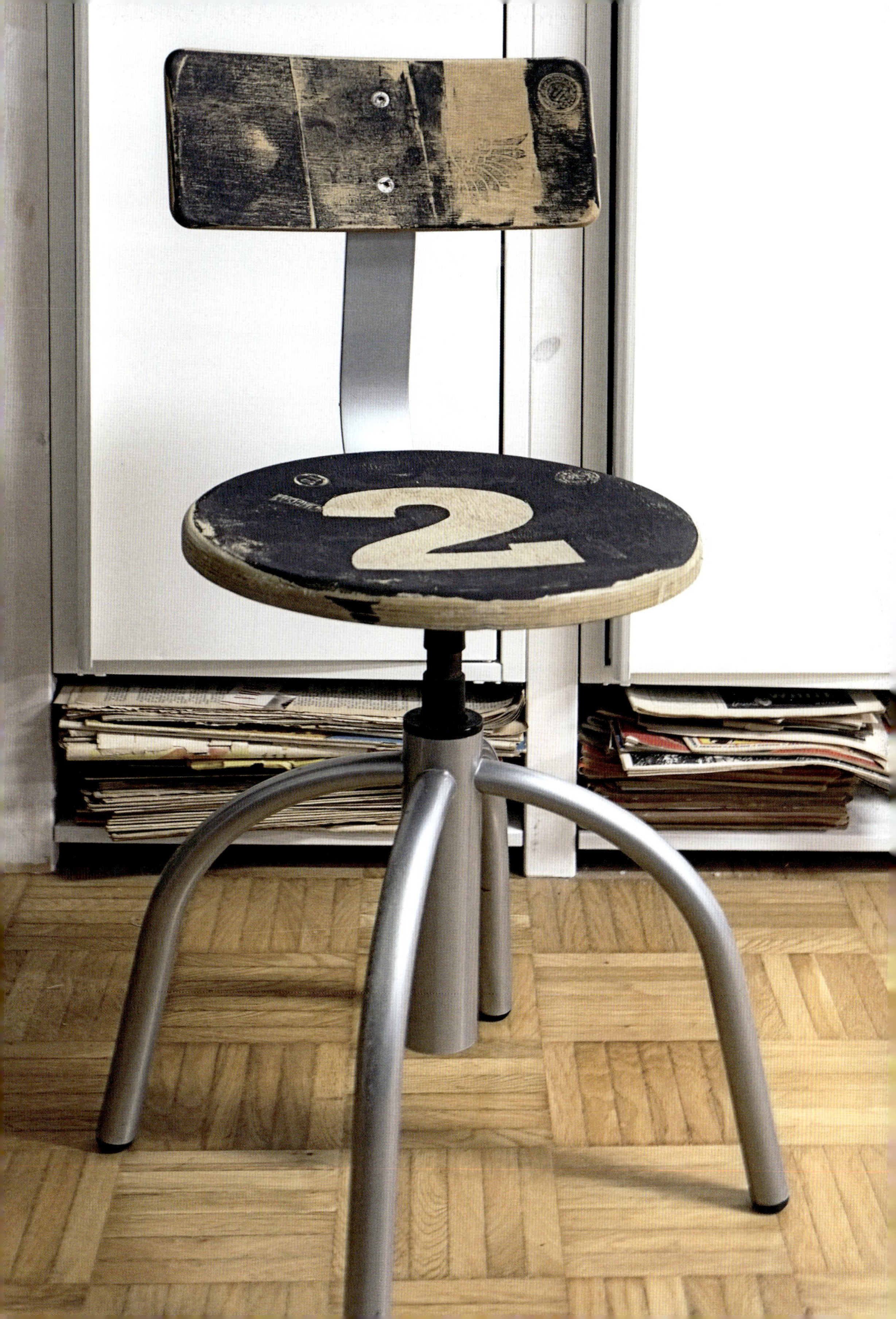
2

EINE GANZ NEUE WELT DES GELLIDRUCKS

Die große Stärke und Faszination von Gelliprint liegen im experimentellen Ansatz und darin, dass man mit wenig Vorbereitung und Material tagelang drucken könnte. Wer Gelliprint googelt, findet unendlich viele Videos, die genau das zeigen: Stapel und Berge von bedruckten, bunten Papieren. Wir sind selbst oft genug in eine Art „Druckrausch" gekommen; wir kennen diesen Effekt aus eigener Erfahrung.

Irgendwann haben wir uns die Frage gestellt, was noch möglich ist. Und wir haben eine ganze neue Welt entdeckt! Gellidruck ermöglicht professionellen Druck mit professionellen Farben auf Papier, Stoff und einer Vielzahl anderer Untergründe. Alles, was klein ist, lässt sich auf der Gelliplatte abrollen – wir haben es sogar mit Ostereiern versucht (weniger gebogene Flächen sind allerdings einfacher zu bedrucken). Für größere Gegenstände kann man Gelliplatten wie eine Art Riesenstempel verwenden und aufdrücken. Da sie transparent sind, ist das Platzieren kein Problem.

Wir haben für dieses Buch aber auch Projekte entwickelt, die über den experimentellen Ansatz hinausgehen. Nichts ist am experimentellen Drucken falsch, es macht riesigen Spaß – und wir machen es heute noch. Zusätzlich planen und gestalten wir aber auch gezielt – und hier beginnt das Design: den Entwurf eines Gellidrucks entwickeln und dann umsetzen.

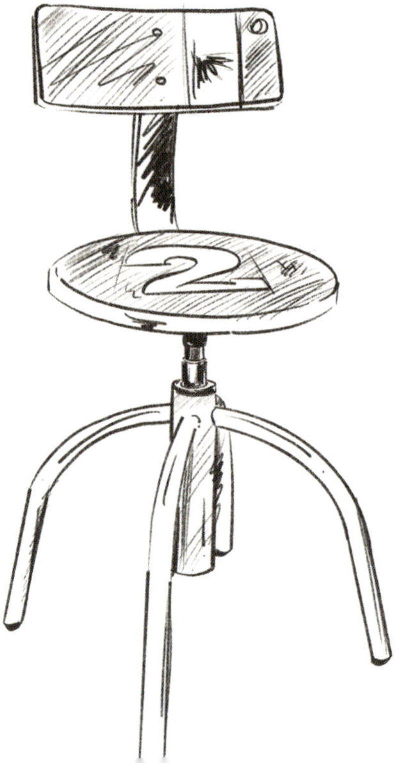

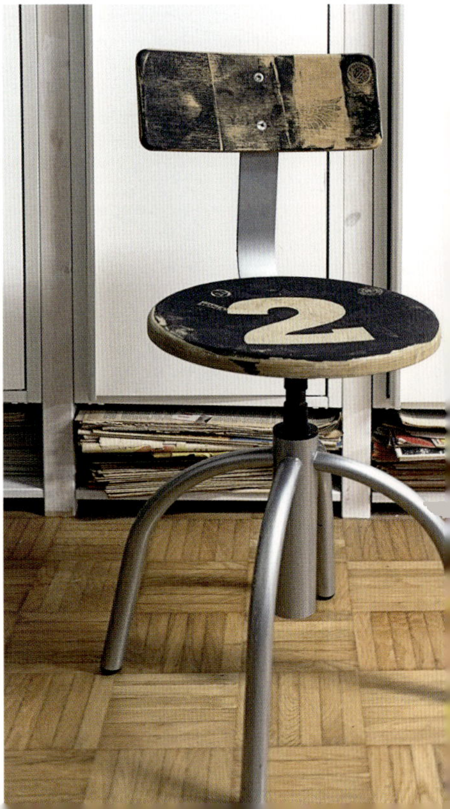

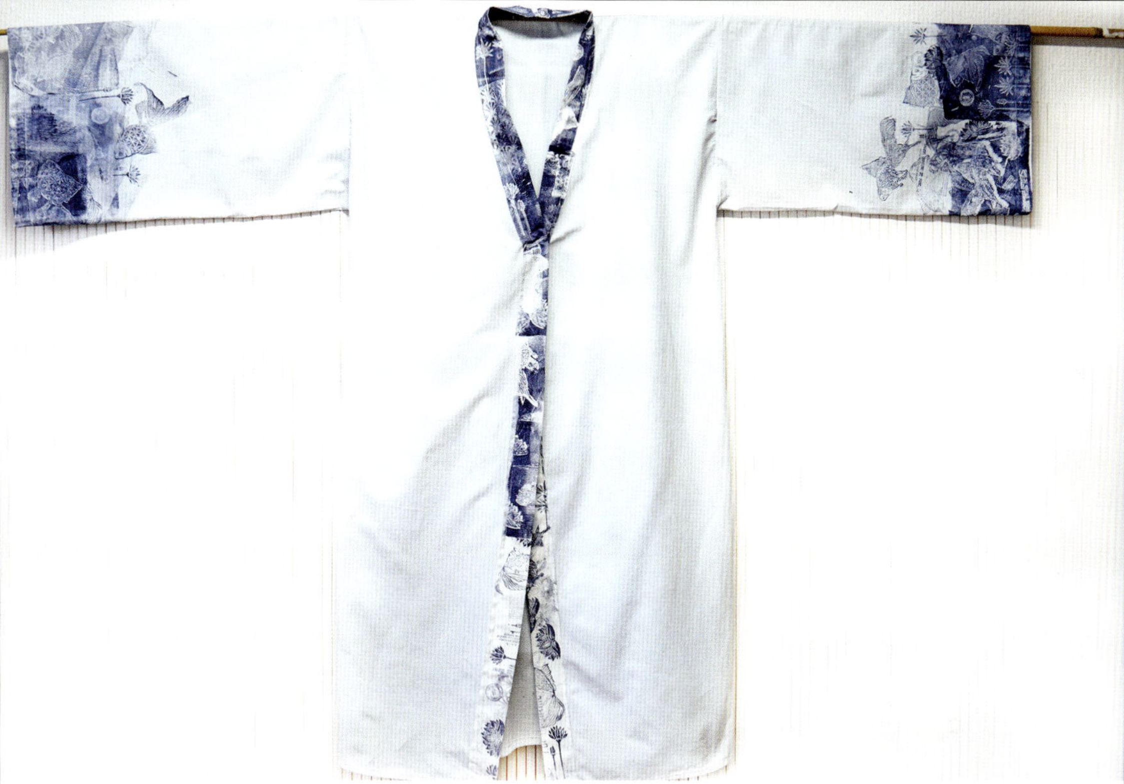

Ein gutes Beispiel ist dieser Werkstattstuhl (Foto links). Die Lehne ist experimentell bedruckt worden: Es sollten lediglich Kontraste entstehen und ein Teil der Holzfläche unbedruckt bleiben. Für die Sitzfläche haben wir uns jedoch genaue Gedanken (und eine Skizze) gemacht, um nachher wirklich ein Endergebnis zu erhalten, das uns glücklich macht.

Es müssen nicht gleich ehrgeizige Projekte sein. Mit den Kartoffelstempeln haben wir experimentell begonnen, dann aber eine kleine Stoffkollektion daraus entwickelt (siehe Seite 53) und ein Taschendesign, das die besten Druckergebnisse in sich vereint. Oder im Bild oben haben wir einen Kimono aus einem alten Betttuch genäht. Die Ärmel und die Blende auf der Vorderseite sind mit der Freestyle-Technik (siehe Seite 76) bedruckt. Das Bild auf dem Rückenteil hat einen berühmten Hokusai-Holzschnitt als Vorlage. Eine vereinfachte Darstellung der Welle (Sie finden sie im Anhang) wurde teils als Schablone genutzt, teils mit Haushaltsgegenständen und Schablonen gestaltet (eine detaillierte Projektanleitung finden Sie auf Seite 126). Auch so kann man Gellidruck einsetzen!

Wie gesagt: Alles geht, alles ist erlaubt. Unser Projektteil soll zeigen, dass jenseits des ungeplanten, experimentellen Druckens noch ganz viel möglich ist.

„Vom Druck zum Design" zu denken bedeutet, dass wir Gegenstände in unserer Umgebung selbst gestalten können – in Lieblingsfarben und mit Lieblingsmotiven. Sie brauchen ein Kissen für Ihr neues Sofa oder einen Farbklecks in der Lieblingsfarbe? Mit Gelliprint können Sie alles nach eigenen Wünschen designen.

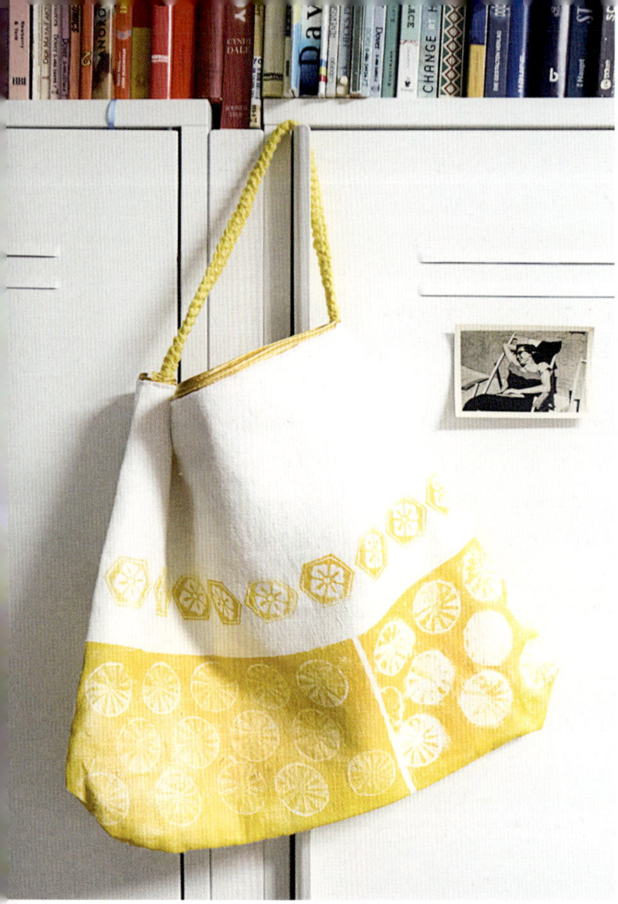

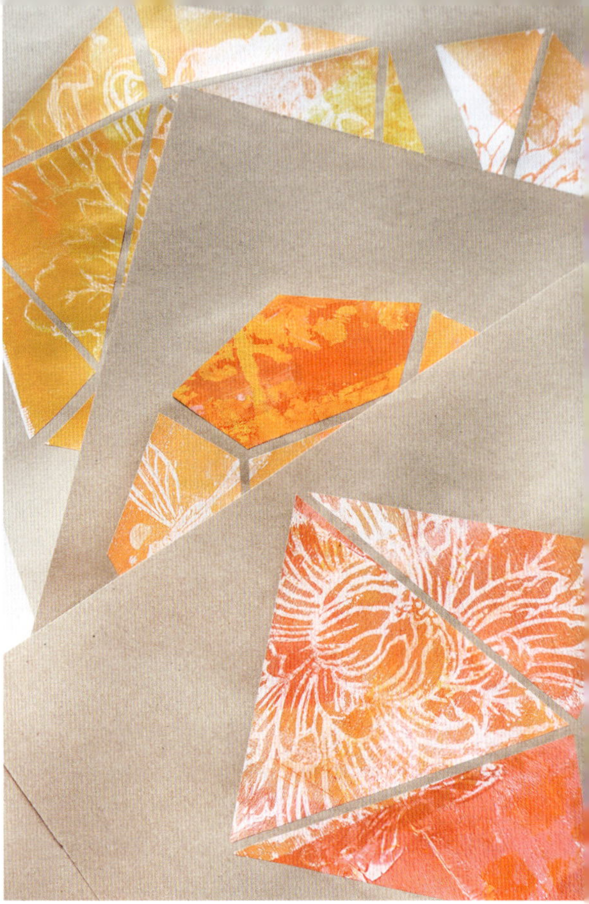

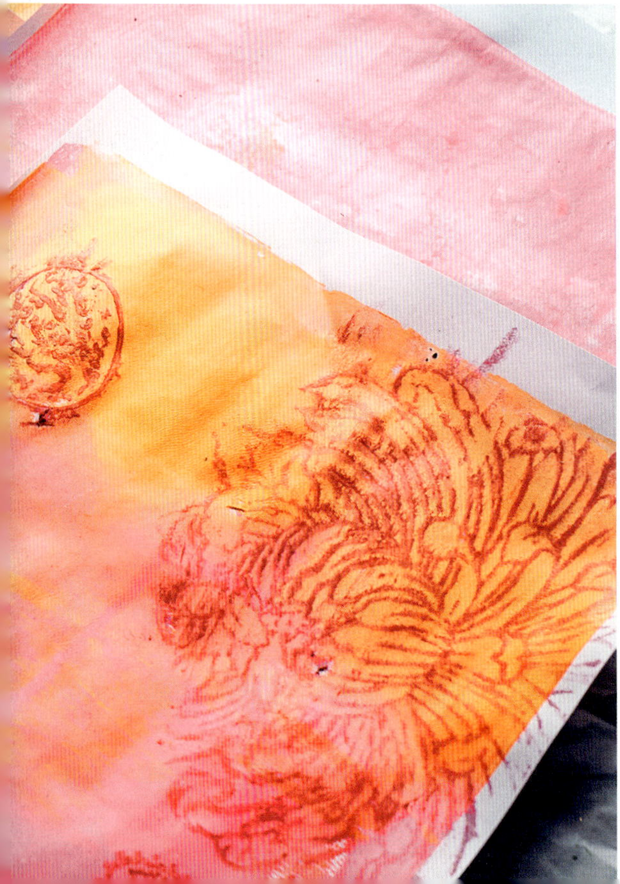

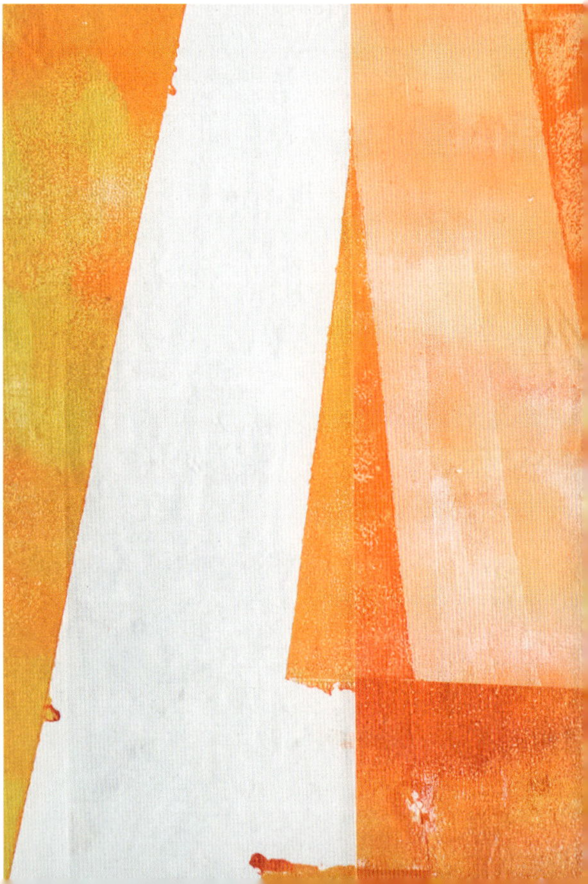

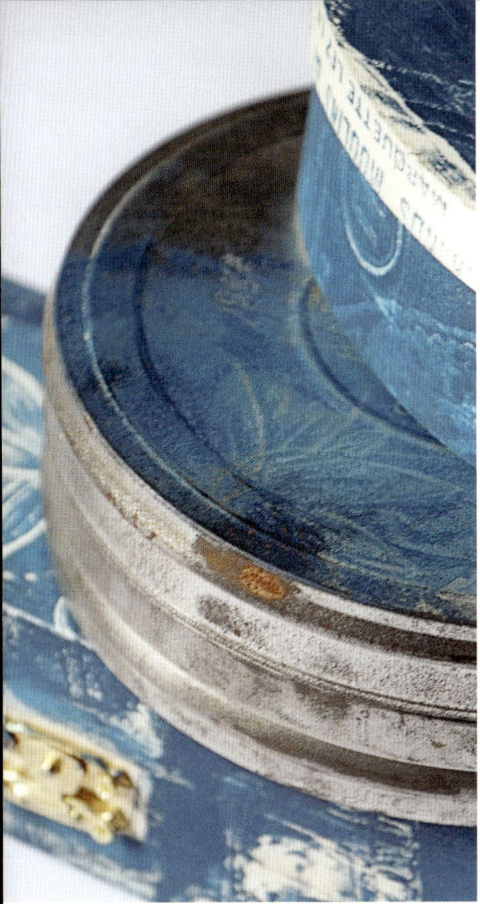

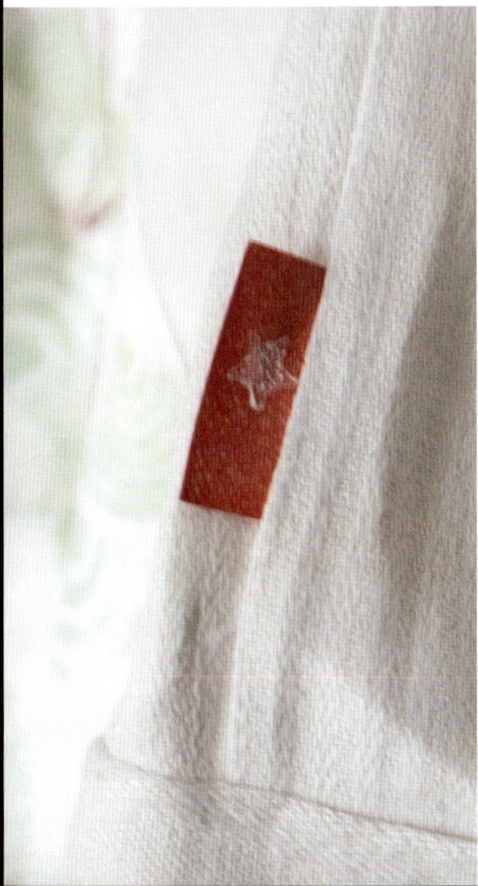

Mit der Zeit werden Sie ganz automatisch einen eigenen Stil entwickeln, abhängig von Lieblingstechnik(en), -farben, -stempeln und -schablonen. Wir haben uns für dieses Buch durch die gesamte Farbpalette gearbeitet; viele Projekte haben einen Vintage-Touch oder zeigen unsere Vorliebe für Typografie. Design bedeutet unter anderem Wiedererkennbarkeit durch einen bestimmten Stil. Und das ist einfach ein Schritt weiter vom experimentellen Drucken hin zu einer gewissen Professionalität.

Apropos: Wenn Sie den Schritt von Papier zu Stoff oder Gegenständen machen, gibt es einen weiteren Punkt, den wir Designern abschauen können: das Label. Wenn Sie eine Tasche oder ein Kleidungsstück kaufen, wird irgendwo – innen oder außen – ein Label angebracht sein, das auf den Designer verweist. Das können wir auch! Und zwar auf unserer Gelliplatte gedruckt. Dafür haben wir farbige Streifen aus einem Material gestaltet, das sich wunderbar zum Drucken eignet: sogenanntes veganes Leder, das es unter dem Markennamen SnapPap zu kaufen gibt. Es ist relativ fest und sperrig (es lässt sich feucht leichter verarbeiten, nur zum Drucken sollte es trocken sein). Es ist stabil, franst nicht und lässt sich, wie gesagt, wunderbar bedrucken. Wir haben noch einen kleinen sternförmigen Stempel auf die Farbstreifen aufgestempelt. Näht man das Label in eine Stoffnaht ein, macht es buchstäblich ein Designerstück aus dem fertigen Teil.

3 Projekte

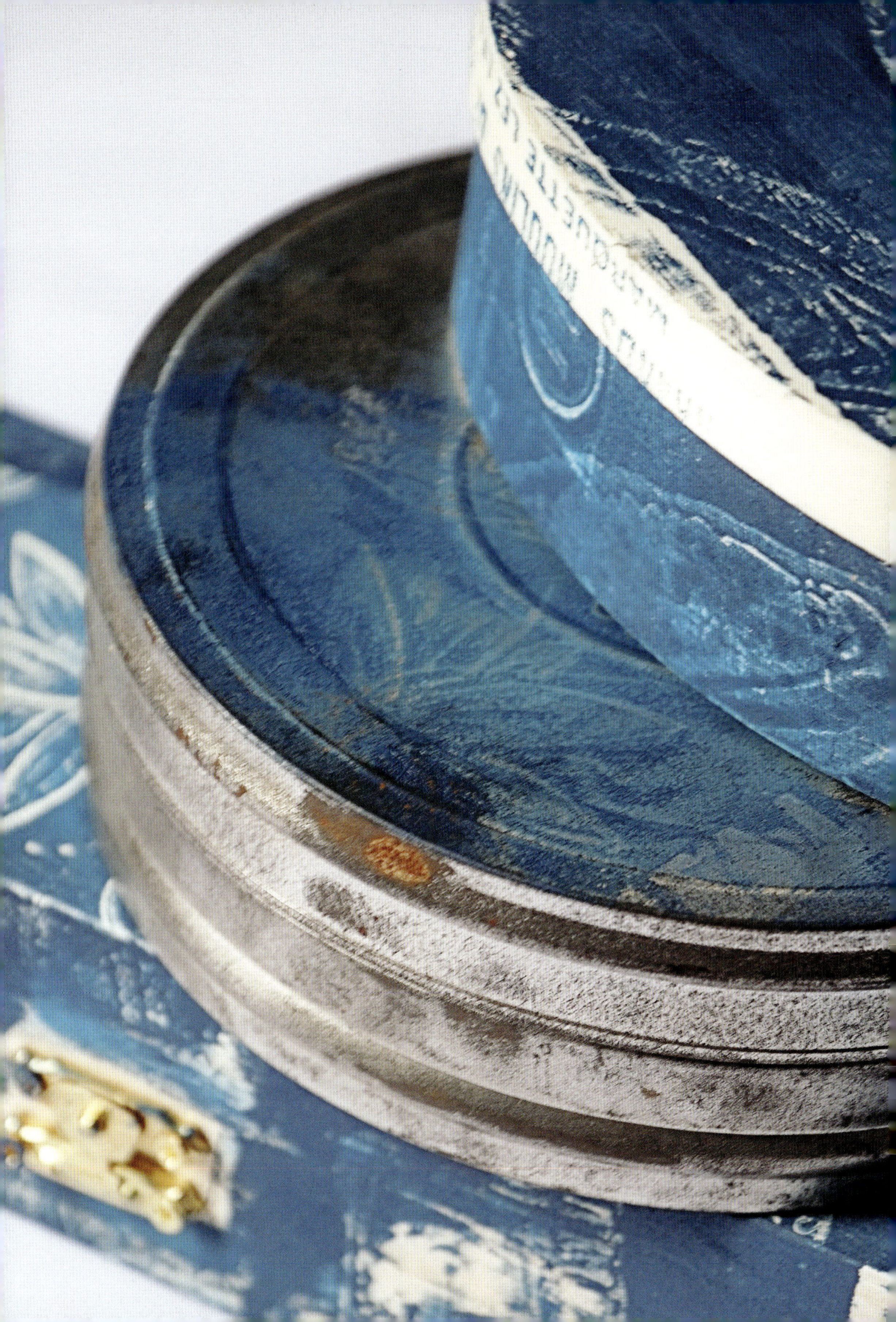

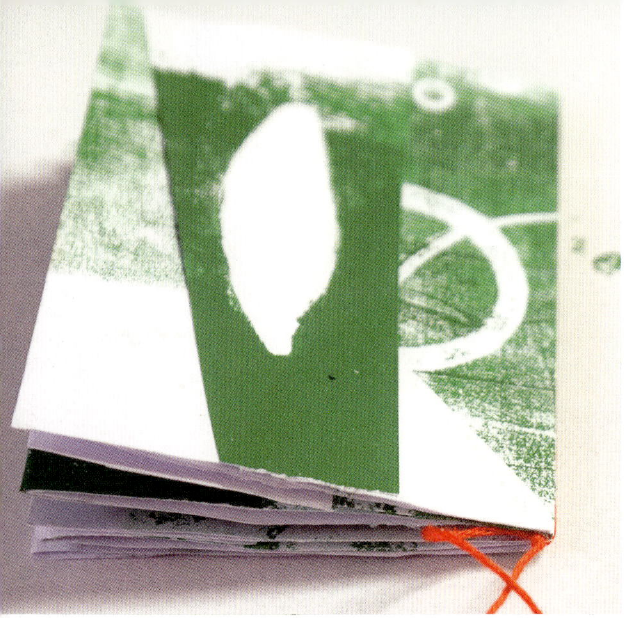
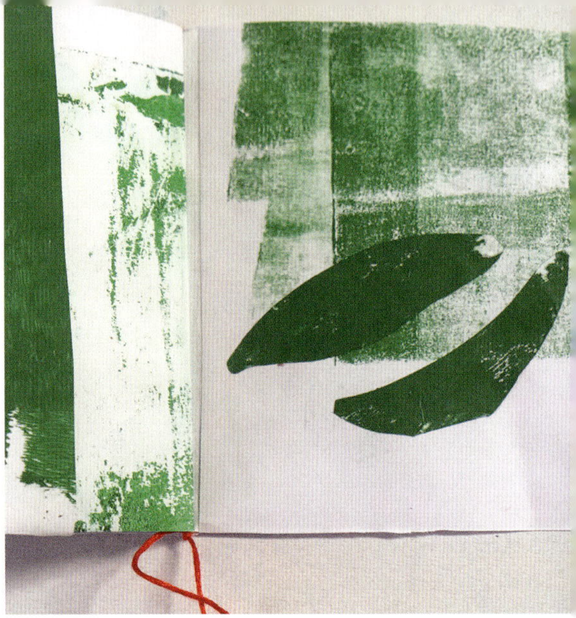
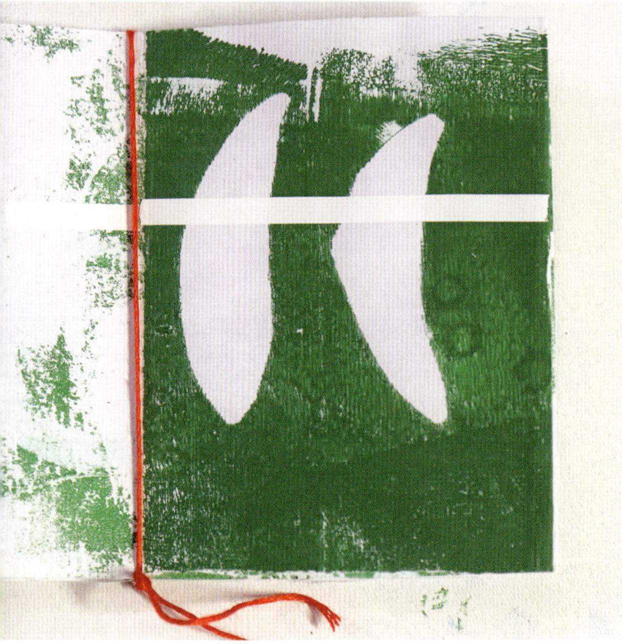
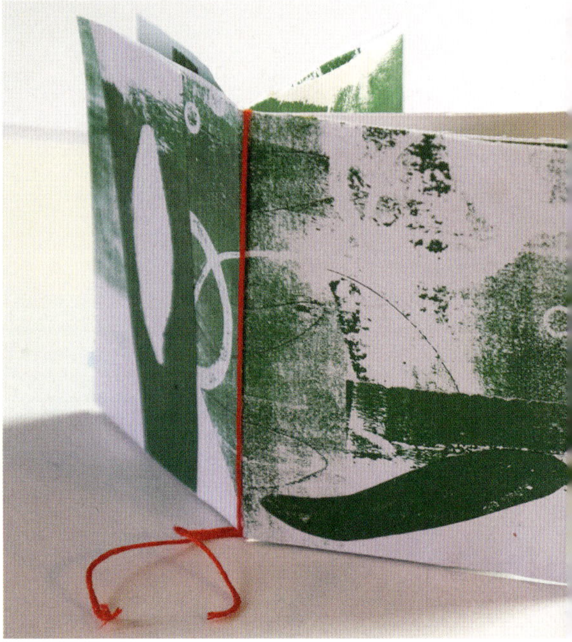

MINIBUCH

Falten Sie anhand der Faltanleitung von Seite 136 ein kleines Buch. Je größer das Papier, desto größer wird nachher das Buch. Bekleben Sie es mit einer Collage aus Ihren gedruckten Papieren.

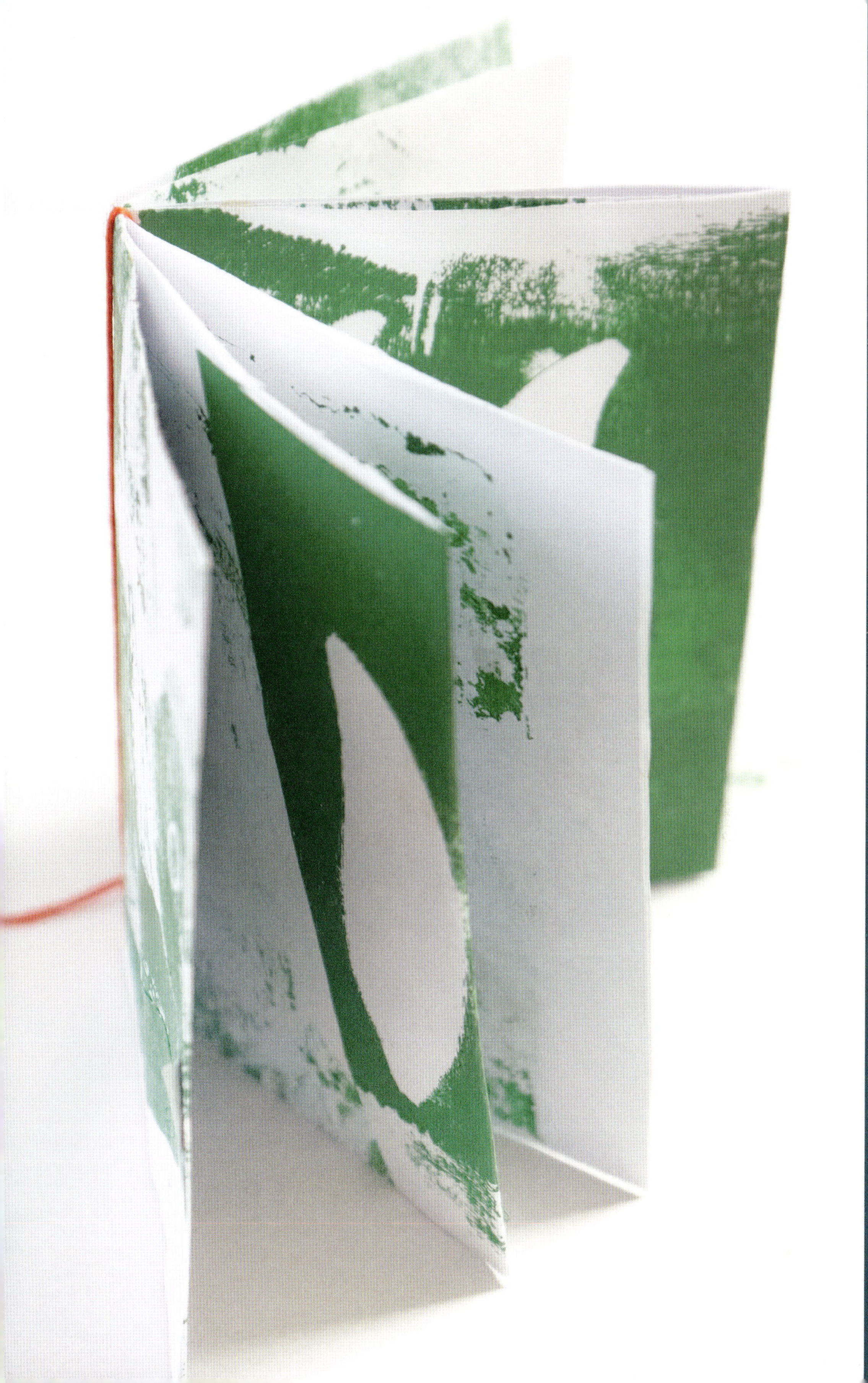

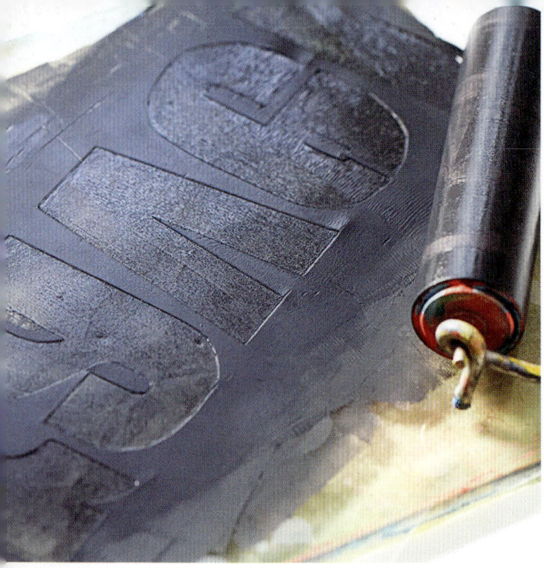

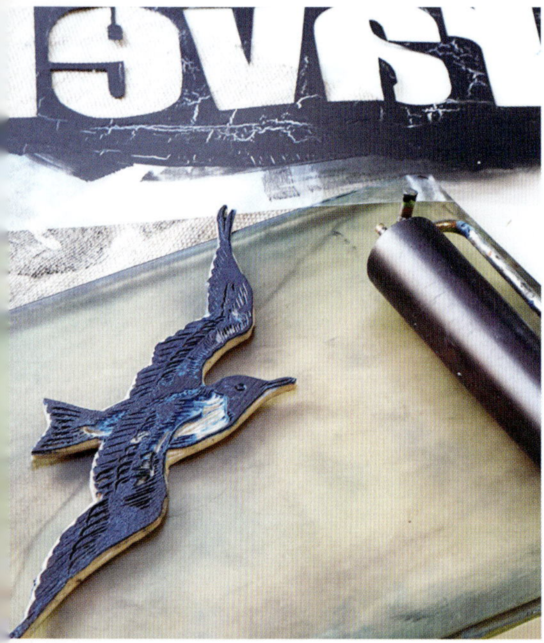

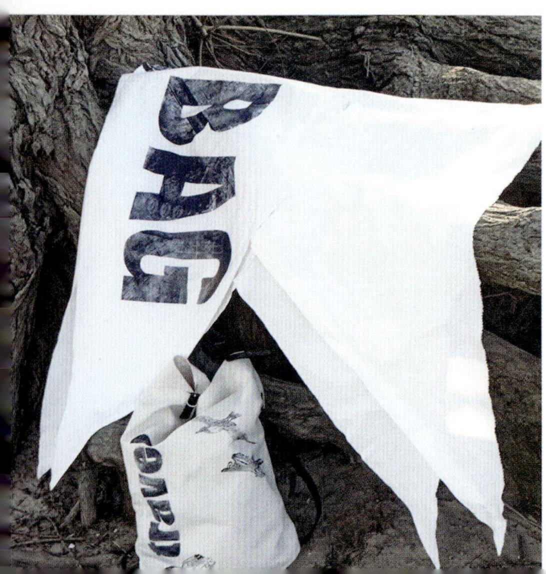

TRAVEL BAGS

Es muss nicht immer bunt sein. In diesem Fall haben wir für unsere Typografie-Taschen Stoff bzw. Leinen verwendet, die schon eine „Grundfarbe“ mitbringen, also nicht ganz weiß sind.

Wir nutzen bei den Bags einen Schablonendruck auf Stoff, wobei wir die Schablonen diesmal nicht auf die Gelliplatte auflegen, sondern auf den Stoff. Genauer gesagt: aufkleben. Für diese Schablonen haben wir selbstklebende Transparentfolie verwendet. Diese Folie ist weicher als Overhead-Folie bzw. Folie für Laserdrucker und lässt sich vor allem in Kurven leichter schneiden. Durch das Gittermuster, das auf der Rückseite aufgebracht ist, lässt sich die Klebefolie gut zuschneiden und einpassen.

Die große Schrift („BAG“) verwenden wir zweifach: Als Negativschablone für die Riesentasche, und wenn man die Buchstaben sorgfältig ausschneidet, hat man ja noch die Buchstaben selbst. Einen davon haben wir für den Rucksack auf Seite 101 verwendet.

Die Gelliplatte verwenden wir als Stempel, den wir auf die auf dem Stoff aufgebrachte Schablone abdrucken. Da eine reinschwarze Fläche vielleicht etwas massiv wirken würde, haben wir sie mit Stempeln und Noppenfolie von gebrauchten Verpackungen und Luftpolsterversandtaschen strukturiert.

Schnitte und Vorlagen finden Sie auf Seite 135 und 137.

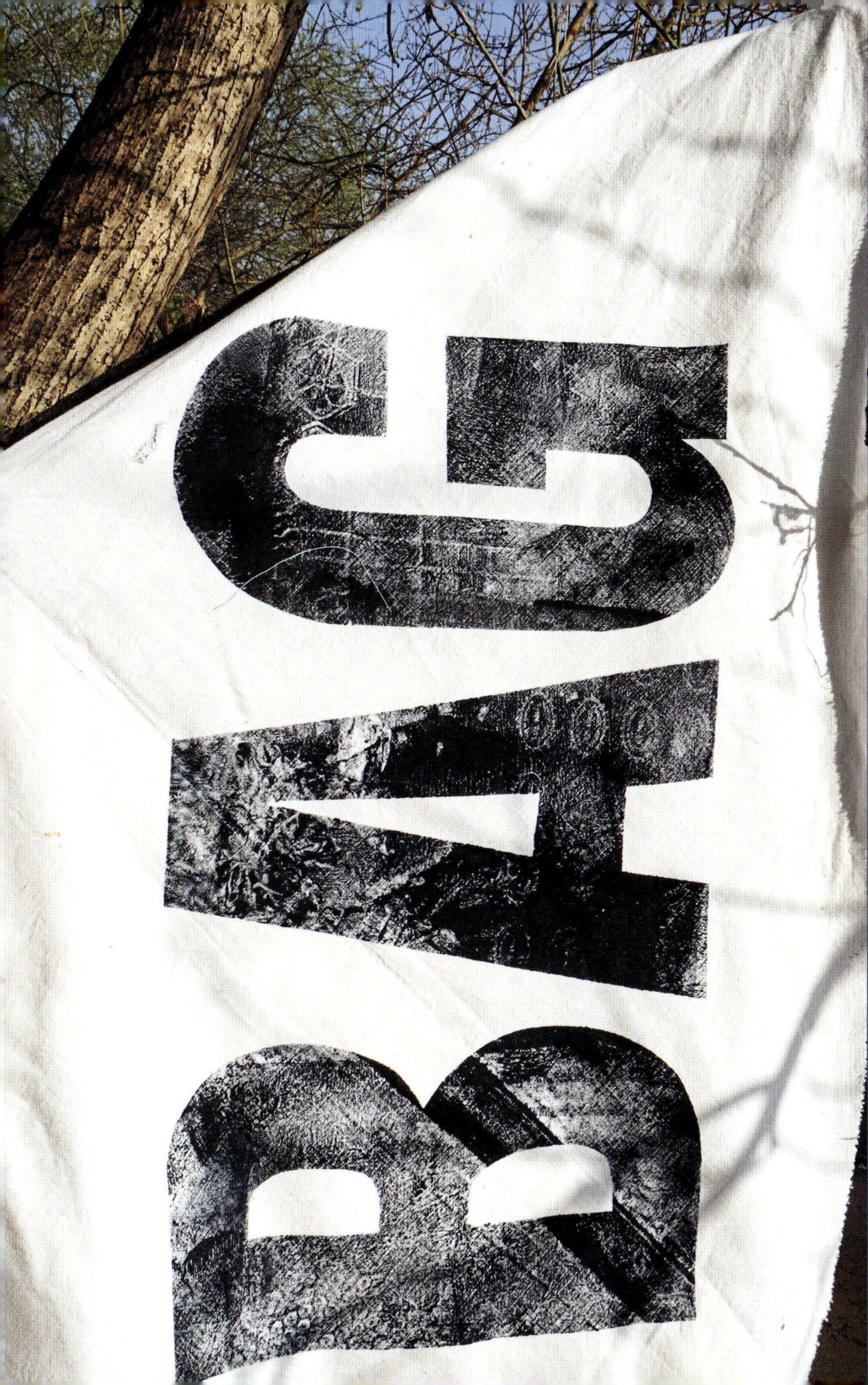
BAG

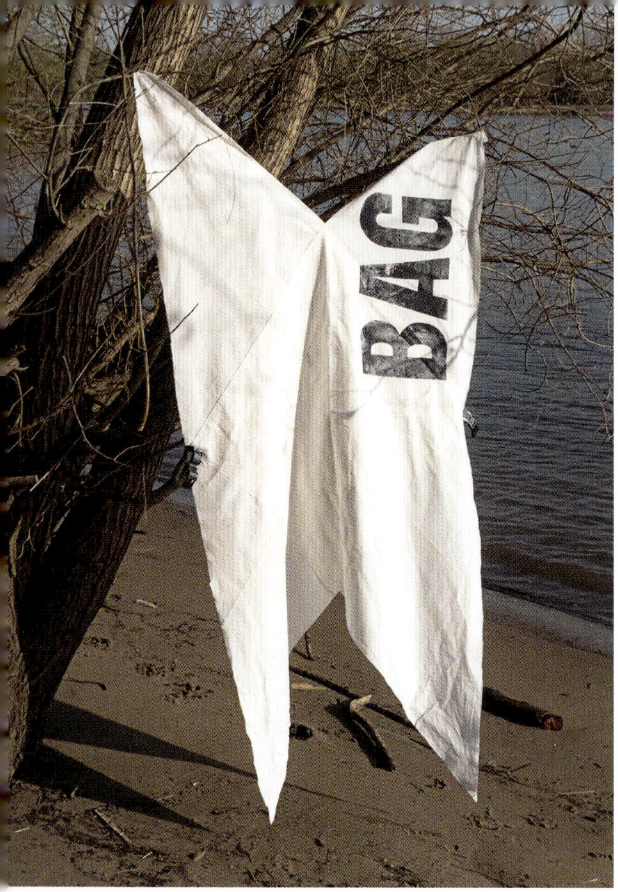

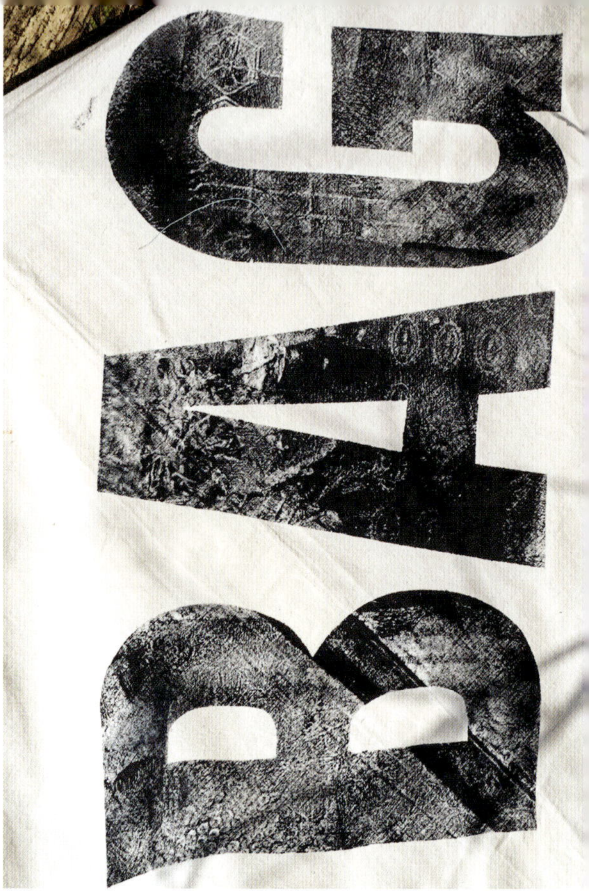

1. RIESENTASCHE

Der Grundschnitt ist derselbe wie für unseren japanischen Stoffbeutel mit den Radiergummistempeln (siehe Seite 58), nur diesmal so groß, wie es ein altes Leintuch hergibt. Man kommt dafür mit zwei Nähten aus: einfach die zwei Dreiecke übereinanderlegen und an den Spitzen zusammennähen. Die Seitenteile kann man zusätzlich durch eine Naht schließen, aber wir haben die Variante gewählt, bei der man die Tasche ganz ausklappen kann. So kann man sie beim Picknick direkt als Unterlage verwenden oder als Sonnensegel aufhängen. Dieser Schnitt eignet sich also von klein bis riesengroß.

Um die Seiten für den Transport zu schließen, haben wir an den Längsseiten einen Klickverschluss verwendet (siehe linkes Foto). Diesen kann man im Nähbedarf kaufen; wir haben ein altes Hundehalsband dafür genommen. Die langen Zipfel der Dreiecke kann man entweder um den Tascheninhalt herum eng zusammenknoten, dann hat man ein Päckchen, das auch in einen Fahrradkorb passt. Oder man knotet die Längen oben zusammen für eine praktische Schultertasche.

Gedruckt wurde mit einer auf den Stoff geklebten Schablone, mit der Gelliplatte als Stempel.

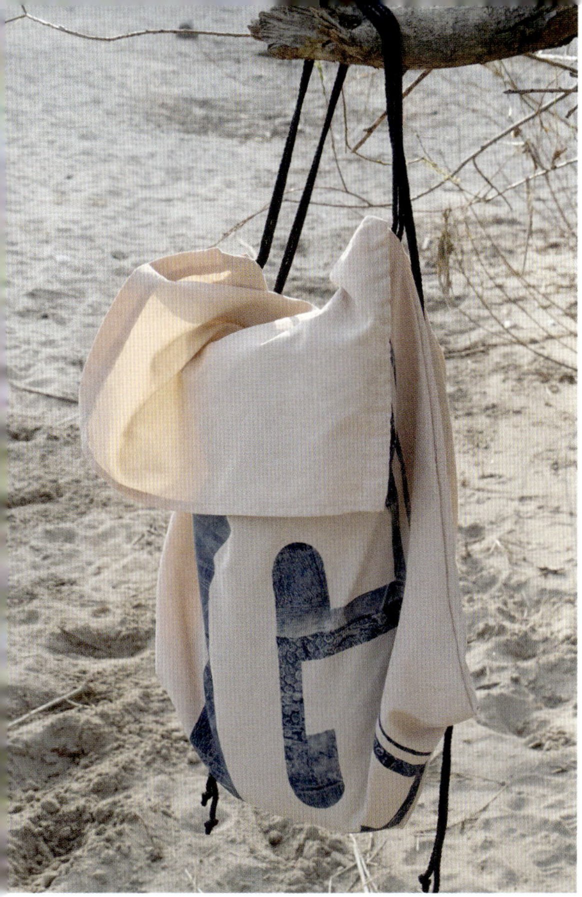 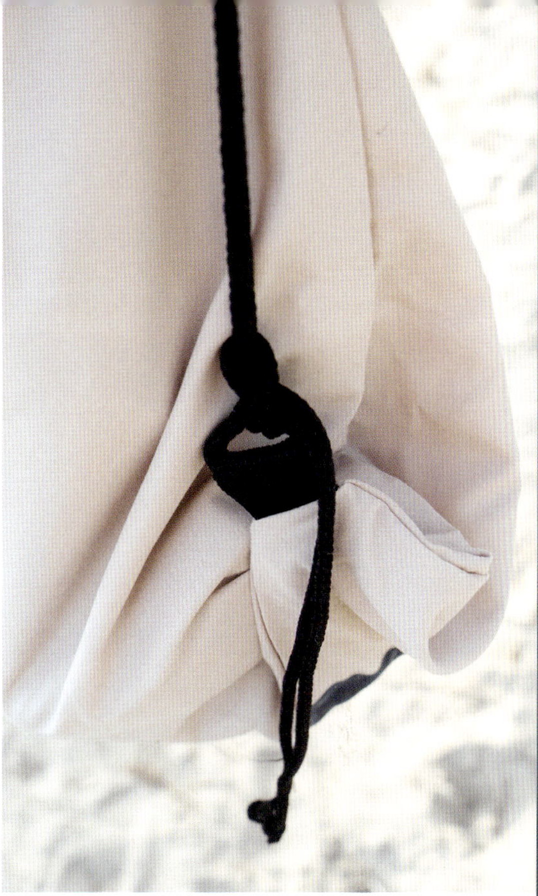

2. RUCKSACK

Der Rucksack ist aus gebrauchten Sonnenschutzblenden für Kinderwägen gemacht. Recycling der besonderen Form: Der Sonnenschutz ist quasi schon direkt zugeschnitten. Er verengt sich leicht nach oben und liefert die Schnüre gleich mit, die nachher als Rucksackriemen verwendet werden. Natürlich können Sie sich Stoffteile entsprechend zuschneiden.

Die Schnüre werden doppelt genommen und an den Seitenkanten befestigt. Dazu haben wir zwei kleine Stücke schwarzes Band jeweils oben und unten mit eingenäht, sodass kleine Schlaufen entstehen, in die die Schnüre geknotet werden. Mit zwei bis vier Nähten ist alles erledigt – superleicht als Reiserucksack und aus sehr strapazierfähigem Material.

Für den Gellidruck haben wir die Gelliplatte mit Farbe eingewalzt, Strukturen eingestempelt und vor dem Drucken einen ausgeschnittenen Buchstaben aufgelegt. Der Negativdruck sorgt für einen dramatischeren Effekt als der Positivdruck.

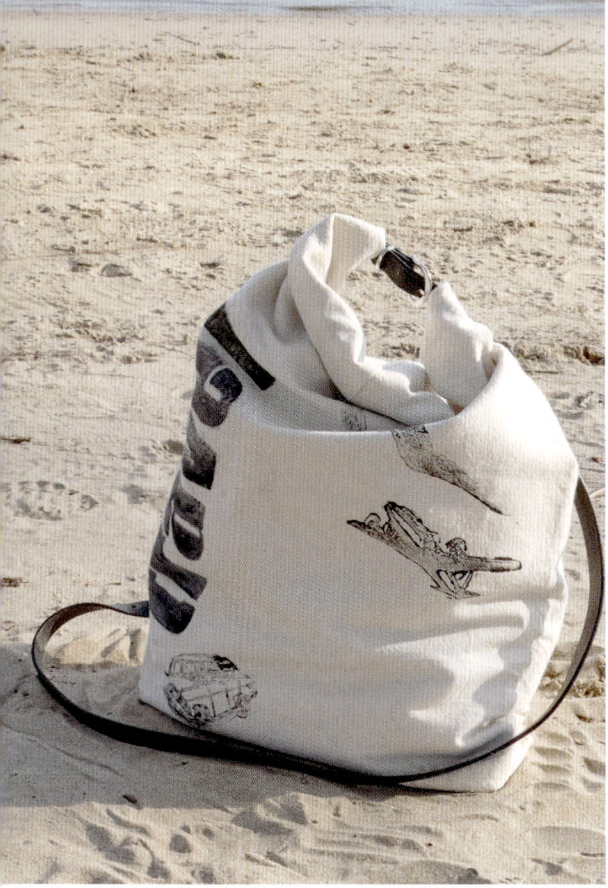

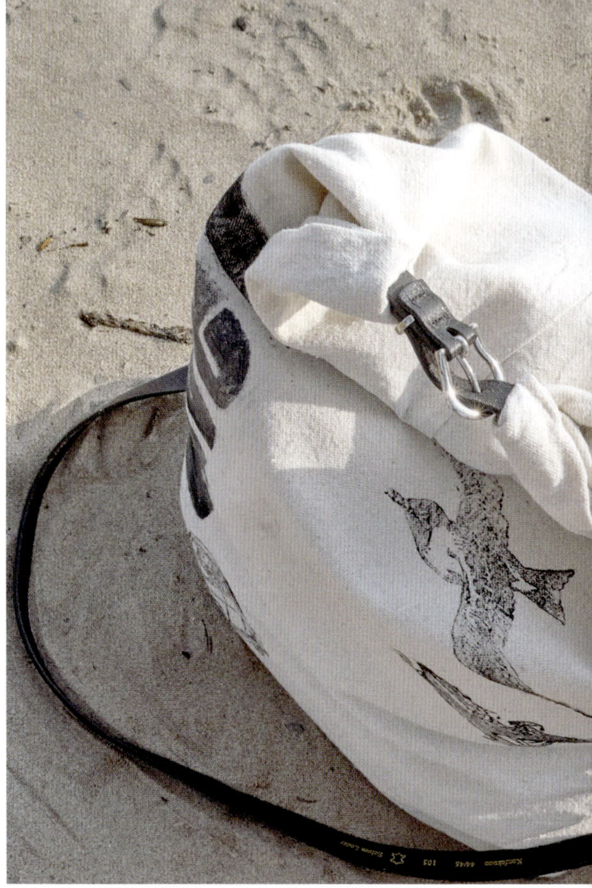

3. TRAVEL BAG

Diese Taschenvariante ist ein oben umgeschlagener und aufgerollter Rucksack. Dazu eine überlange Tasche nähen, damit der obere Teil umgeschlagen werden kann. Als Riemen und für den Verschluss haben wir einen alten Ledergürtel verwendet. Die Schnalle und ein Stück vom anderen Ende des Gürtels mit der Lochung bilden den Verschluss. Dazu werden die Stücke links und rechts am oberen Taschenrand so befestigt, dass der Rand mehrfach umgeschlagen und dann mit der Schnalle fixiert werden kann – das Grundprinzip der Messenger-Bags.

Man kann die Tasche als Schultertasche tragen oder, wenn der Riemen lang genug ist, auch quer über der Brust. Für den Riemen in das restliche Stück des Gürtels einfach zwei Löcher stanzen, damit der Riemen mit ein paar groben Stichen befestigt werden kann.

Der Schriftzug „Travel" wurde wie bei der Riesentasche auf Seite 100 mit einer Schriftschablone gemacht und die schwarze Fläche leicht strukturiert. Dabei an den Rändern nicht zu viel Farbe wegnehmen, damit die Schriftkante klar und eindeutig erkennbar bleibt.

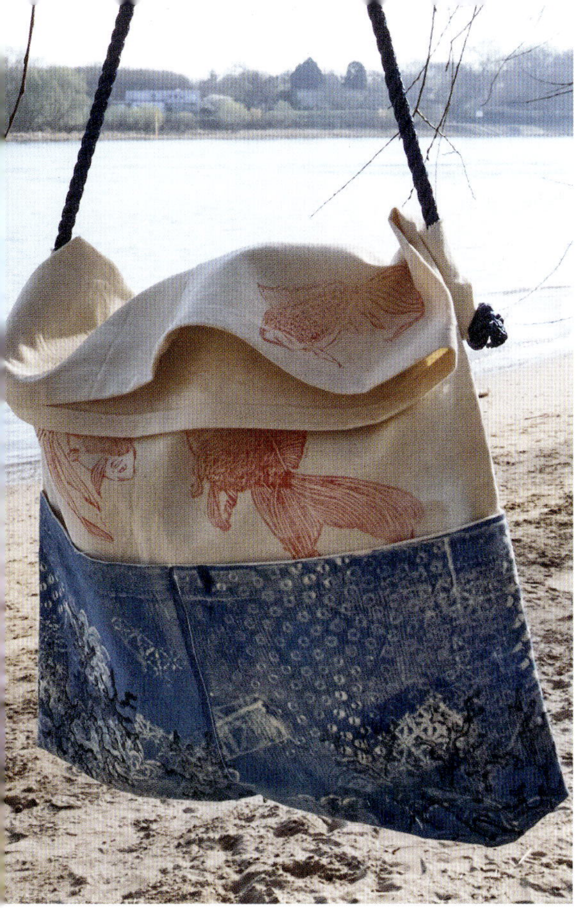 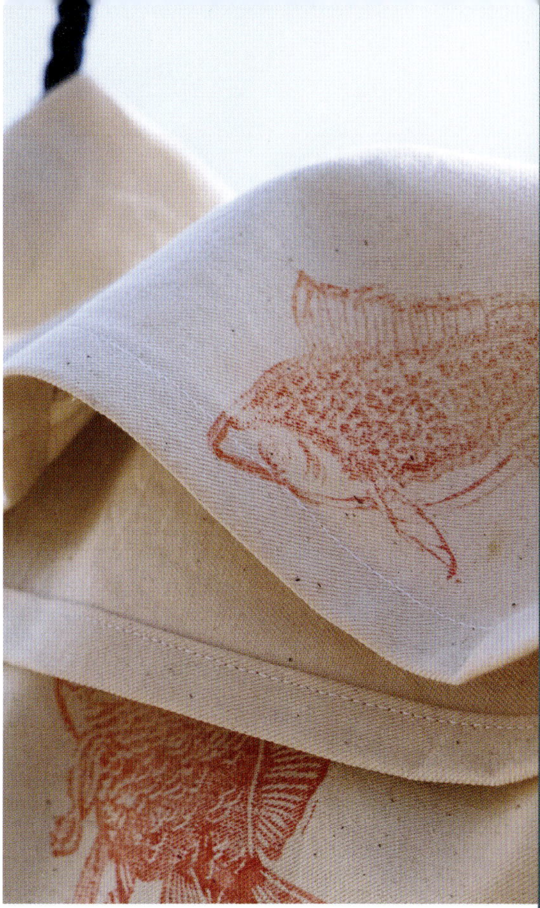

4. BUNTE TASCHENVARIANTE

Das Ganze funktioniert auch in Bunt. Wieder nähen wir aus einem dicken Leinenstoff eine Tasche. Ist der Stoff nicht dick und fest genug: einfach doppelt nehmen!

Diesmal haben wir noch ein flächig mit Gelliprint in zwei Farbtönen bedrucktes Reststück Stoff außen aufgenäht und mit einer Mittelnaht unterteilt: Schon haben wir eine Außentasche mit zwei Fächern. Wenn wir diese bis an den Rand vollflächig gestalten wollen, sollte sie vor dem Nähen bedruckt werden.

Als Riemen nehmen wir blaues Seil aus dem Baumarkt. Wenn wir die Enden oben am Taschenrand befestigen, haben wir eine normale Einkauftasche. Wir haben sie jedoch etwas tiefer angebracht, sodass der obere Bereich der Tasche umklappt und der Inhalt besser verwahrt ist. Dazu haben wir, wie beim Rucksack von Seite 101, beim Schließen der Seitennaht zwei Stoffstücke als Laschen eingenäht, dieses Mal nur etwas breiter und aus demselben Leinenstoff. Die Fische sind auf die fertige Tasche gestempelt worden, so kann man sie genau dort positionieren, wo man sie haben will.

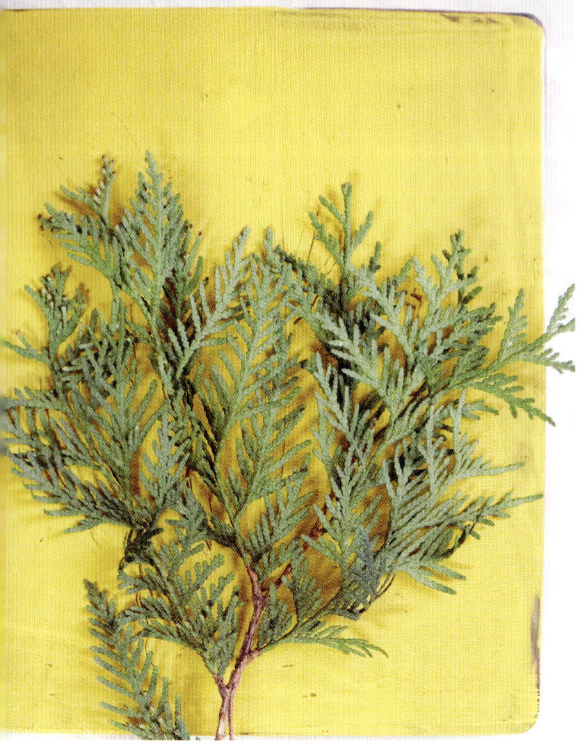

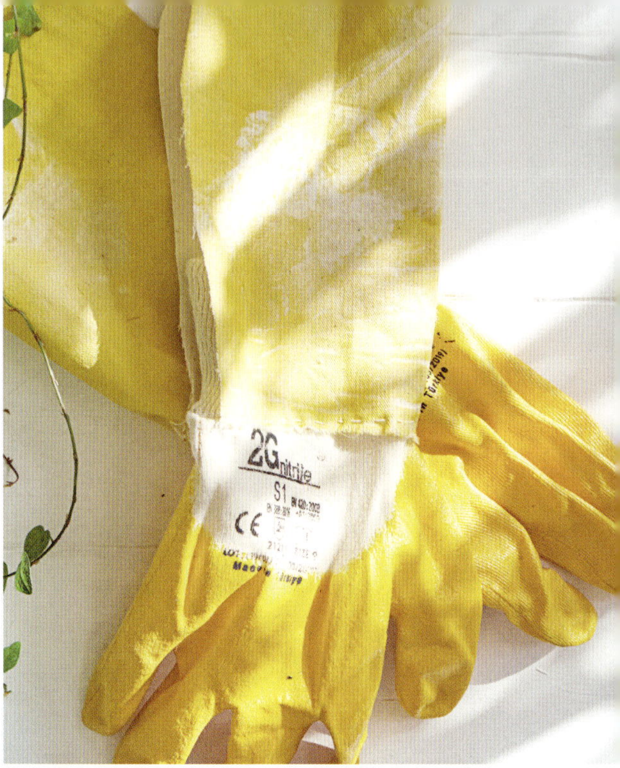

GARTENHANDSCHUHE

Wir haben die Pflanzendruck-Technik von Seite 46 benutzt, um Arbeits- bzw. Gartenhandschuhe zu bedrucken. Da diese eher selten gewaschen werden, können Sie hierfür auch Acryl- statt Stofffarbe benutzen.

Dafür einfach zwei Stoffteile aus einem festen Stoff zuschneiden und nach dem Bedrucken mit grobem Garn von Hand an die Handschuhschäfte annähen. Achten Sie darauf, dass sich der Handschuh nachher am Handgelenk noch genügend dehnt, damit man hineinschlüpfen kann.

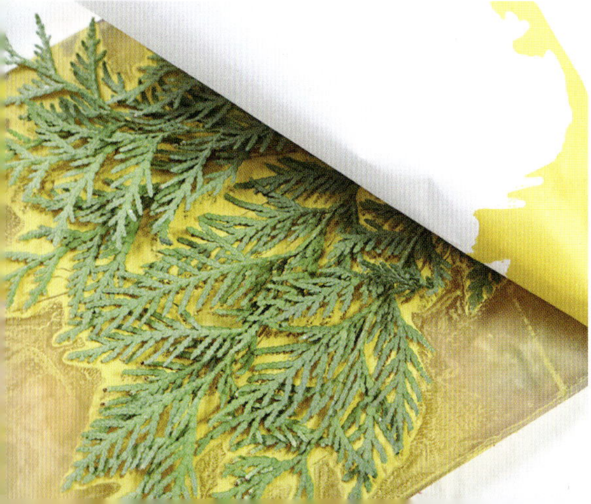

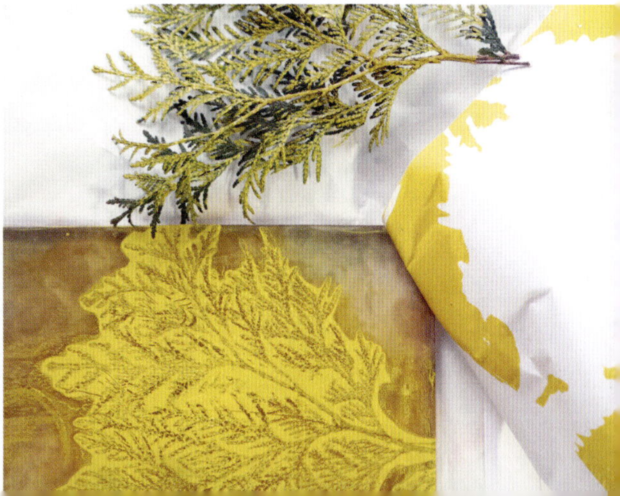

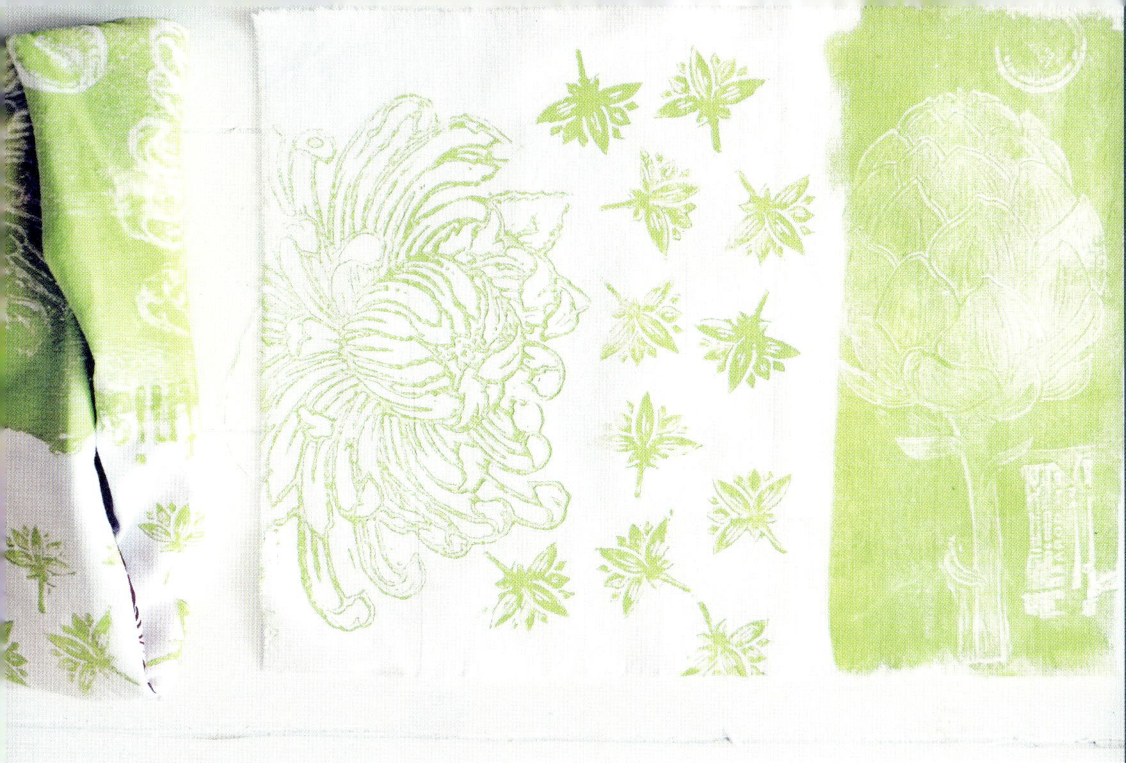

JAPANISCHES TÄSCHCHEN

Diese Täschchen nach japanischem Vorbild lassen sich mit vier Nähten nähen: Zwei ca. 24 x 20 cm große Stoffstücke rechts auf rechts aufeinanderlegen (wir haben ein Stück gesteppten Stoff für die Innenseite verwendet). Die längeren Seiten mit einer geraden Naht am Rand zusammennähen, Täschchen wenden.

Das Stoffstück dann wie einen Brief zweimal einfalten (die spätere Außenseite dabei nach innen einklappen) und an einer der gefalteten Seiten zusammennähen. Die gegenüberliegende kurze Seite für die verschränkte Öffnung spiegelverkehrt einfalten, steppen und wenden (siehe Zeichnung S. 134).

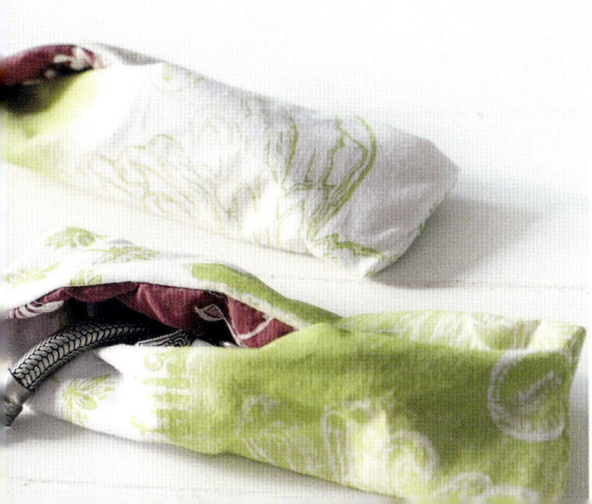

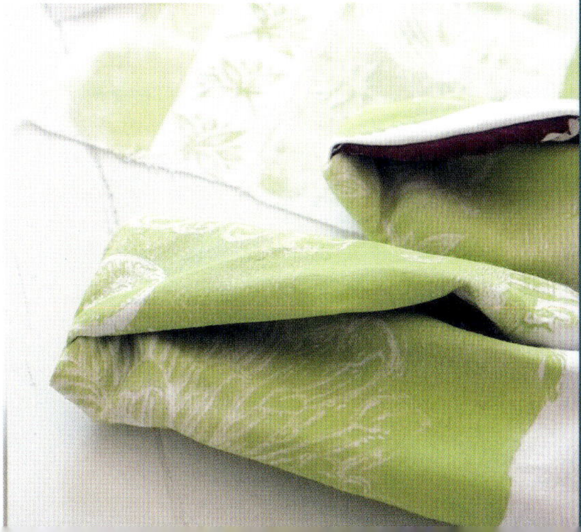

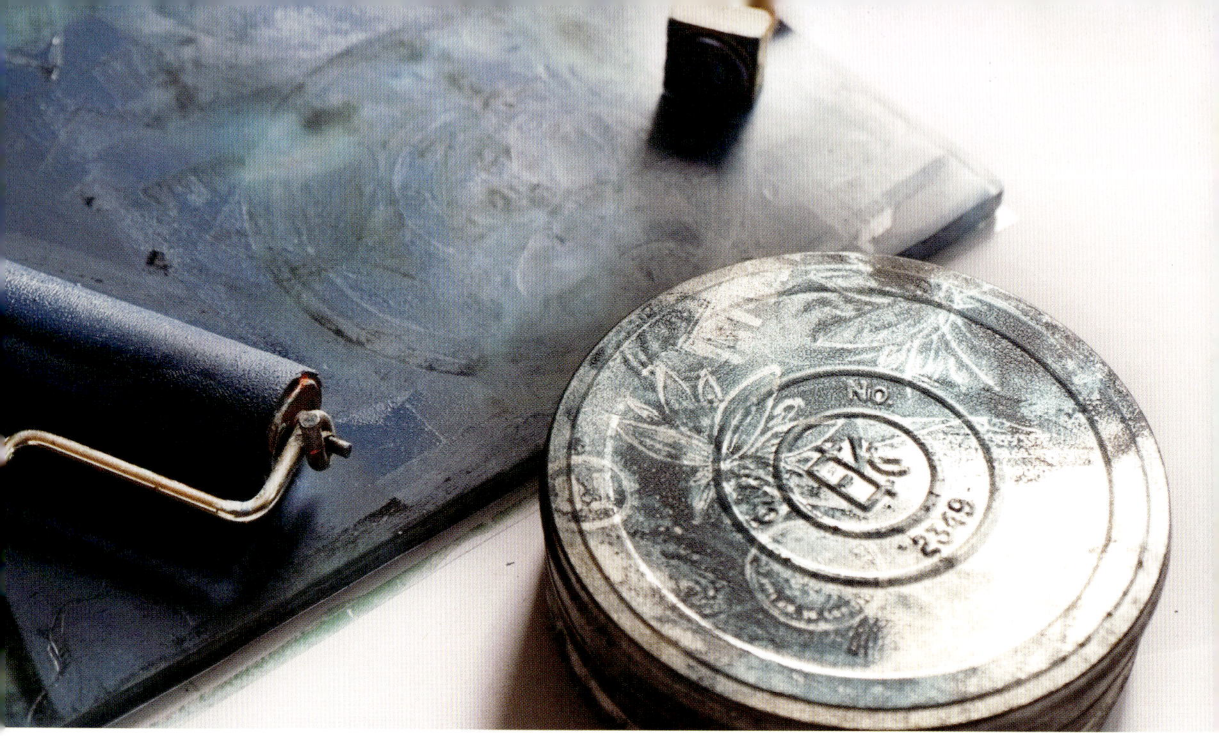

DOSEN, SCHACHTELN UND SCHALEN

Da die Gelliplatten flexibel sind, kann man auch Gegenstände bedrucken, deren Oberflächen nicht ganz plan sind. Wir haben für dieses Projekt Spanschachteln und Holzdosen sowie eine flache Holzschale bedruckt. Wenn man Gegenstände bedruckt, die mit Lebensmitteln in Kontakt kommen oder die häufig gereinigt werden müssen, sollte man lebensmittelechte und haltbare Farben verwenden.

Je nach Objekt und Größe der Gelliplatte kann man entweder die Gegenstände auf die Platte aufdrücken – so sind die Holzdosen bedruckt worden. Die ovale Schachtel z. B. wurde mit der gebogenen Seite einfach fest auf der Gelliplatte abgerollt. Oder man stempelt mit der Gelliplatte, d. h. man legt die Platte nach dem Farbauftrag auf das Objekt. So wurde die Schale bedruckt. Werden die Gegenstände häufig benutzt, kann man sie anschließend zum Schutz mit Klarlack überziehen.

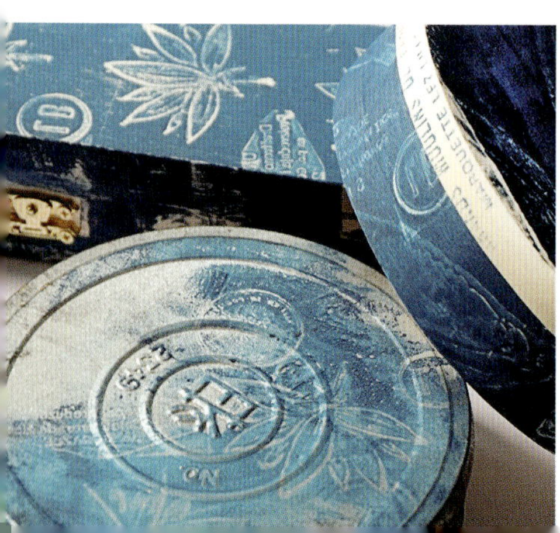

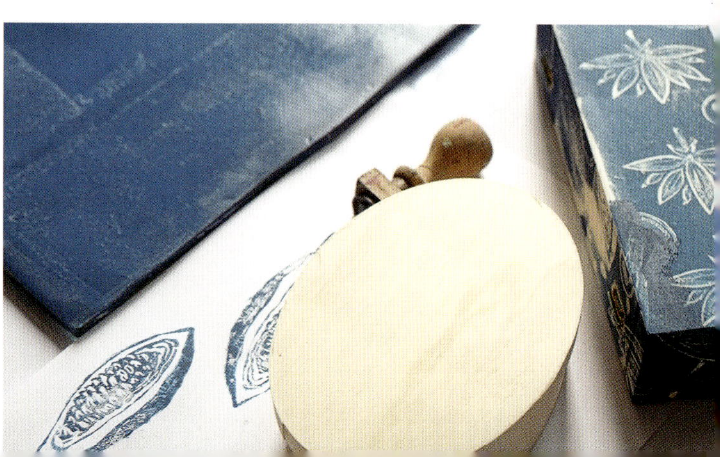

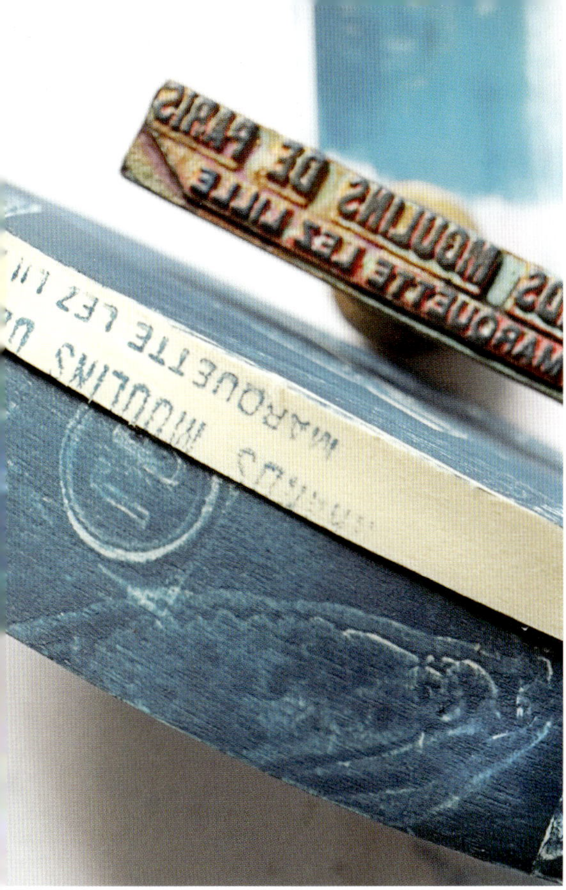

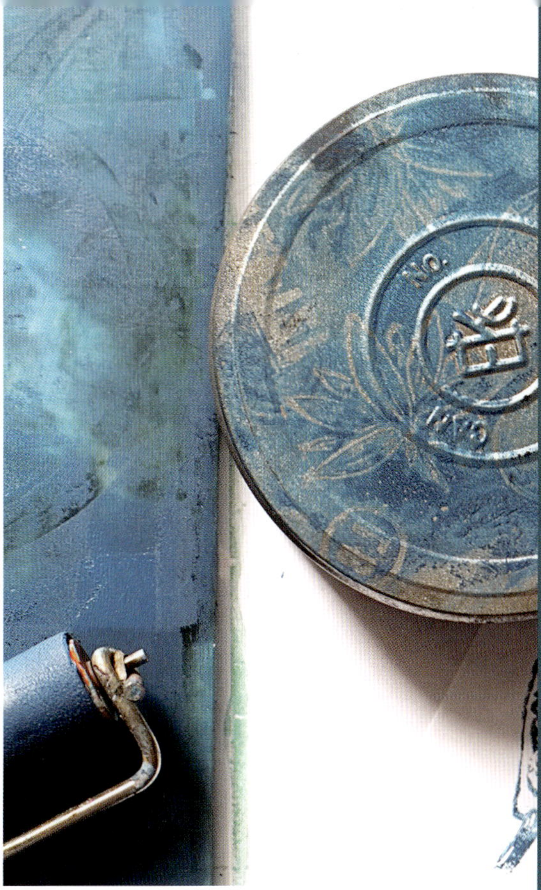

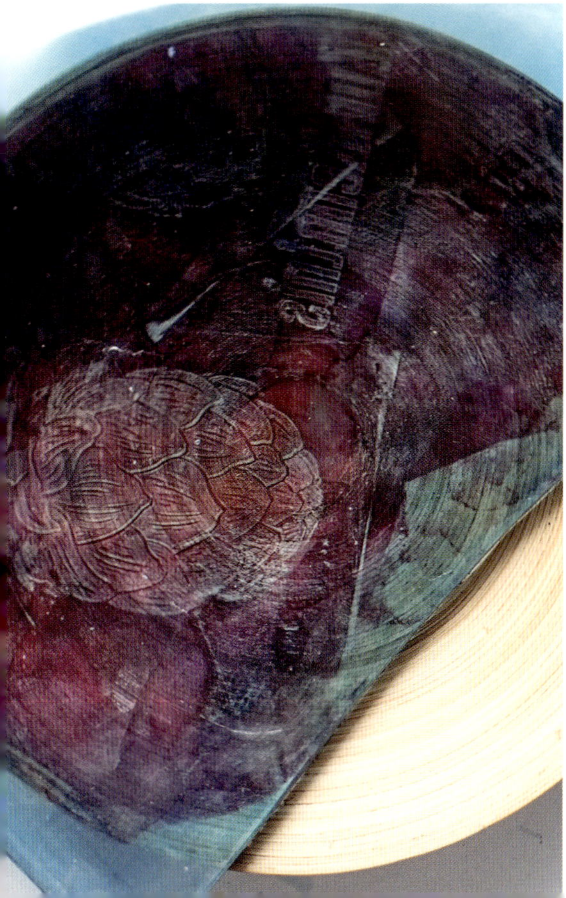

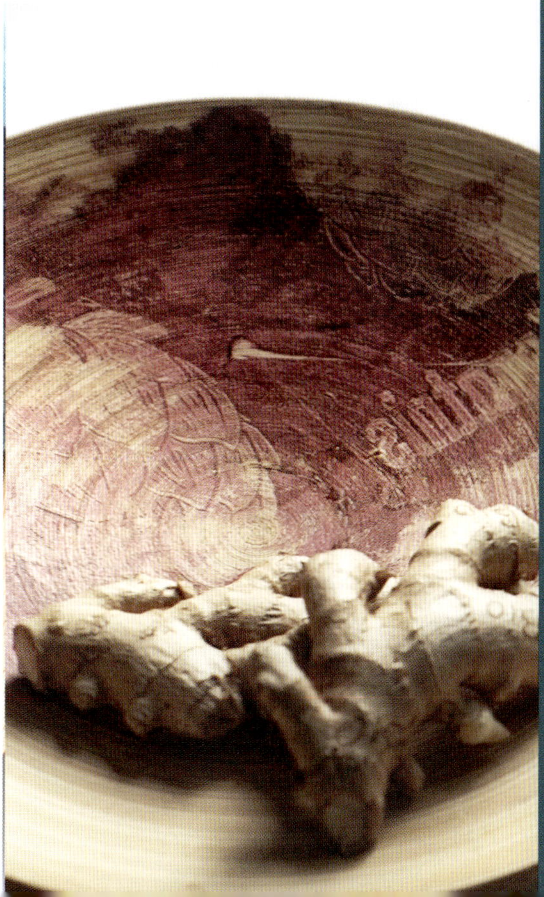

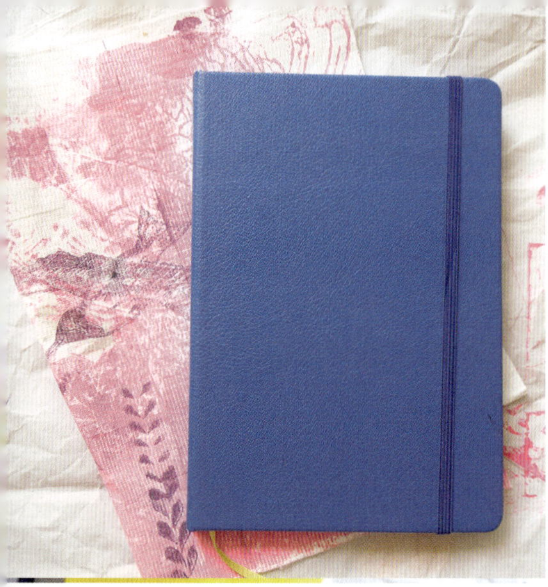

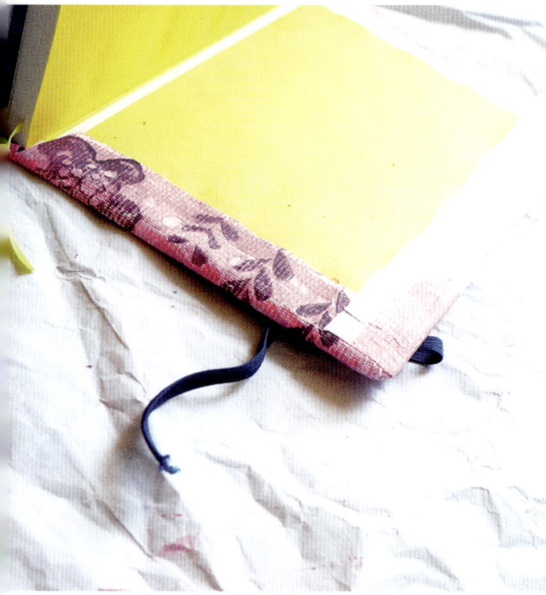

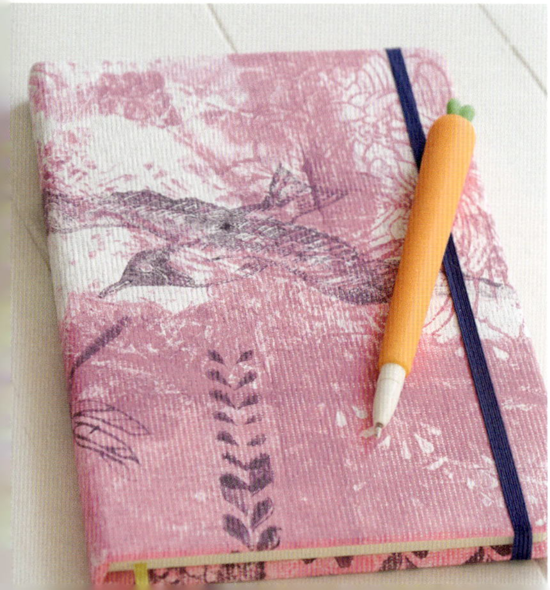

OBJEKTE MIT TYVEK® BEZIEHEN

Wenn man mit Gelliprint von Papier auf Stoff und Objekte umsteigt, kann es passieren, dass man durch die Wohnung geht und völlig unschuldige Dinge auf ihre Bedruckbarkeit hin überprüft. Anders als auf Papier muss man dann Faktoren wie Haltbarkeit und Oberflächenstruktur – und bei Lebensmittelkontakt auch Lebensmittelsicherheit – beachten. Im Zweifelsfall lässt sich Acrylfarbe überlackieren und sorgt so für Haltbarkeit der Farbe. Aber nicht jede Oberfläche lässt sich bedrucken, sei es, dass sie nicht plan ist oder zu glatt oder zu rau, um Farbe anzunehmen.

Eine unkomplizierte Lösung für viele Projekte ist das Material Tyvek®, das eigentlich aus den Bereichen Verpackungsmaterial oder Hausbau stammt. Es ist im Baubedarf oder online als Meterware erhältlich. Tyvek® ist ein sehr dünnes, wunderbar bedruckbares Material, das zudem wasserfest ist. Es ist in sich ganz leicht strukturiert, aber lässt sich so einfach und sauber bedrucken wie Papier. Tyvek® ist sehr leicht und fest, und hat für uns einen weiteren Vorteil: Es ist reißfest. Für das Drucken ist das besonders nützlich. Je länger Sie Papier oder Stoff auf einer feuchten Farbe lassen, desto mehr Farbe kann übertragen werden. Bei Papier sind hier aber Grenzen gesetzt: Lässt man es zu lange auf der Gelliplatte, lösen sich die Papierfasern an und das Papier bleibt auf der Farbe kleben. Mit Tyvek® kann man den Druck gut abreiben und dann sogar auf der Gelliplatte liegen lassen, bis alles durchgetrocknet ist. Auf diese Weise erhält man einen noch stärkeren Farbauftrag.

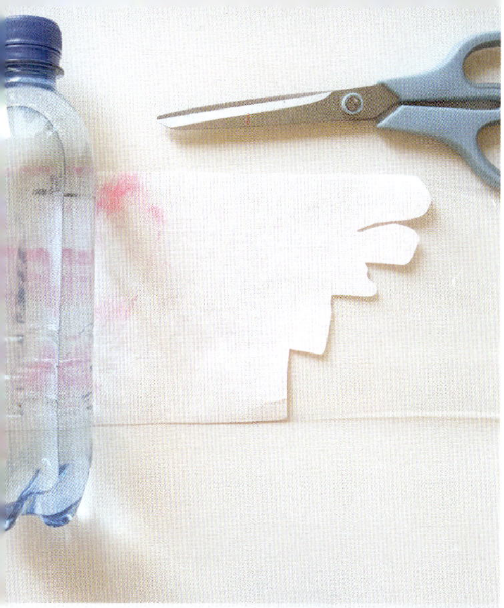

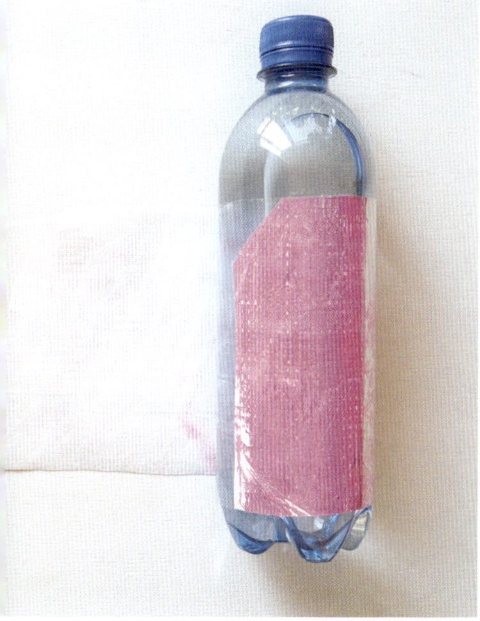

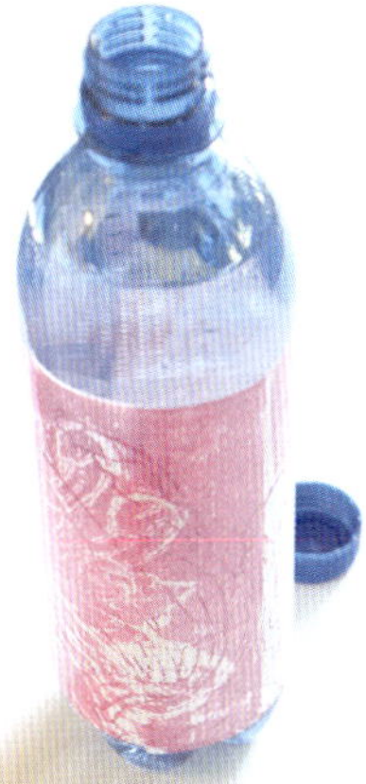

Tyvek® hält häufigen Gebrauch aus. Deshalb eignet es sich für den Überzug eines Notiz- oder Skizzenbuchs. Papier wäre hier zu empfindlich, Stoff nicht robust genug. Tyvek® dagegen lässt sich leicht abwaschen, während Stoff Flecken ja quasi konserviert. Aber Achtung: Tyvek® darf man nicht bügeln.

NOTIZBUCH

Wir haben hier ein fertiges Notizbuch bezogen – noch schöner ist es, wenn man selbst ein ganzes Buch bindet. Hier zeigen sich wieder die Vorteile von Tyvek®: Es lässt sich wunderbar verarbeiten, verzeiht Fehler und ist so dünn, dass es kaum aufträgt.

Tyvek® etwas größer als das Notizbuch zuschneiden, das Buch mit Buchbindeleim einpinseln und das Tyvek® glatt darüberziehen. Tyvek® franst nicht aus, deshalb lassen sich Einschnitte, z. B. für das Gummiband, perfekt machen. Das bezogene Buch zwischen zwei Bücher legen, beschweren und trocknen lassen.

WASSERFLASCHE

Runde und extrem glatte Flächen lassen sich nicht bedrucken? Stimmt im Prinzip. Aber mit Tyvek® können wir eine Art Hülle herstellen. Um das Ganze etwas stabiler und (noch) wasserabweisender zu machen, kleben wir ein Stück bedrucktes Tyvek® auf eine selbstklebende Transparentfolie. Wenn man die Folie über die Ränder hinausstehen lässt, braucht man keinen zusätzlichen Kleber, um die Folie zu fixieren. Um einen schöneren Übergang zu schaffen, haben wir kein rechteckiges Stück Tyvek® verwendet, sondern den überlappenden Rand entlang eines floralen Motivs ausgeschnitten. Zum Schluss um die Wasserflasche rollen und die Folie festdrücken.

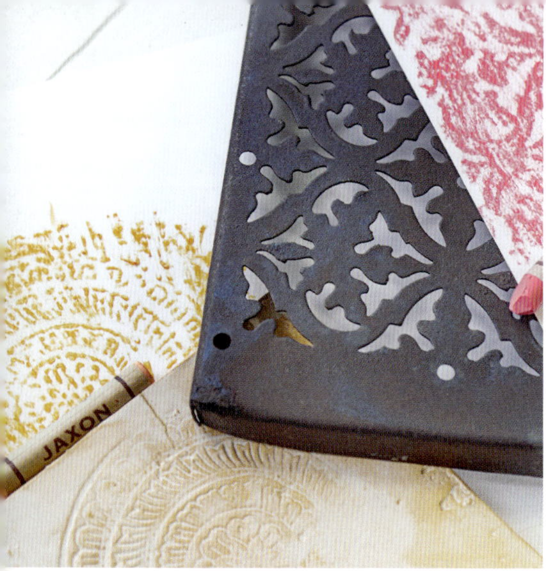

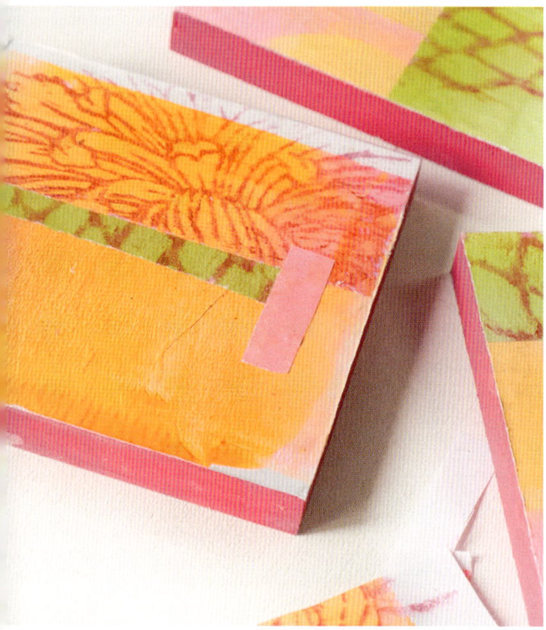

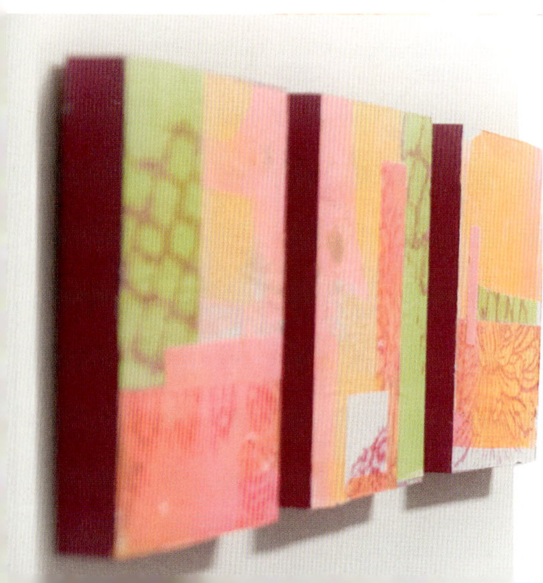

KUNSTWAND

Die Wachsfarben-Resist-Technik von Seite 62 lässt sich weiter variieren. Frottage nennt man die Technik, mit der man über Objekte reibt und so Strukturen überträgt. Statt eigene Motive zu entwickeln, können Sie schnell und einfach Vorgefundenes nutzen. Von Haushaltsgegenständen wie Platzsets oder Topfuntersetzer bis hin zu Stempeln können Sie alles verwenden, was einigermaßen flach ist und eine interessante, nicht zu feine Struktur besitzt.

Bereiten Sie wieder einige Motive vor, bevor Sie mit dem Drucken anfangen. Je kleinteiliger das Motiv, desto weniger klar wird es nachher im Druck erscheinen. Das ist jedoch nicht unbedingt ein Nachteil; bei dieser Variante geht es darum, Papiere in unterschiedlichen Farben mit interessanten Strukturen zu gestalten.

Die Vorgehensweise ist dieselbe wie bei den handgemalten Motiven in der Wachsfarben-Resist-Technik, nur dass das Papier dieses Mal auf einen strukturierten Untergrund gelegt und mit Wachsfarben abgerieben wird. Auf diese Weise überträgt sich die Struktur auf das Papier, das anschließend auf die Gelliplatte gelegt wird, um Farbe abzunehmen.

Wir haben die Drucke dann als Collagen zu kleinen Kunstwerken verarbeitet. Dazu können Sie Pappen im gewünschten Format oder wie hier Holzplatten im Baumarkt (MDF, 16 mm stark, Format 12 x 12 cm) zuschneiden lassen. Anschließend die Collagen mit Buchbindeleim oder verdünntem weißen Bastelkleber flächig bestreichen und aufkleben.

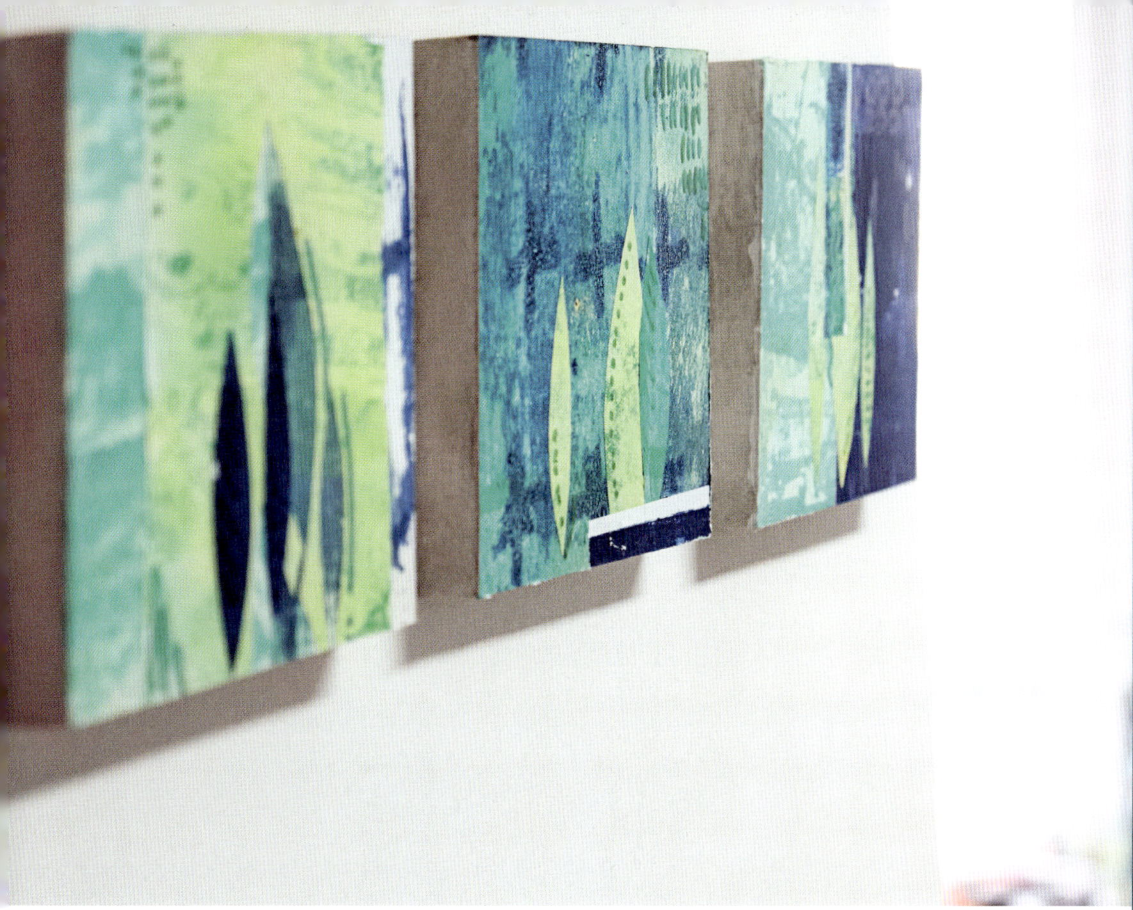

Wenn Sie den Rand der Platten farbig haben möchten, sollten Sie ihn am besten vor dem Beziehen anmalen (ehrlich gesagt geht das direkt mit dem Finger am einfachsten, selbst wenn das eine gewisse Farbkleckserei mit sich bringt).

Sie können die Pappen oder Holzblöcke selbstverständlich ebenso direkt bedrucken (was etwas schwieriger ist als das Bedrucken von Papier mit anschließendem Aufziehen). Dann sollten Sie sie vorher weiß grundieren, damit Sie einen schönen Farbauftrag im Druck erhalten.

Wenn die MDF-Blöcke eine ausreichende Dicke haben, können Sie für eine einfache, unsichtbare Aufhängung von hinten vorsichtig ein Loch in das Holz bohren, aber nicht ganz hindurchbohren.

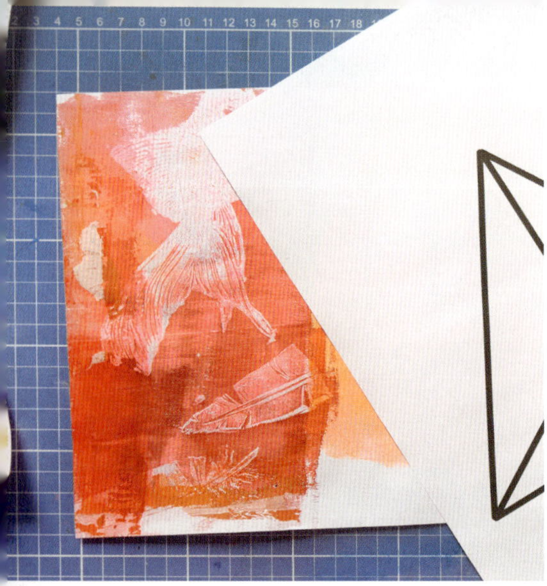

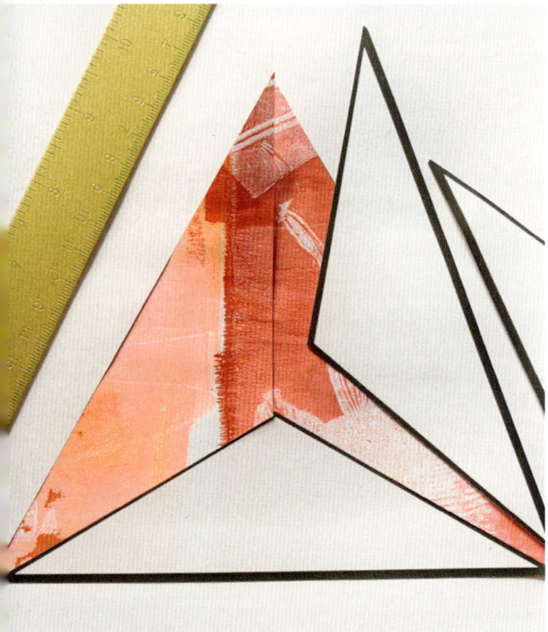

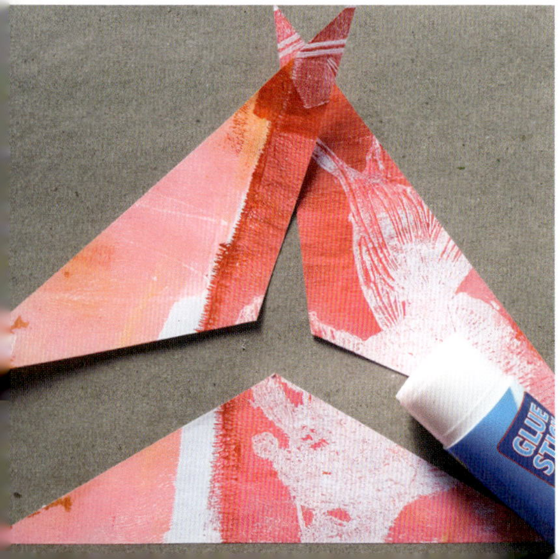

GEOMETRISCHE FORMEN

Ein schnelles und schönes Projekt sind Bilder mit geometrischen Formen aus Gelliprints. Sie könnten sie sogar rahmen oder auf Holzblöcke bzw. farbige Untergründe kleben.

1. Scannen Sie die Vorlagen von Seite 140 und drucken Sie sie aus.

2. Suchen Sie einen Gelliprint aus und legen Sie eine der Vorlagen darauf. Wenn Sie beide Papiere gegen das Licht oder ein Fenster halten, können Sie genau sehen, wo die Linien verlaufen und den Gelliprint bestmöglich zurechtrücken. Oder Sie nehmen Reststücke aus anderen Projekten und machen einen bunten Mix. Fixieren Sie die beiden Papiere, z. B. indem Sie mit einem Klebestift einen Tupfen Kleber in einem Bereich außerhalb der geometrischen Form setzen.

Schneiden Sie dann entlang der Linien durch beide Blätter. Dabei empfiehlt es sich, die Form von innen nach außen auszuschneiden, dann verrutschen die Formen weniger.

3. Legen Sie das Papier zurecht, auf dem Sie die Form aufkleben wollen. Wählen Sie ein bedrucktes Papierstück aus, das parallel zu einem Seitenrand aufgeklebt werden soll und zeichnen Sie eine Orientierungslinie auf dem Hintergrundpapier an.

4. Bestreichen Sie das Papierstück vorsichtig mit einem Klebestift (damit sich das Papier nicht wellt, auch hier am besten von innen nach außen) und bringen Sie es auf dem Hintergrund an. Kleben Sie dann alle weiteren Papierstücke mit einem leichten Abstand auf.

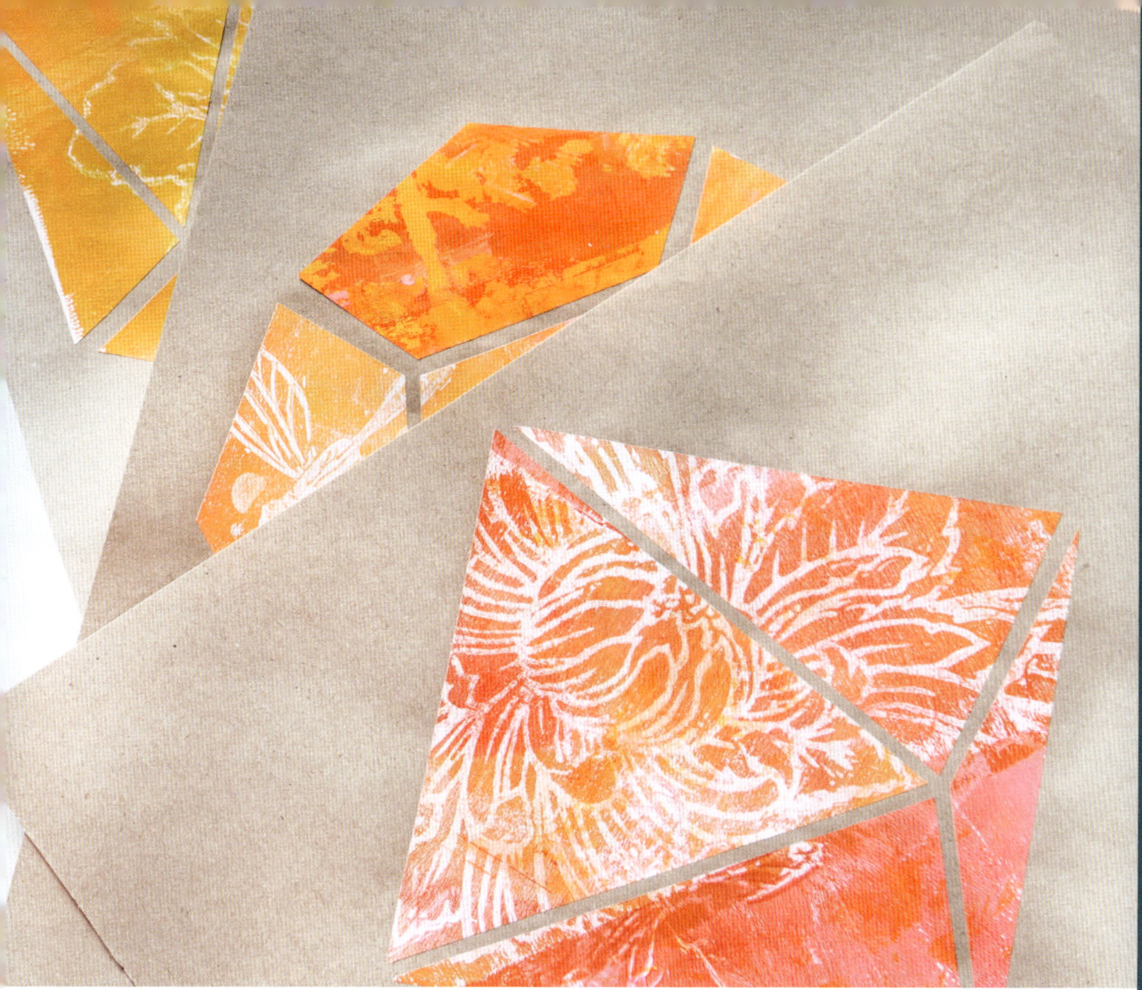

Am schönsten sind diese geometrischen Bilder, wenn Sie mehrere nebeneinander präsentieren. Diese geometrischen Formen werden übrigens nach dem griechischen Philosophen Platon als „platonische Körper" oder „kosmische Körper" bezeichnet und sind Symbole für Symmetrie und Harmonie.

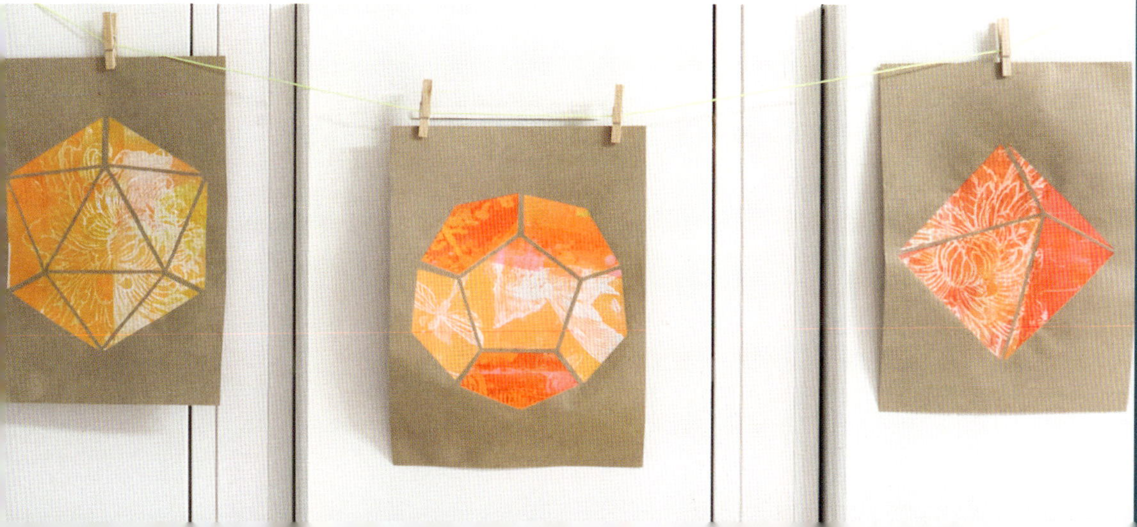

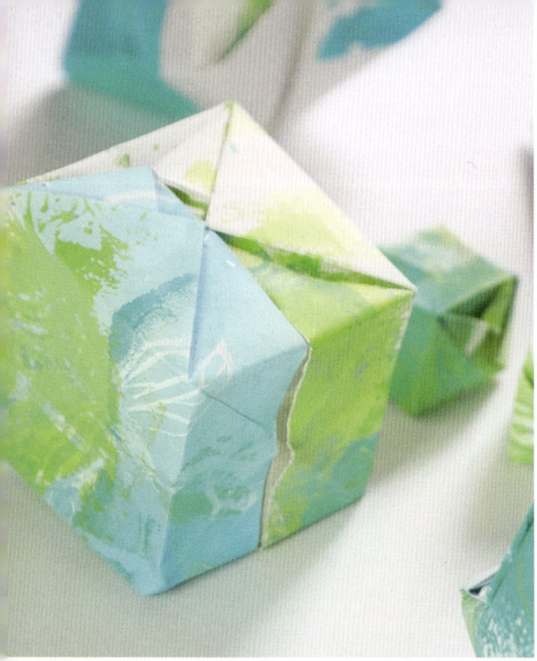

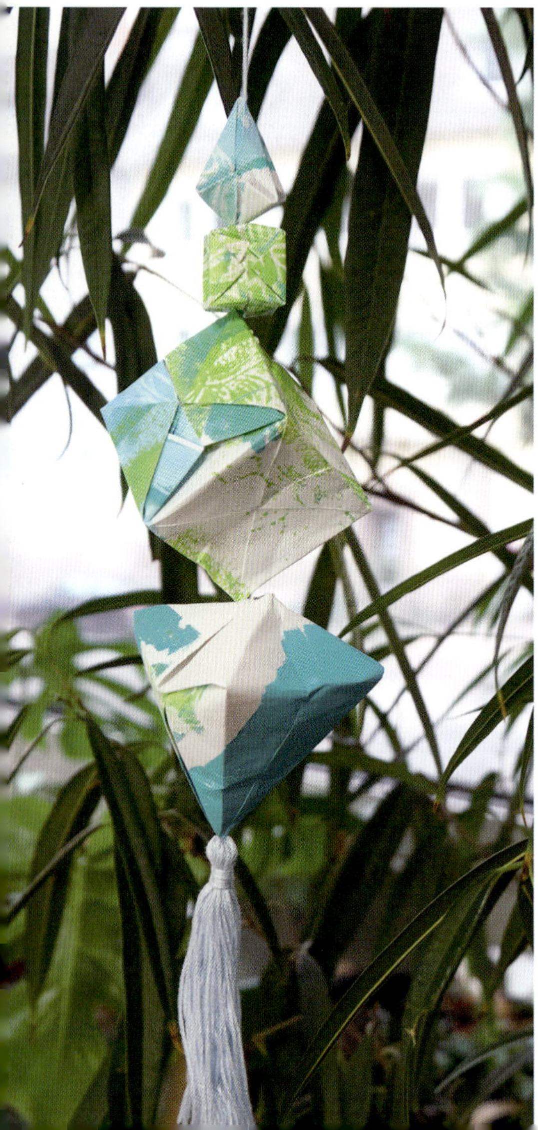

GEOMETRISCHE FORMEN IN 3D

Eine weitere Variante geometrischer Formen können wir ganz einfach aus fertigen Gellidrucken falten. Wir haben hier einen kleinen Anhänger aus vier Formen und einer Quaste gestaltet.

Die einfachste Form, dreidimensionale Körper zu falten, stammt aus dem Origami. Statt einer komplizierten schriftlichen Anleitung hier im Buch, suchen Sie bitte im Internet nach Video-Tutorials für die klassischen Origamiformen Würfel, Pyramide oder Diamant. Falten Sie Ihre Formen aus einem Gelliprint-Papier und fixieren Sie eventuell einige der Ecken mit flüssigem Klebstoff.

Für unseren Anhänger haben wir vier Formen in passenden Größen ausgewählt. Lassen Sie beim Herstellen der Quaste (auch hierfür gibt es Anleitungen im Internet) ein langes Stück Garn hängen und fädeln es in eine lange Nadel ein. Wir haben beim großen Würfel die Nadel von einer Ecke zur gegenüberlegenden und beim kleinen Würfel durch die Mitte der Seitenfläche gestochen. Sie können ganz nach Geschmack auch nur eine Form mit einer Quaste verbinden und als Geschenkanhänger verwenden, oder zusätzlich Perlen aufziehen …

Machen Sie nach dem Auffädeln ans Ende des Garns eine Schlaufe und hängen Sie das Objekt an einem passenden Ort auf.

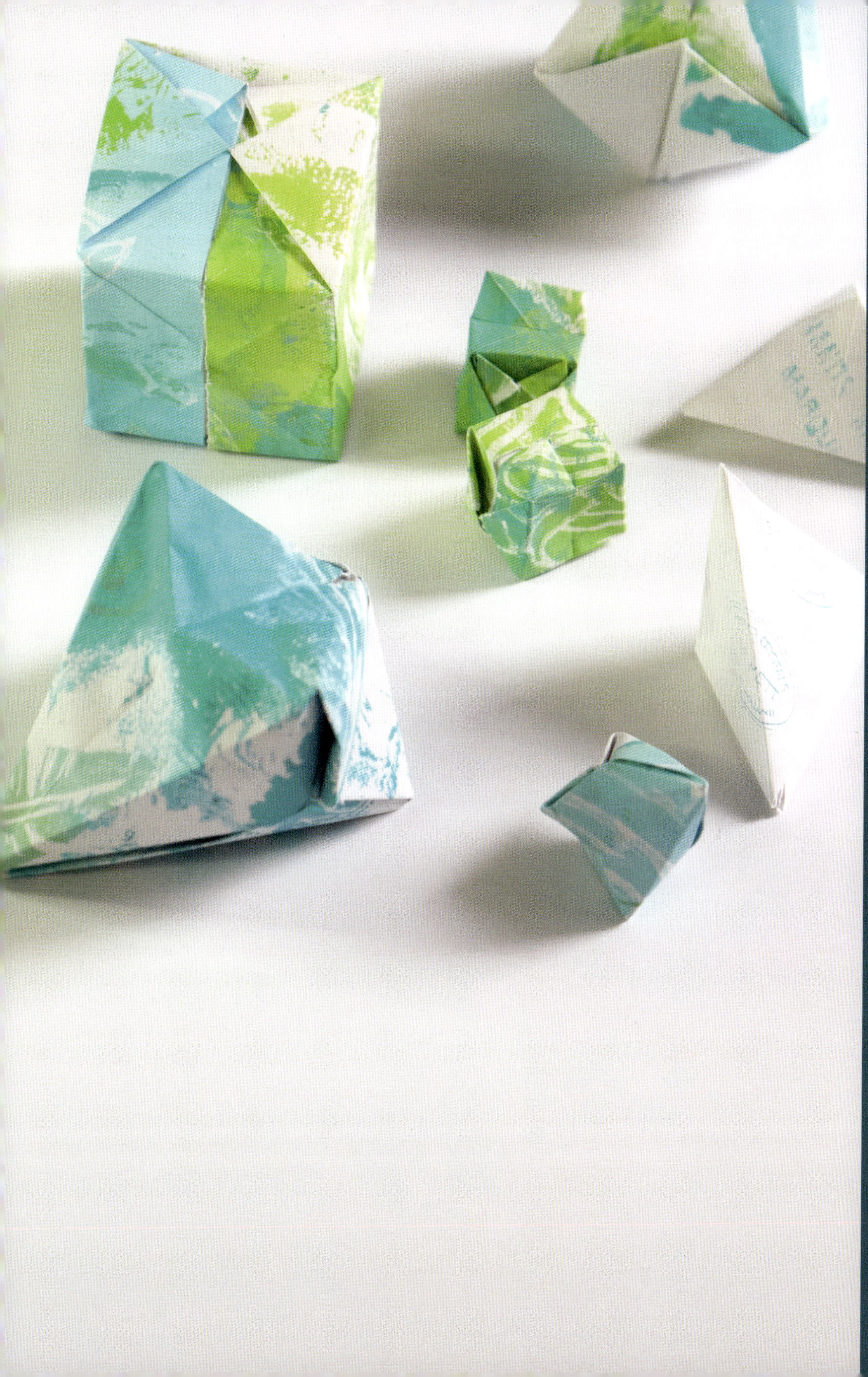

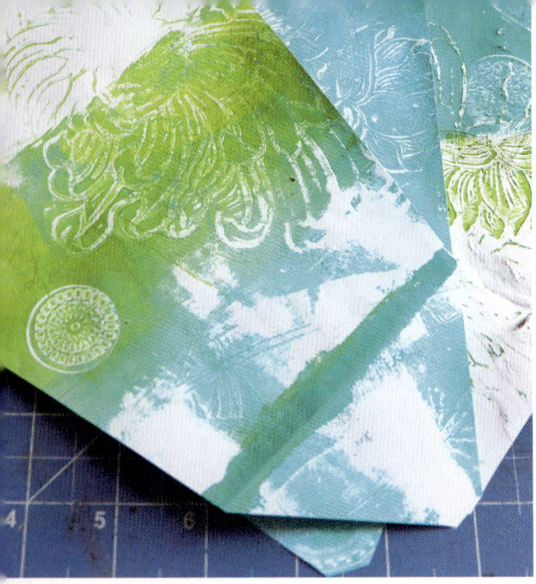

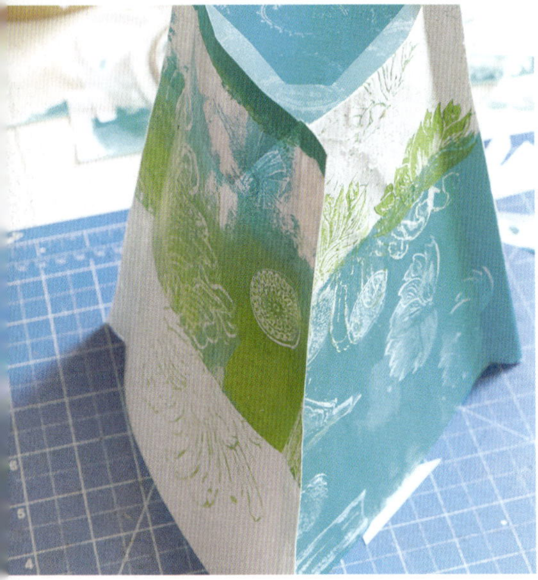

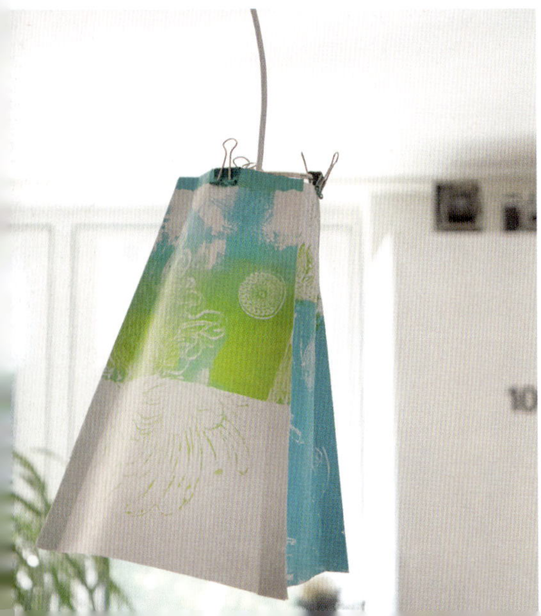

LAMPENSCHIRME

Lampenschirme kann man aus ganz normalem Papier machen: Kopierpapier funktioniert, etwas festeres Papier wäre besser. Da Papier steifer ist als Stoff, liefert es quasi die Form schon mit. Umso mehr, wenn man wie in diesem Beispiel mehrere Papiere aneinanderklebt oder -näht; Letzteres liefert einen zusätzlichen Schmuckakzent. An den Stellen, an denen die Papierkanten aufeinandertreffen, wird unser Lampenschirm doppelt verstärkt. Ab drei Papierlagen erhalten wir stabile Formen. Natürlich können Sie auch vier oder mehr Teile zuschneiden und miteinander verbinden.

Für unseren Lampenschirm haben wir drei Teile zugeschnitten, die sich nach unten leicht verbreitern. Den oberen Rand haben wir zur Verstärkung nach innen umgeschlagen. Als Aufhängung dient ein Ring, den wir mit drei farbigen Klemmen aus dem Bastelladen befestigt haben. Kabel und Fassung lassen sich mit einem einfachen Trick befestigen: Schneiden Sie einen Kreis aus Pappe zu, der etwas größer ist als das obere Ende des Lampenschirms, schneiden Sie von außen bis zur Mitte ein und dort einen kleinen Kreis mit dem ungefähren Durchmesser des Lampenkabels aus. Wenn Sie diesen Ring um das Kabel klemmen und von unten durch den Lampenschirm ziehen, klemmt sich der ausgeschnittene Kreis im Lampeninneren fest. Soll das Licht nach oben durch die Lampenöffnung strahlen, schneiden Sie den Kreis aus stärkerer Transparentfolie zu. Alternativ biegen Sie Halterungen aus Draht, einem dünnen Zweig bzw. Flechtrohr.

Eine weitere Variante für einen Lampenschirm zeigen wir im nächsten Projekt.

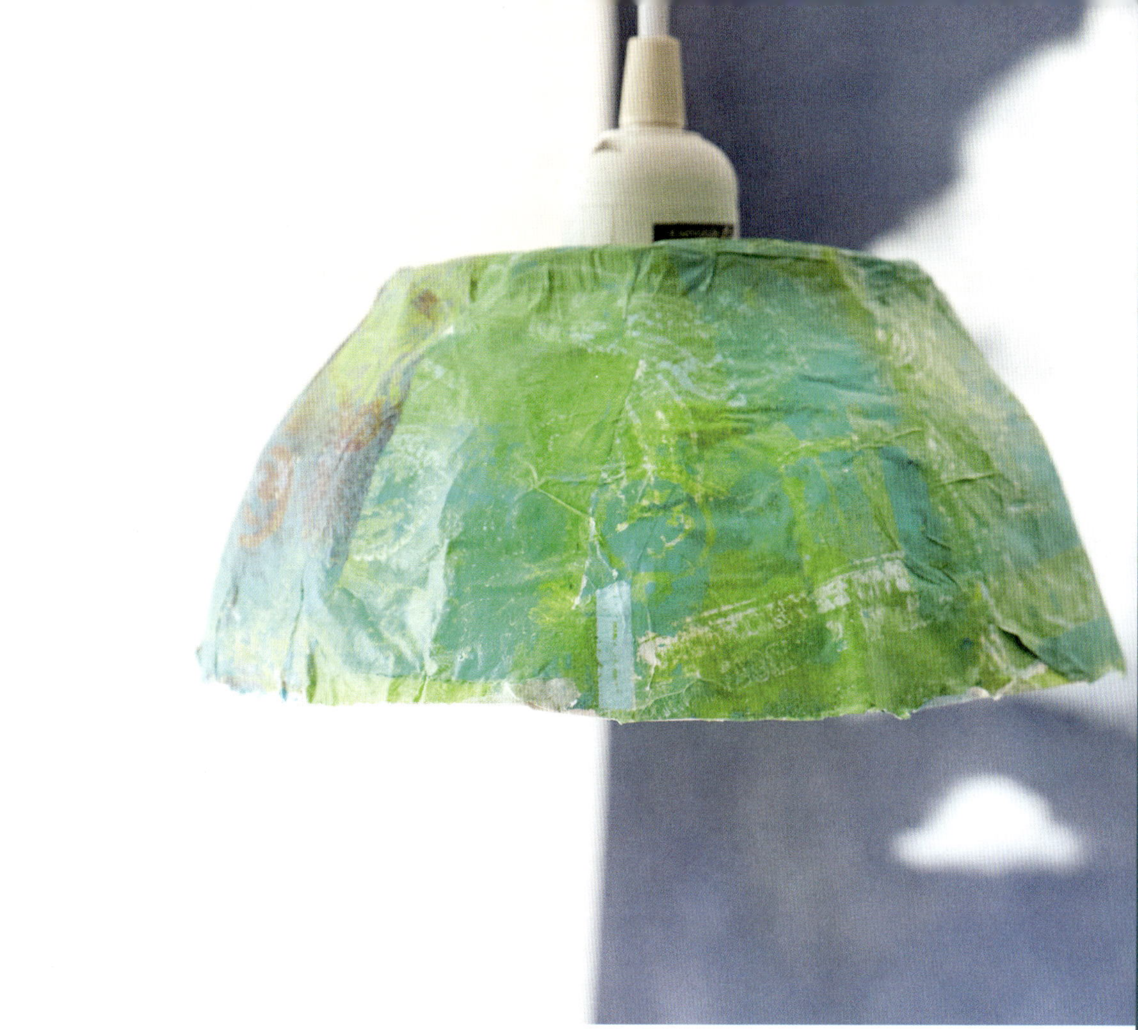

MIT BEDRUCKTEM SEIDENPAPIER KASCHIEREN

Für dieses Projekt machen wir uns Papierformen aus Pappmaché. Dazu kleiden wir Schüsseln oder Schalen in passender Größe mit Papierstreifen aus.

1. Um unsere Papierformen später leichter von den Schüsseln lösen zu können, überziehen wir diese vorher mit einer Schicht dünner Plastikfolie. Dazu kann man Frischhaltefolie aus der Küche verwenden oder simple Mülltüten.

2. Reißen Sie aus Kopierpapier längliche Streifen zu, die nach unten leicht breiter werden und etwas länger sind als die Strecke vom Schüsselinneren zum Schüsselrand.

3. Rühren Sie Tapetenkleister dick an oder verdünnen Sie weißen Bastelleim, der transparent auftrocknet. Ihr Kleister sollte gut streichfähig sein und keine Klumpen haben.

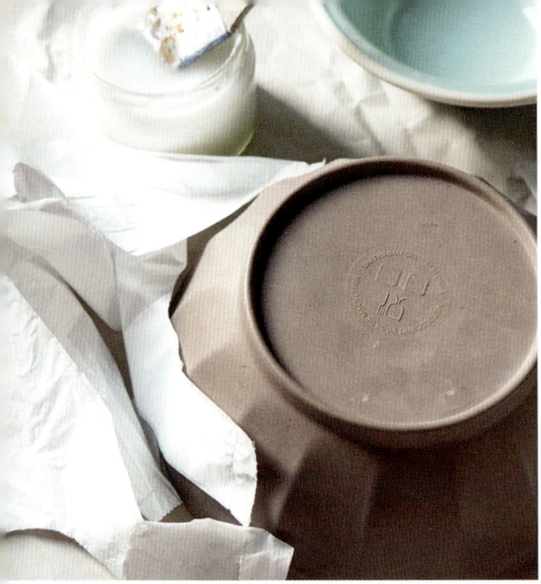

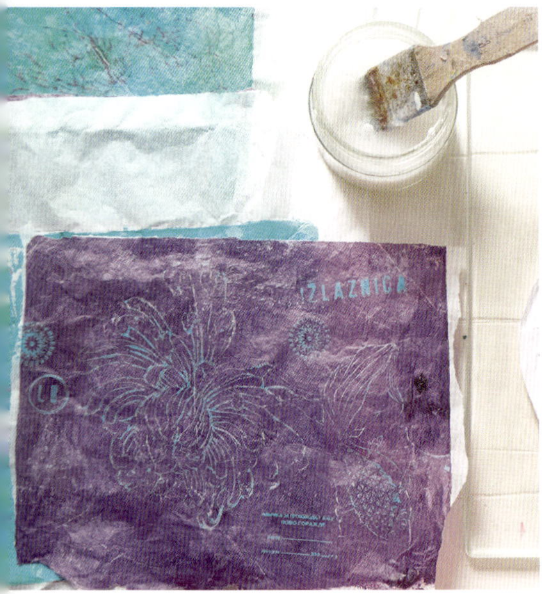

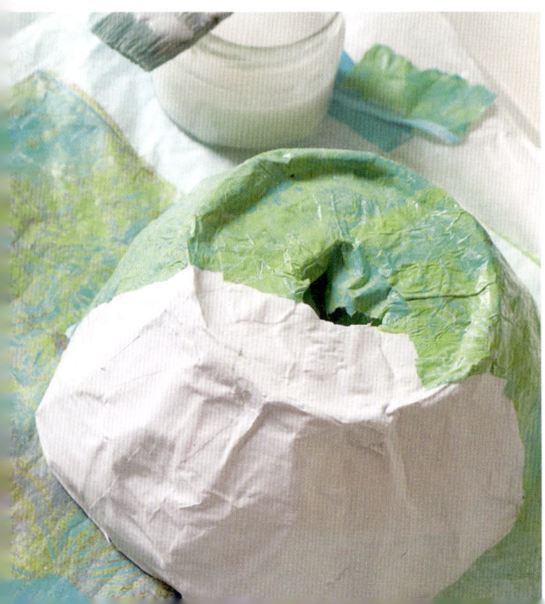

4. Die Schüssel für den Lampenschirm haben wir umgedreht und von außen beklebt. Streichen Sie mit einem breiten Pinsel ein Stück der zu beklebenden Schüssel bzw. Plastikfolie mit Kleister ein. Legen Sie dann einen Papierstreifen darauf und streichen eine Kleisterschicht darüber. Legen Sie auf dieselbe Weise die weiteren Streifen leicht überlappend auf – insgesamt überall mindestens drei Papierschichten, damit die fertige Papierform stabil wird.

5. Lassen Sie die Form gut trocknen, am besten über Nacht. Heben Sie sie vorsichtig von der Schüssel ab – durch die Folie klebt die Form nicht fest. Sollte sie noch nicht ganz durchgetrocknet sein, lassen Sie noch die Innenseite an der Luft trocknen. Wenn möglich, legen Sie sie dazu in oder auf die Schüssel, damit sie ihre Form behält.

6. Theoretisch können Sie die obere Papierschicht aus bedruckten Papieren machen. Ein einheitlicheres Bild ergibt sich jedoch, wenn wir bedrucktes Seidenpapier nehmen (siehe Seite 79), denn das ist dünner und damit flexibler. Es lässt sich dadurch in etwas größeren Stücken auf die Schale kleben. Die Seidenpapierschicht sollte mit wenig und noch einmal verdünntem Kleister aufgebracht werden. Dann trocknet er so schnell, dass die Papierform nicht aufweicht und sich verzieht.

Beim Aufkleben auf eine runde Form verzieht sich das Seidenpapier leicht, man kann Falten aber schnell mit dem Pinsel anreiben. Deshalb empfiehlt es sich hier, „Freestyle-Drucke“ zu verwenden und kein regelmäßiges Rapportmuster.

7. Die Innenseite der Papierform können Sie entweder ebenso mit bedrucktem Seidenpapier

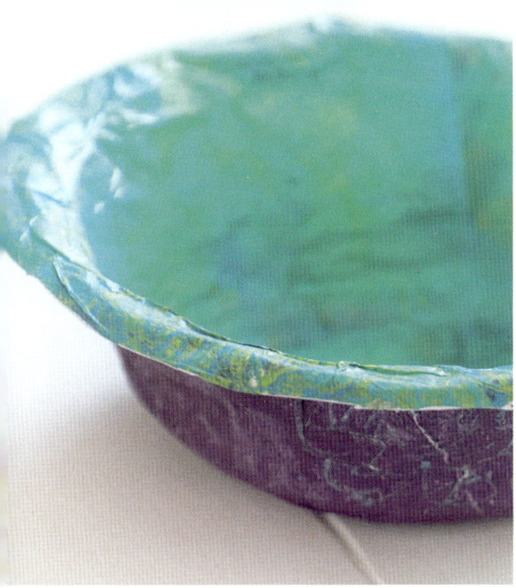

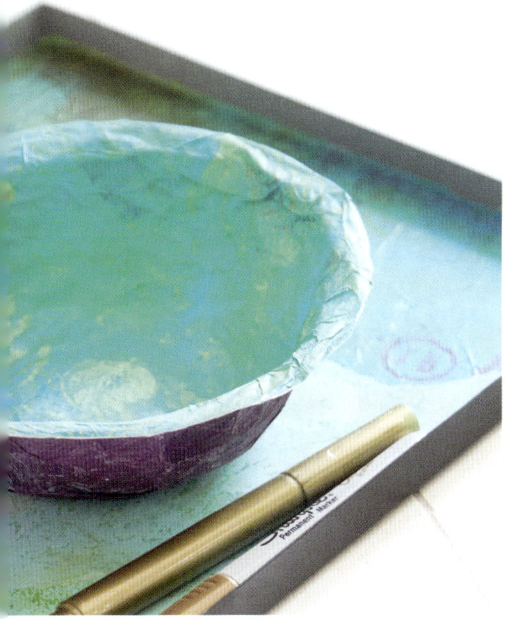

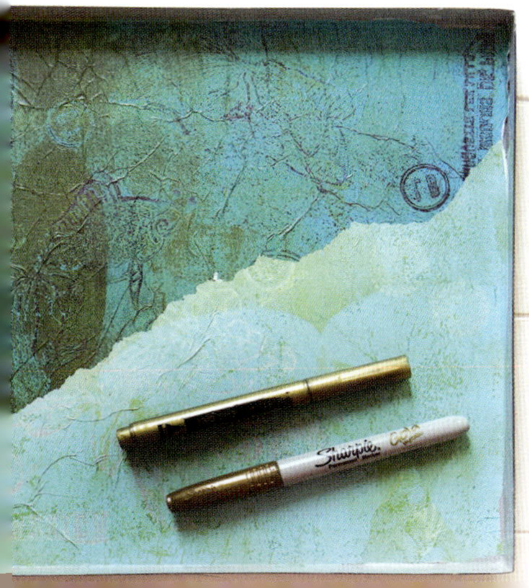

beziehen oder mit einer passenden Farbe anmalen. Für einen Lampenschirm ist zu bedenken, dass helle Farben das Licht des Leuchtmittels besser abstrahlen.

8. Das Seidenpapier gut trocknen lassen, dann die Ränder zuschneiden. Vermutlich werden Sie die Papierschichten an den Rändern noch einmal nachkleben müssen, damit sie geschlossen sind. Nach dem Trocknen können Sie den Rand, wenn gewünscht, mit Gel- oder Goldmarker bemalen – das gilt natürlich ebenso für den gesamten Lampenschirm, wenn Sie zusätzliche Verzierungen aufbringen wollen.

9. Damit das Ganze haltbarer wird, anschließend mit einer oder mehreren Schichten Klarlack überziehen. Der Lampenschirm wird damit zwar nicht wasserfest, lässt sich aber vorsichtig feucht abwischen.

10. Für unseren Lampenschirm müssen wir jetzt nur noch das Loch für die Fassung ausschneiden, und diese dann von beiden Seiten gegenschrauben.

Es muss auch kein Lampenschirm werden. Die Technik funktioniert genauso gut mit anderen Gegenständen, wie z. B. der rechteckigen Schale im unteren Bild.

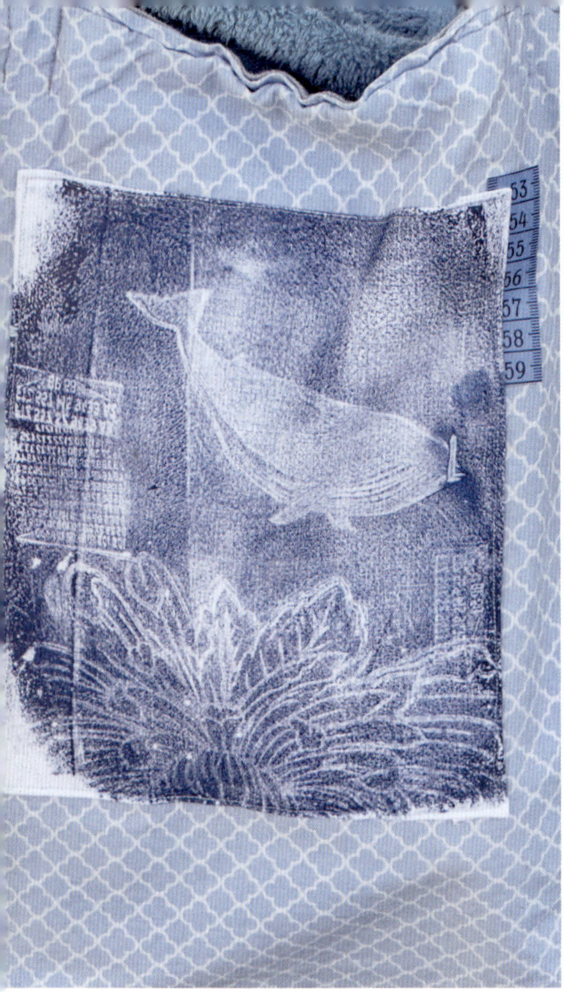

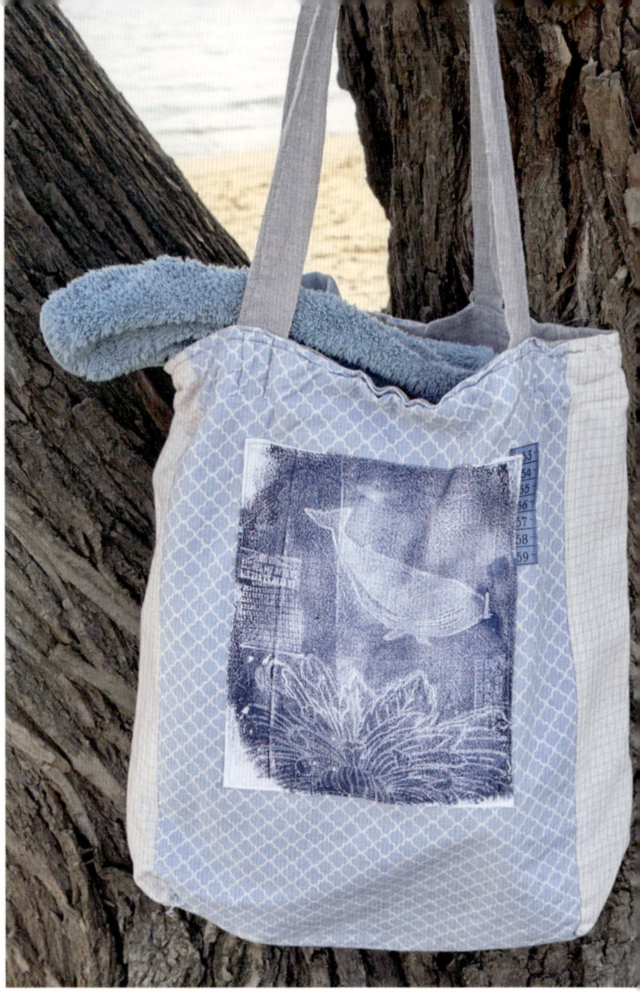

EINKAUFSTASCHE

Ein einfacher Einstieg in die Welt der Stoffprojekte ist, vorhandene Gegenstände – wie hier eine handgenähte Einkaufstasche – mit einem Stück Stoff, der mit Gelliprint bedruckt wurde, zu verzieren.

WIMPELKETTE

Ein weiteres Einsteiger-Projekt ist eine Wimpelkette. Die kann aus Stoff, Tyvek® oder für den Innenbereich auch aus Papier gemacht werden. Schauen Sie, welche Test- und Fehldrucke Sie vielleicht hierfür verwenden können.

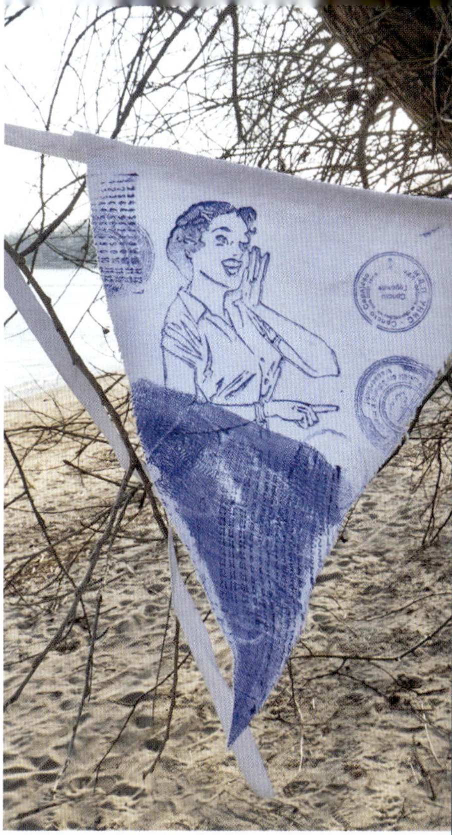

1. Nehmen Sie eine Schnur, ein Baumwollgarn oder ein Band aus dem Bastel- oder Nähbedarf und legen Sie fest, wie lang Ihre Wimpelkette sein soll. Zwei Faktoren sind zu bedenken:
a. Über welcher Strecke wollen Sie die Kette aufhängen und wie sehr soll sie durchhängen?
b. Wie viel Band benötigen Sie darüber hinaus, um die Kette zu befestigen?

2. Schneiden Sie sich aus Papier eine Wimpelform zu. Falten Sie das Papier dafür der Länge nach und schneiden Sie ein Dreieck zu (durch die Faltung wird der Wimpel symmetrisch). Je kürzer die Wimpelkette werden soll, desto kleiner sollten die Dreiecke sein.

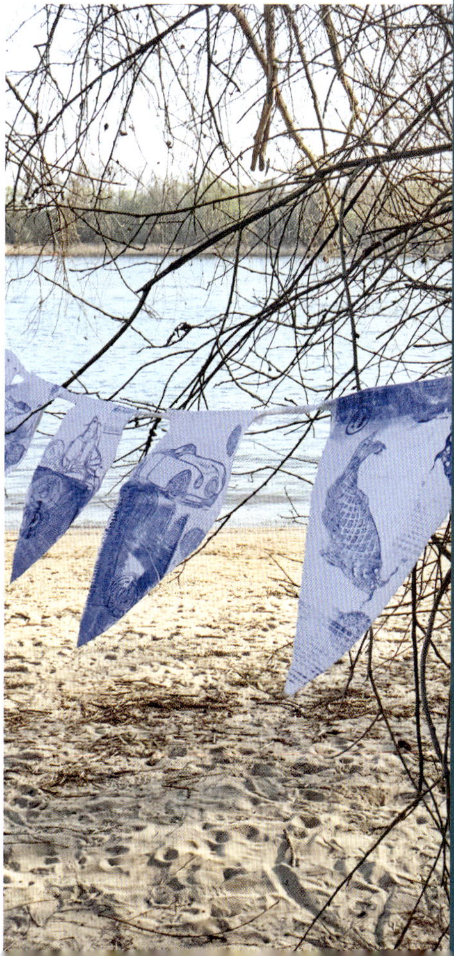

3. Legen Sie ein paar Papier- oder bereits zugeschnittene Stoffdreiecke probeweise nebeneinander und bestimmen Sie den Abstand der Wimpel. Nach diesem Muster schneiden Sie alle benötigten Wimpel zu, plus zwei oder drei weitere als Ersatz, um Fehldrucke aussortieren zu können.

4. Wenn die Wimpelkette frei hängt, bedrucken Sie am besten nicht nur die Vorder-, sondern auch die Rückseite.

5. Befestigen Sie die getrockneten Wimpel an der Schnur bzw. am Band: Nähen, Kleben, Tackern oder Löcher und Ösen hineinstanzen stehen zur Wahl.

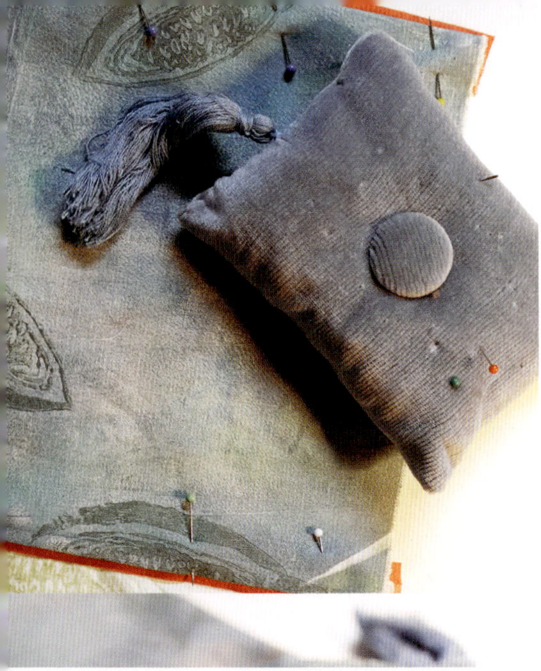

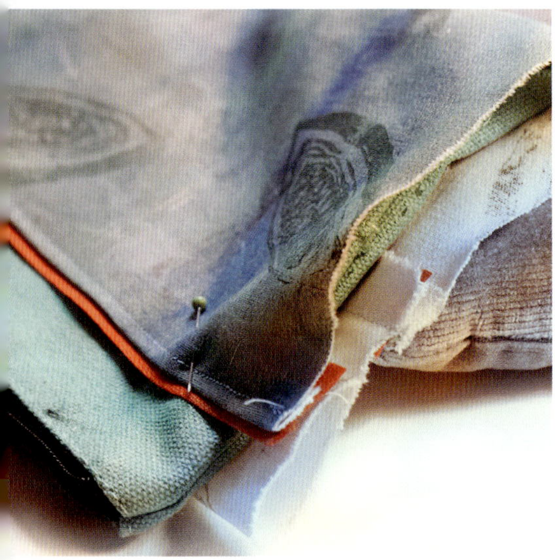

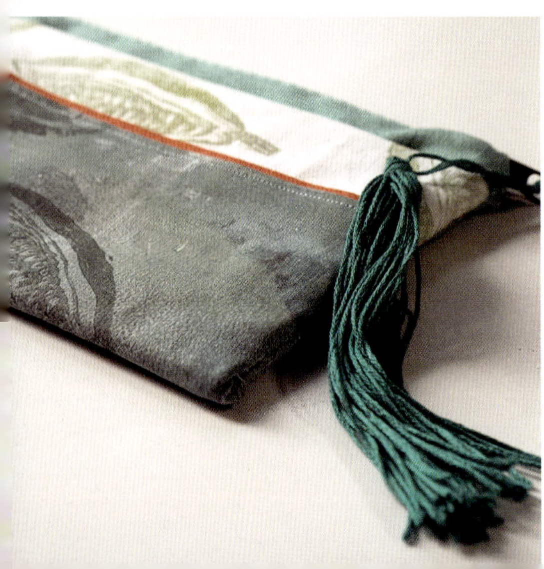

REISSVERSCHLUSSTASCHE

Auch mit Dingen, die man bereits zu Hause hat, und ohne Näherfahrung kann man aufwendig aussehende Projekte realisieren – in diesem Fall eine Reißverschlusstasche mit Quaste. Wir haben hierfür ein gekauftes Täschchen im Kosmetikbeutel-Format in Mintgrün verwendet.

Wir haben dann eine Mini-Kollektion aus zwei einander ergänzenden Stoffvarianten in hell und dunkel entwickelt. Alles, was Sie dazu benötigen, ist weißer Stoff, Stofffarbe in einem hellen und einem dunklen Ton und ein einziger Stempel. Wir haben einen handgeschnitzten Stempel mit dem Motiv einer Kakaobohne verwendet.

1. Drucken Sie helle Grünabstufungen auf den weißen Stoff.

2. Mischen Sie etwas hell- und dunkelgrüne Stofffarbe zu einem Mittelgrün und bedrucken Sie damit den Rest des Stoffes in einem einzigen Druckvorgang flächig, mit leicht eingedrückten Texturen.

3. Dann in einem etwas dunkleren und einem ganz dunklen Grün die Motive auf beide Stoffe aufstempeln (wie bei der Freestyle-Technik auf Seite 76).

4. Nähen Sie die beiden Stoffe aneinander. Wenn gewünscht, eine kleine Borte oder ein Stück farblich passenden Stoff zwischenfassen. Das Rot des Bandes hier bringt als Komplementärkontrast das Grün zum Leuchten.

5. Falten Sie beide Stoffränder oben und unten nach innen ein, dabei den Stoff um das Täsch-

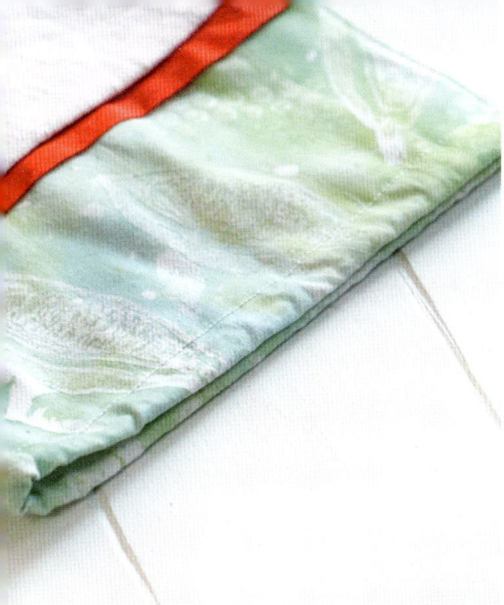

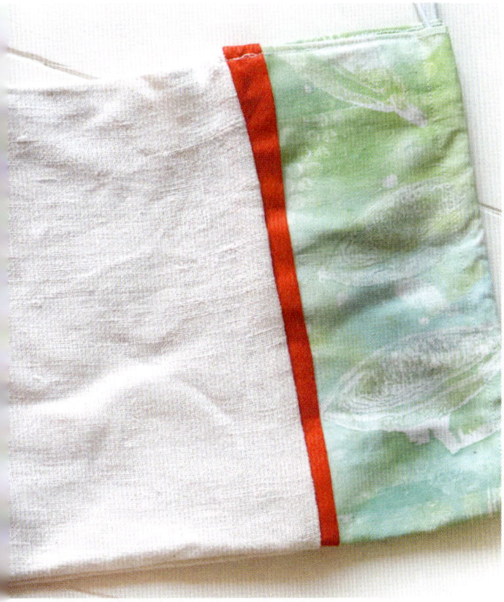

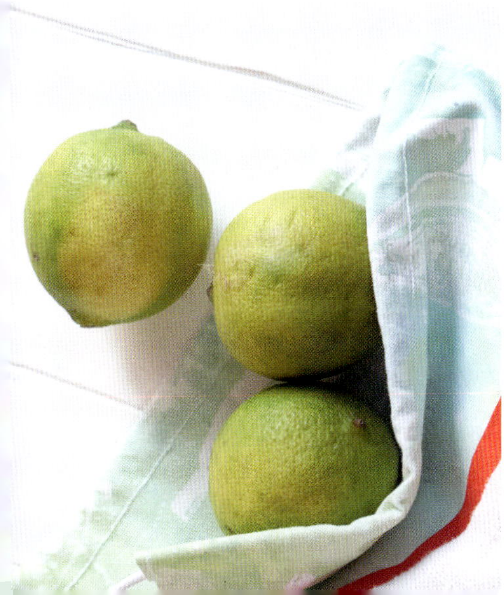

chen legen. Die Seitennähte des Täschchens vorsichtig auftrennen, den bedruckten Stoff einschieben, Nähte wieder schließen.

Wenn Sie nicht nähen wollen: Verwenden Sie einen Textilkleber, um die eingeschlagenen Stoffkanten an das Täschchen zu kleben. Trennen Sie die Seitennähte des Täschchens auf und stecken Sie den Stoff hinein. Die Seiten können Sie von innen per Hand vernähen oder mit einem Tacker zusammenklammern.

VARIANTE: BEUTEL

Aus einem alten Leinenstoff haben wir einen Beutel mit einem selbst gestalteten Stoffrand genäht. Beutel in jeder Größe kann man nicht genug haben: zur Aufbewahrung von Kosmetikzubehör bis Sportsachen. Auch fertig genähte Beutel gibt es, genauso wie Schürzen oder Taschen, unbedruckt im Bastelbedarf, die auf Ihre Gelliprint-Verzierung warten.

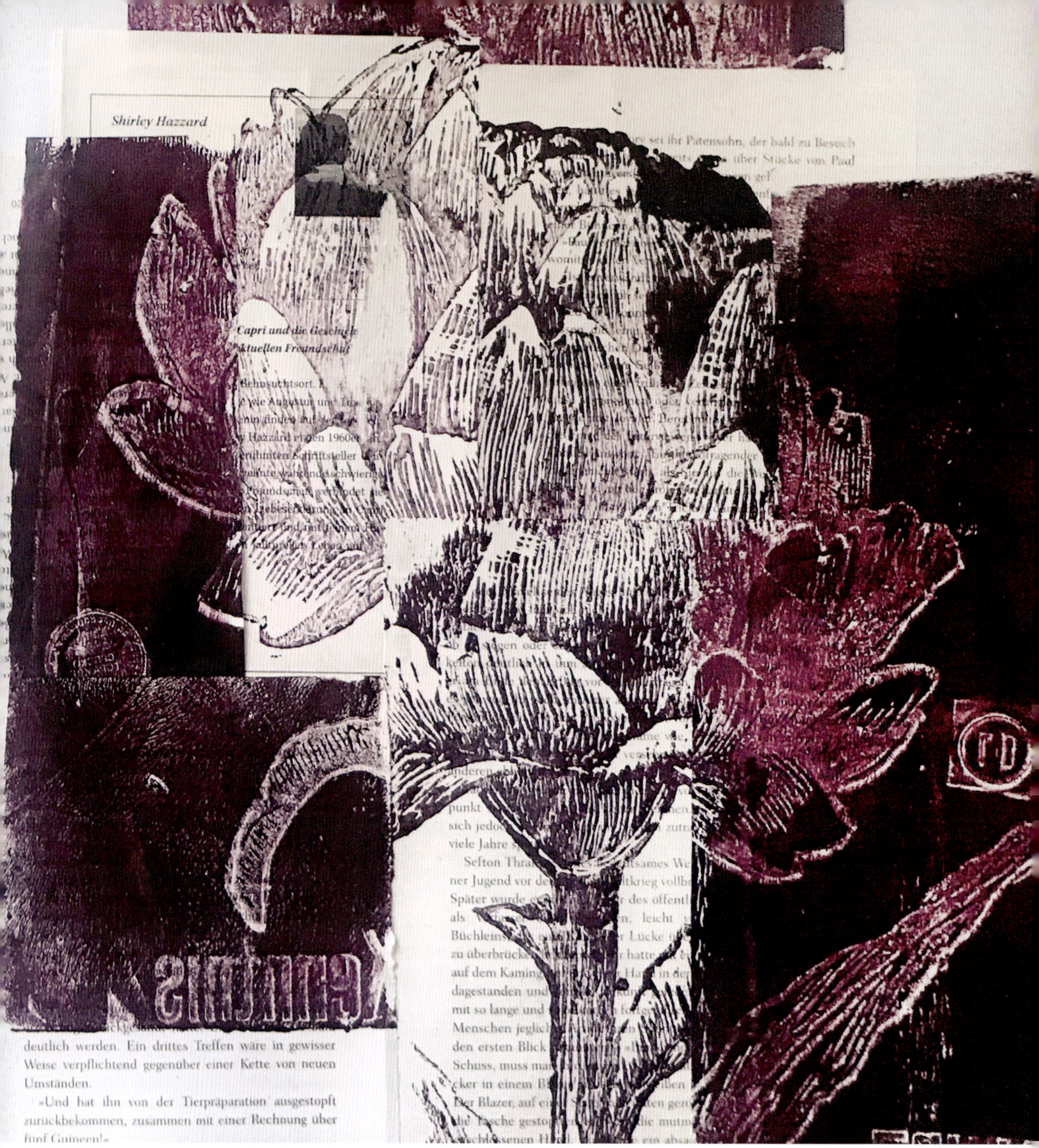

COLLAGE AUS VERSCHIEDENEN DRUCKEN

Man kann experimentell drucken und trotzdem gezielt vorgehen, indem man mehrere oder sogar sehr viele Drucke anfertigt und diese dann zu größeren Bildern zusammensetzt. Dies ist ein guter Einstieg, um nicht nur wahllos und stapelweise Papiere zu bedrucken, sondern diese zu einem fertigen Projekt zu verbinden.

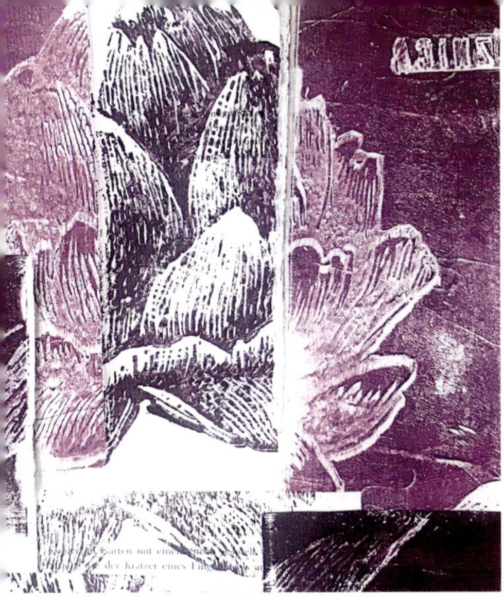

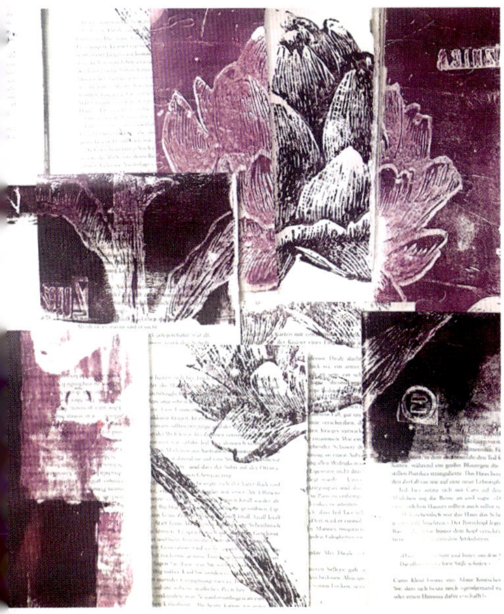

Wir nutzen hier den Positiv- und Negativ-Effekt, den das Drucken mit Stempeln auf der Gelliplatte mit sich bringt. Wenn man auf Buchseiten druckt (ausgemusterte Bücher gibt es im Recyclinghof oder an Büchertauschstellen), arbeitet man nicht nur umweltbewusst, sondern bringt über die gedruckten Textlinien ein zusätzliches Gestaltungselement mit ins Spiel.

Das Endergebnis sind großformatige Bilder, die man rahmen oder auf eine Holzplatte aufziehen kann (siehe Seite 110). Um ein großes Format zu erhalten, gibt es zwei Varianten – je nach Größe der gedruckten Motive:

a. Bei einem einzigen großen Motiv – per Schablone oder wie hier auf den Fotos mit einem großen handgeschnitzten Linoleumstempel mit Artischocken-Motiv aufgebracht – kann man das Bildmotiv aus verschiedenen, nicht passgenau bedruckten Teilmotiven zusammensetzen. Wenn man positive und negative Drucke leicht versetzt arrangiert, entsteht ein leicht abstraktes Bildmotiv.

b. Hat man keinen großformatigen Stempel zur Hand, kann man viele kleinere Bildmotive aneinanderreihen. Das ergibt am Ende dann nicht ein einzelnes erkennbares Bildmotiv, aber durch die Reihung ähnlicher Drucke erhält man ein beliebig großes Format, das durch die Wiederholung einen ganz eigenen Charakter erhält.

Diese Techniken werden auch von Künstlern verwendet: Von Andy Warhol kennt man die Reihung ähnlicher Bildmotive, und David Hockney hat riesige Fotomotive aus vielen kleinen Fotos zusammengesetzt.

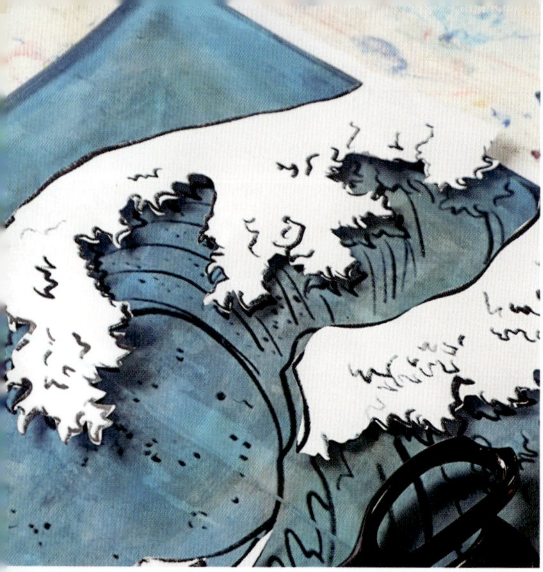

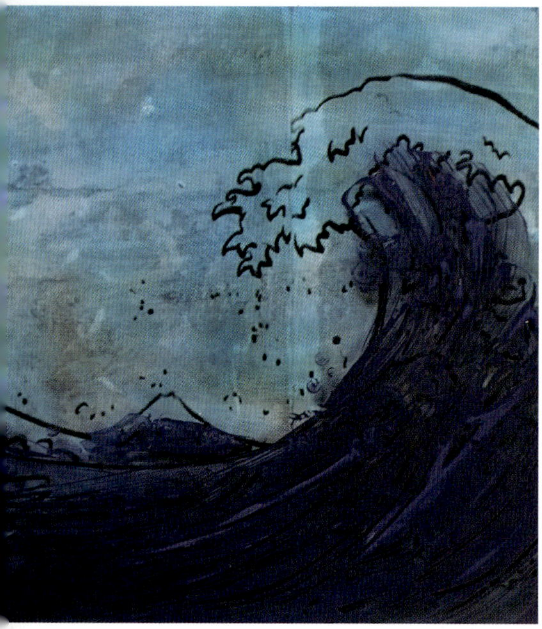

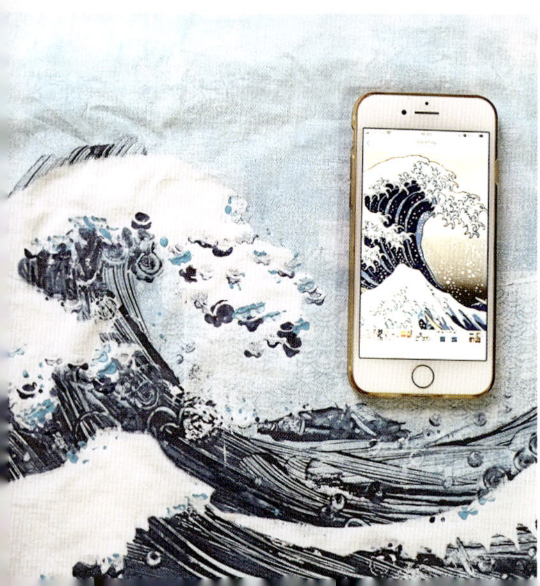

KIMONO

Sie können sich auch von einem Gegenstand oder Kunstwerk inspirieren lassen und versuchen, mit Gellidruck-Techniken ähnliche Effekte zu erzielen.

Das war das Prinzip, das wir bei den Drucken mit Haushaltsgegenständen (siehe Seite 34) angewendet haben; da dienten japanisch gemusterte Schälchen als Anregung. Das Ganze kann man auch etwas anspruchsvoller gestalten: Für den Kimono haben wir uns einen bekannten Holzschnitt als Ausgangspunkt genommen: Hokusais Druck „Die große Welle vor Kanagawa“. Holzschnitte und japanische Muster sind generell eine großartige Quelle der Inspiration.

1. Eine schnelle Bildanalyse ergab, dass wir eine Schablone brauchen, um die weißen Wellenkämme abzudecken, aber ansonsten mit wenig Farben und strukturierten Flächen arbeiten können. Da die Gelliplatten durchsichtig sind, kann man ausgedruckte Motive unter die Platte legen und die Flächen dann entsprechend auf der Platte gestalten.

2. Das Motiv wird zunächst vereinfacht gezeichnet oder durchgepaust (Sie finden unsere Version im Anhang auf Seite 139), auf die Größe der Gelliplatte gebracht und zweimal ausgedruckt oder kopiert. Ein Ausdruck wird unter die Platte gelegt, aus dem zweiten Ausdruck schneiden wir die Schablonen der Wellenkämme aus.

3. Legen Sie sich vor Druckbeginn die Materialien zurecht. Wenn man in einem Druckvorgang mehrfarbig drucken will, muss man die Reihen-

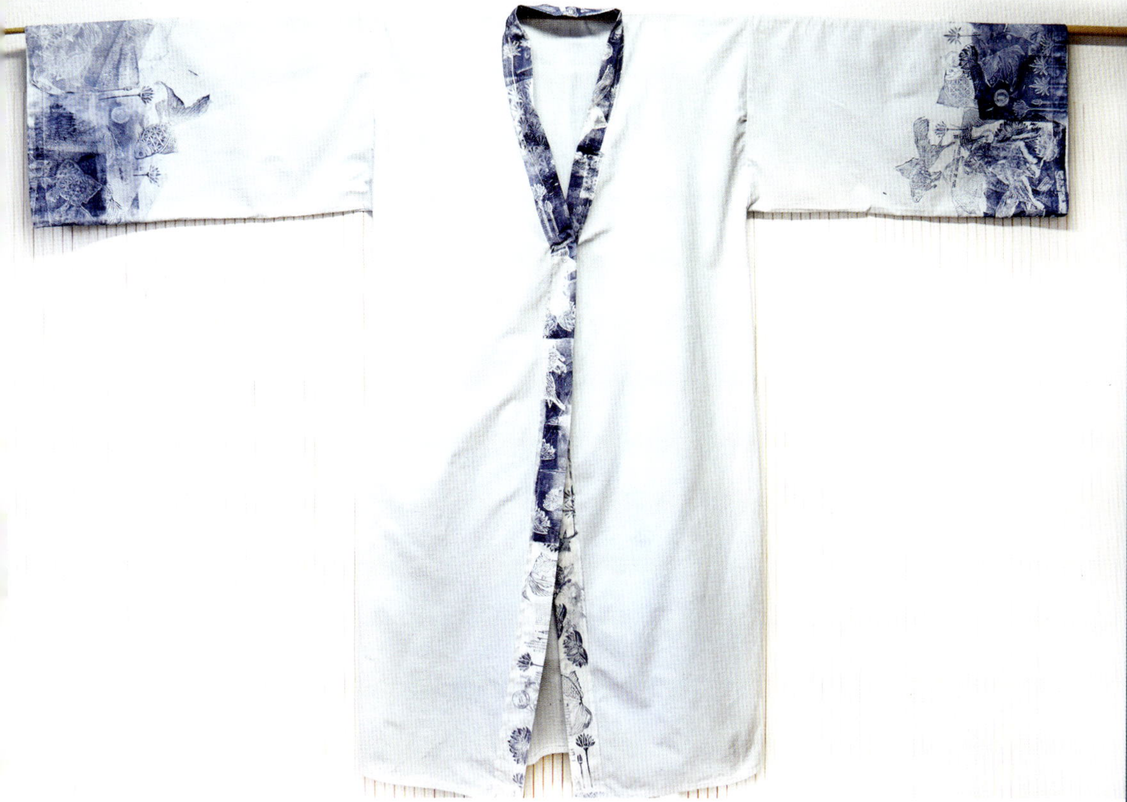

folge der Farben und Motive beachten. Die erste Schicht auf der Platte – die dunkelblauen Wellen – ist nachher die oberste Schicht des Druckes. Wir tragen sie also zuerst auf, und wenn sie getrocknet ist, walzen wir den Hintergrund darüber und strukturieren ihn. Die Schablonen für die weißen Flächen werden erst direkt vor dem Druck aufgelegt, verdecken den Farbauftrag darunter und ergeben präzise Linien oder Flächen.

Wenn Sie sich Zeit lassen wollen für das Gestalten der Bildelemente, lassen Sie die einzelnen Farbschichten trocknen und aktivieren Sie sie für den Druck anschließend mit einer dünnen weißen Farbschicht. Die Farbreihenfolge wäre in diesem Fall: dunkelblau (Wellen), hellblau (Himmel), türkis (Wellendetails, können auch ganz am Ende aufgestempelt werden), weiß (unsichtbarer Hintergrund, um die Farbe zu aktivieren). Mit Gelliprint muss man die verschiedenen Farben nicht passgenau übereinander drucken, sondern man kann alles mit einem einzigen Druck abbilden – man sollte das Papier oder den Stoff nur gut abreiben.

Wenn man mit Stoff arbeitet, kann man diesen gegebenenfalls mit einer Sprühflasche leicht befeuchten, auch das aktiviert die Farbe. Machen Sie am besten vorher Testreihen mit den Materialien, die Sie verwenden wollen.

Da das Ganze so komplex ist, haben wir ein Video dazu gemacht: Sie sehen es als Bonuslektion im Onlinekurs.

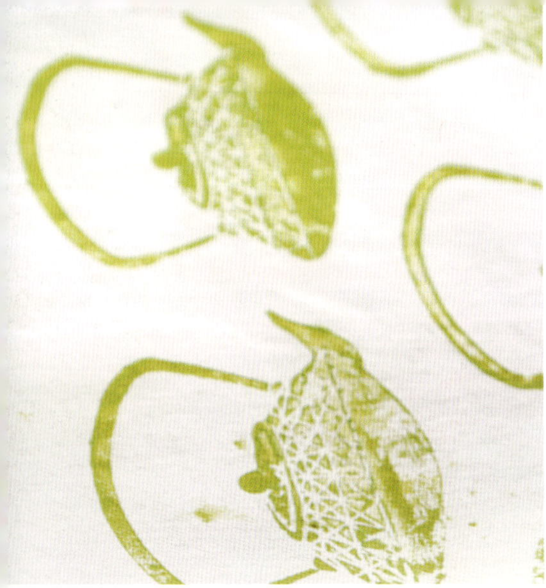

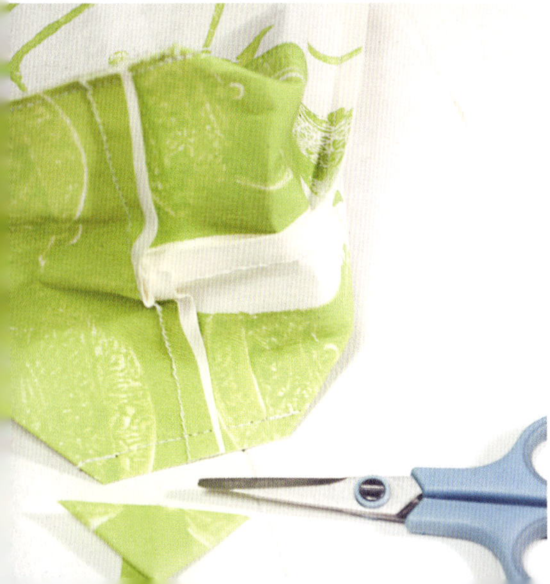

LUNCHBEUTEL

SnapPap (siehe Seite 93) ist wie Tyvek® ein robustes Material, das sich wunderbar bedrucken lässt, das aber im Gegensatz zu Tyvek® deutlich dicker und in getrocknetem Zustand ziemlich steif ist. Deshalb sollte man es – wenn man es näht und nicht klebt – leicht feucht verarbeiten. Für Taschen, Geldbeutel und Etuis ist das „vegane Leder“ sehr gut geeignet (Nähanleitungen gibt es im Internet).

1. Wir haben einen Lunchbeutel aus SnapPap gemacht. Da man das Material nicht versäubern muss, haben wir die Nähte als zusätzliches Designdetail nach außen verlegt. Die Schmalseiten werden zusammengenäht.

2. Für den Boden die untere Naht so schließen, dass die Seitennaht auf der Rückseite mittig verläuft. Stabil und dreidimensional wird der Lunchbeutel, indem man die unteren Ecken nach außen zieht. An den Ecken Dreiecke abnähen und abschneiden. Je größer die Dreiecke, desto breiter wird die Bodenfläche.

Nach demselben Prinzip kann man Utensilos oder Blumenübertöpfe nähen (darin einen wasserdichten Topf verwenden.

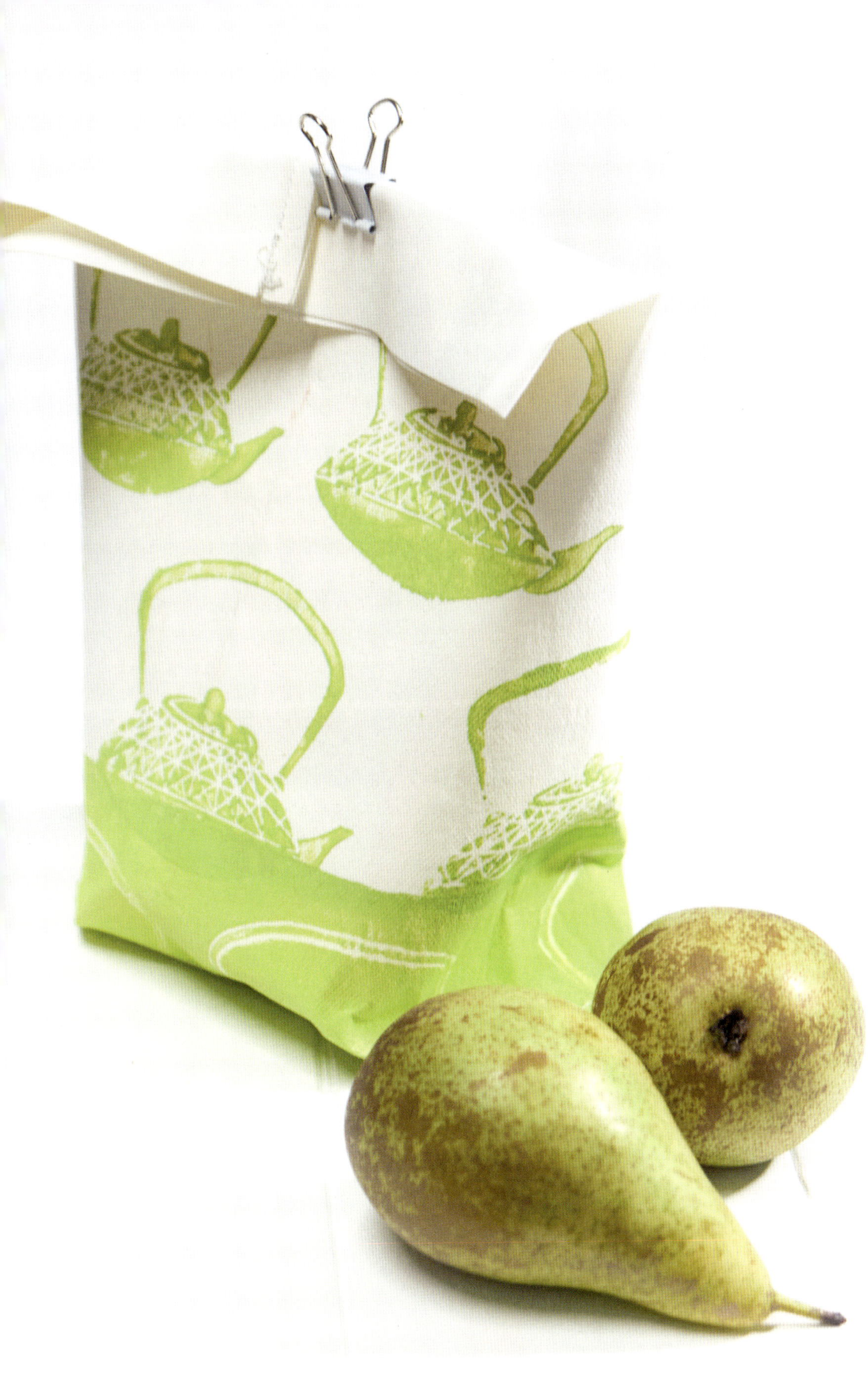

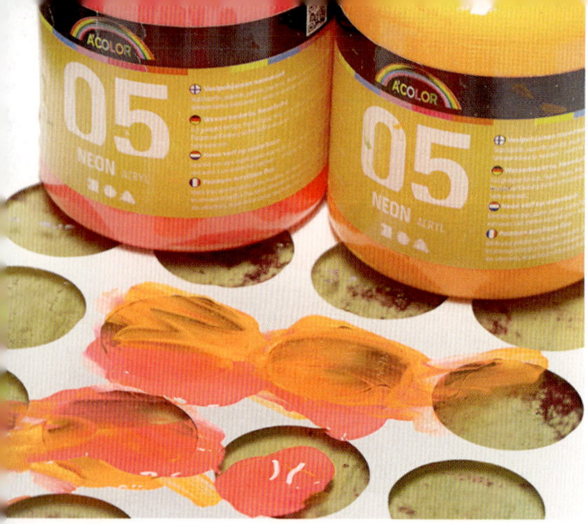

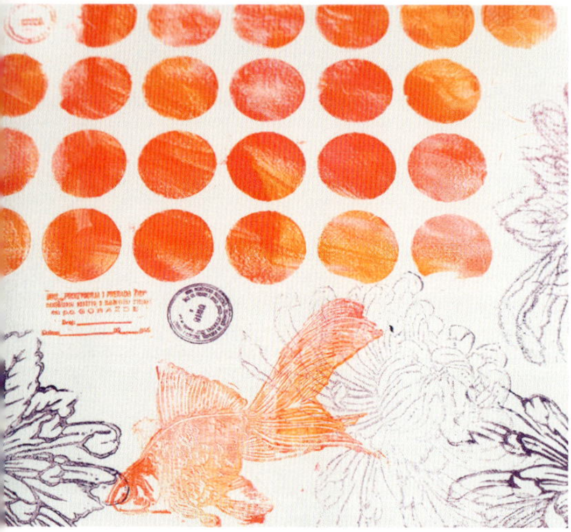

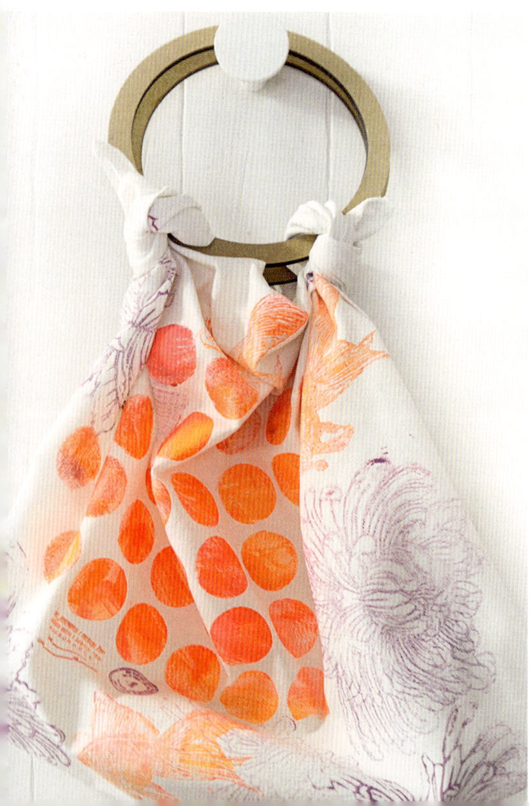

TASCHE MIT RINGEN

Wenn das Drucken schnell gehen soll oder man eine dünne Farbschicht braucht, kommt man an einer Walze nicht vorbei. Aber wenn es darum geht, interessante Farbflächen zu gestalten, sind auch unsere Finger wunderbare Werkzeuge. Sie eignen sich allerdings mehr für kleinere Flächen; und da die Farbe recht dick und unregelmäßig aufgetragen wird, ist Stoff besser zu bedrucken als dünnes Papier.

Wir haben hier eine Klebefolie mit eingestanzten Kreisen verwendet. Gut eignen sich runde selbstklebende Etiketten zum Bedrucken, die es im Büro- oder Bastelbedarf gibt – nur dass wir nicht die Etiketten benutzen, sondern die Klebefolie um die Kreise herum als Negativschablone.

Für diese Technik verwendet man besser nur zwei oder drei Farben, die kontrastieren sollten. Bei ähnlichen Farben ist der Effekt kaum zu sehen.

Die Farbe mit den Fingern auftupfen und die unterschiedlichen Farbtöne miteinander verschmieren.

Wir haben das bedruckte Stück Stoff mit je zwei Knoten um zwei Holzringe aus dem Bastelbedarf geknotet und so eine schnelle Tasche nach japanischem Vorbild gemacht.

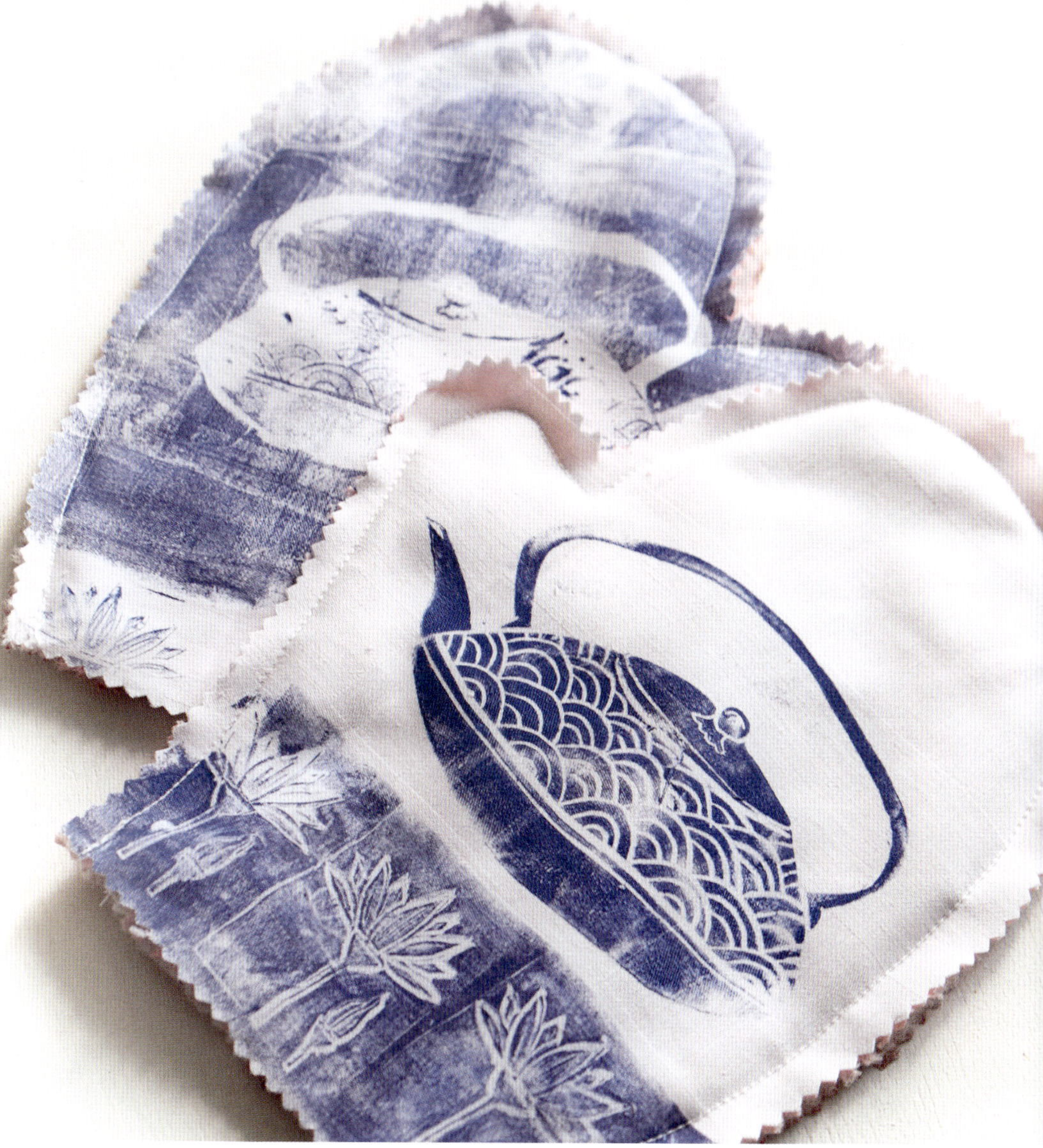

TOPFHANDSCHUHE

Ein weiteres schnelles Projekt sind Topfhandschuhe. Topflappen müssen dick sein, um die Hände vor Hitze zu schützen, also sollte man festeren Stoff verwenden und diesen entweder mit Bügelvlies verstärken, oder – wie in unserem Fall – als Unterseite ein Stück einer alten Baumwoll-Steppdecke verwenden.

Für die richtige Form eine Hand auf ein Stück Papier legen und mit etwas Abstand mit einem dicken Stift die Kontur zeichnen. Wichtig ist, unten einen so breiten Schaft zu haben, dass man bequem mit der Hand hineinschlüpfen kann (Sie finden eine Vorlage auf Seite 141). Die Kanten von rechts zusammennähen und mit einer Zackenschere versäubern.

Anhang

RADIERGUMMISTEMPEL

S.56

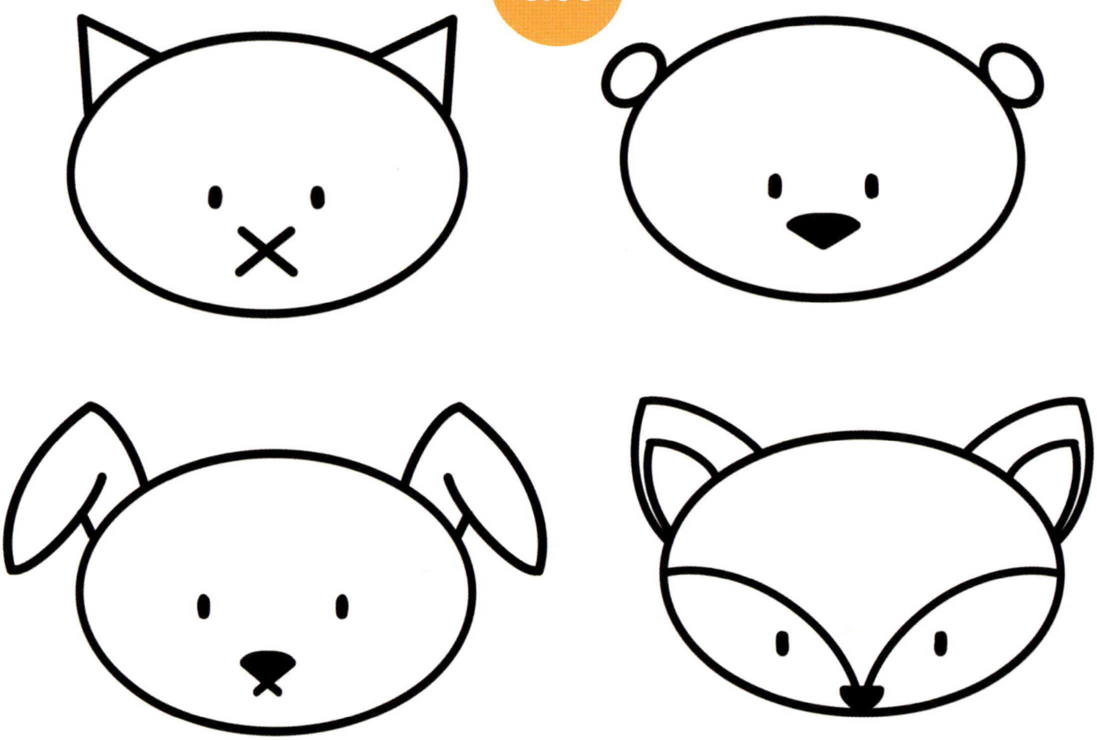

WÄSCHESACK & JAPANISCHES TÄSCHCHEN

S.105

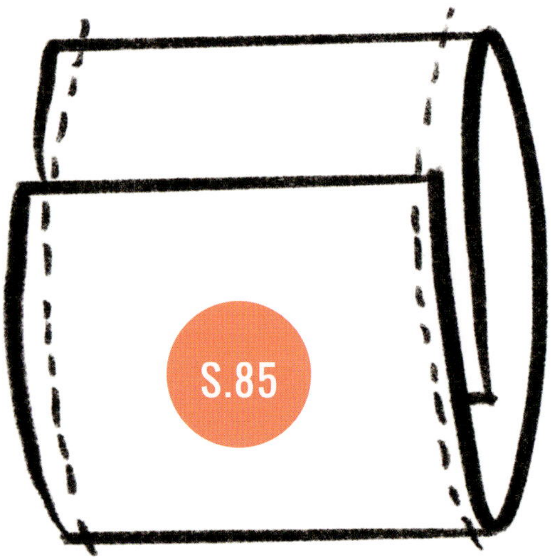

S.85

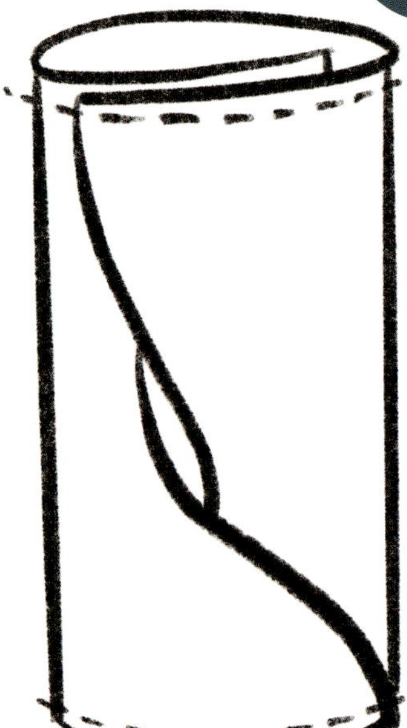

JAPANISCHE STOFFBEUTEL (lässt sich ausbreiten)

S.58

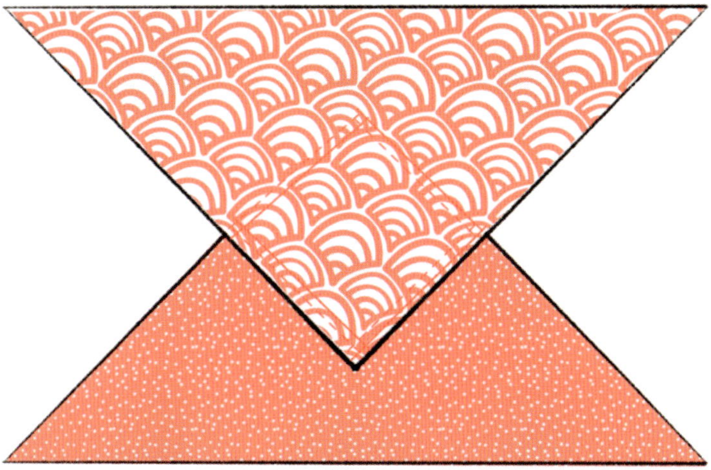

AUFBEWAHRUNGSBEUTEL ODER TASCHE

(Seitennähte zunähen oder zuknoten)

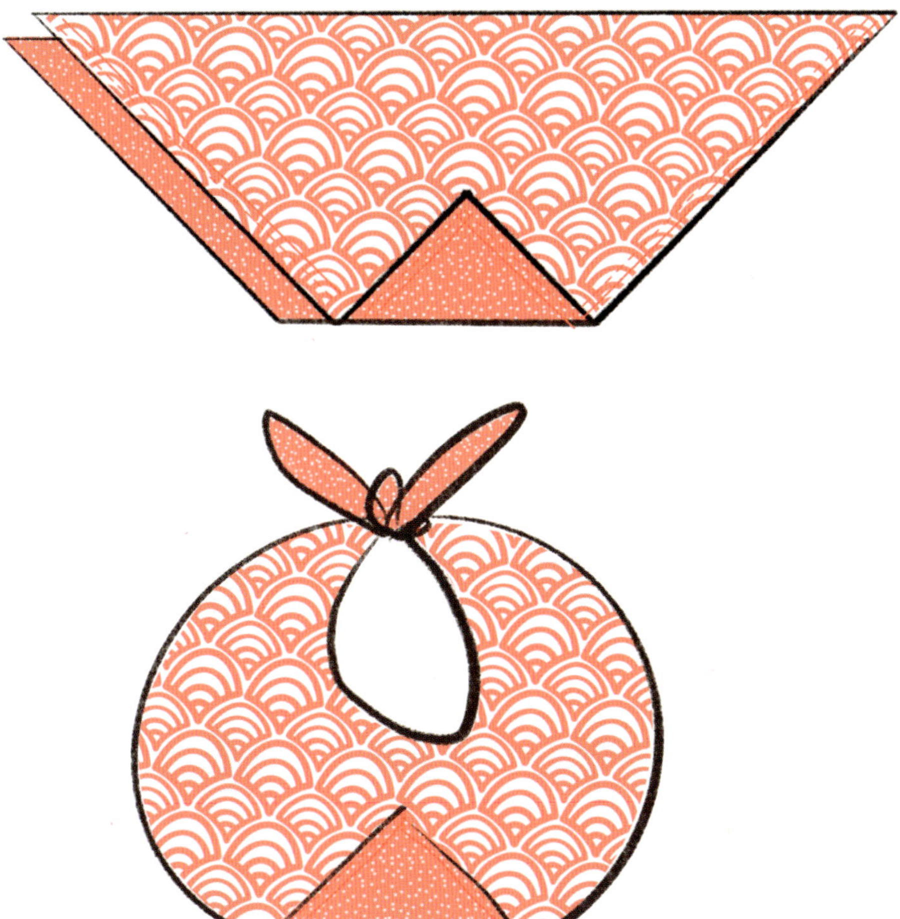

FALTANLEITUNG MINIBUCH

S.96

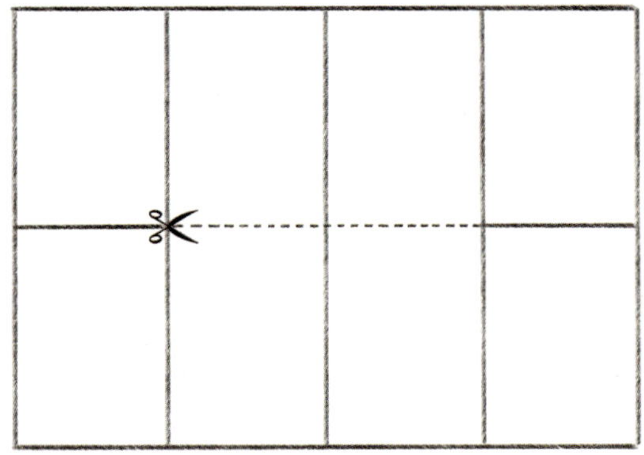

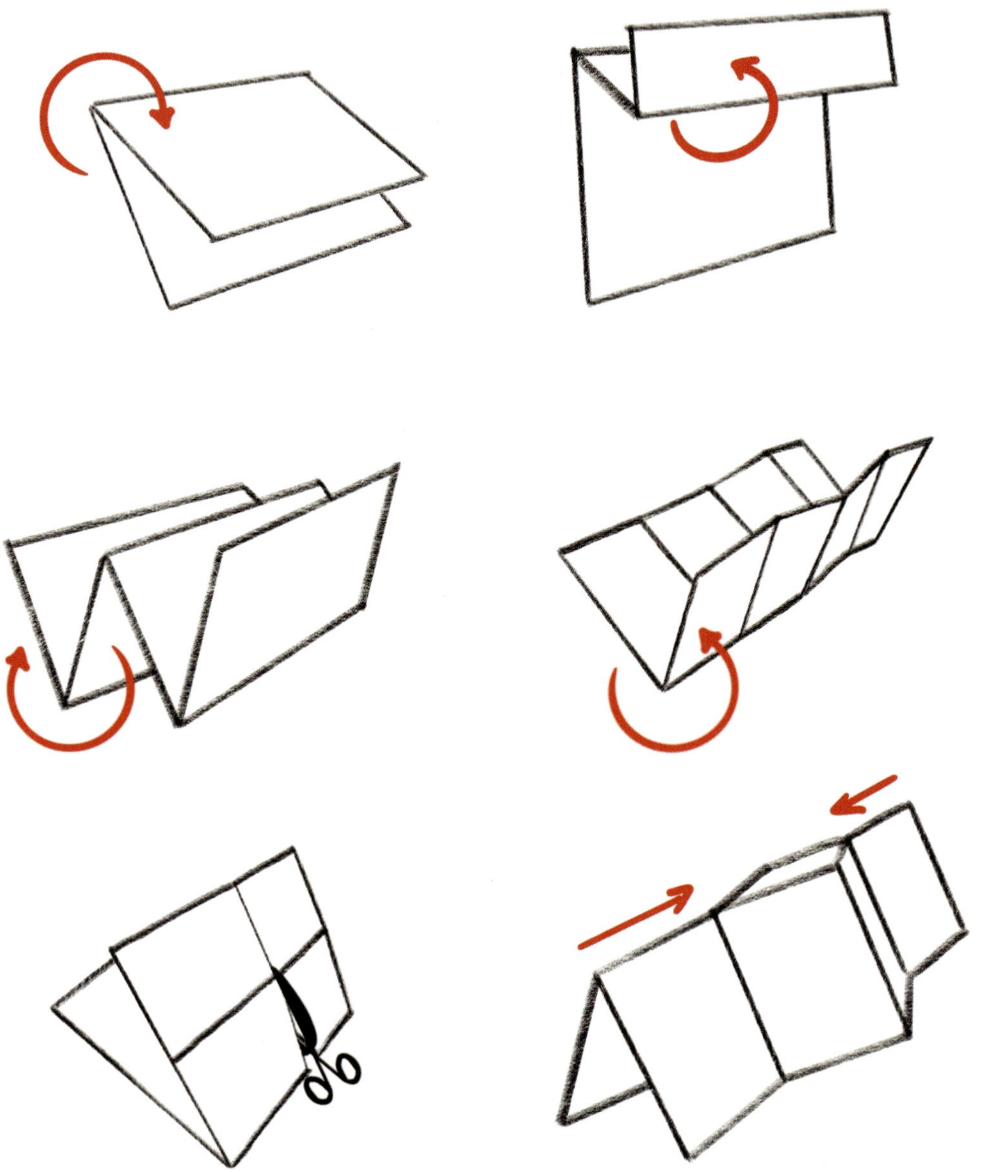

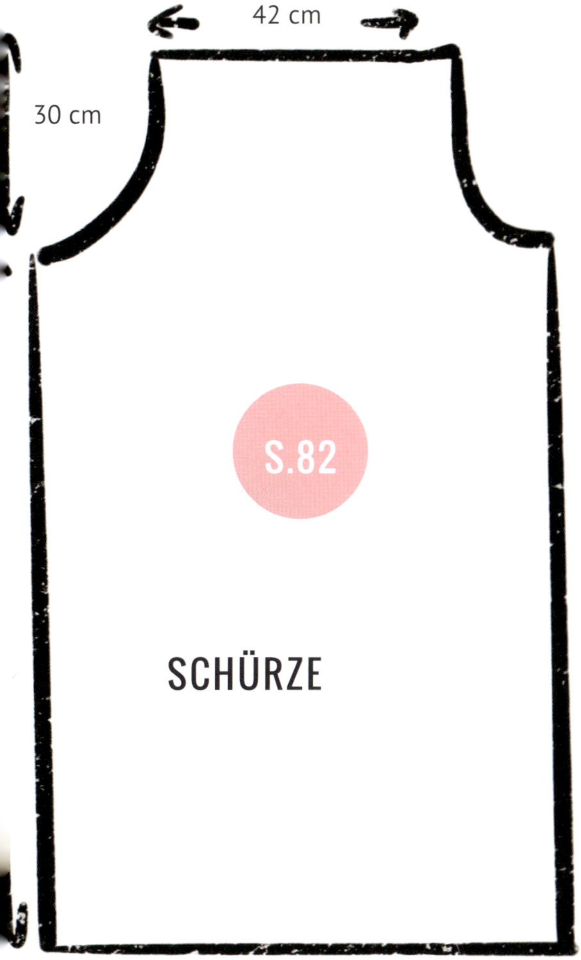

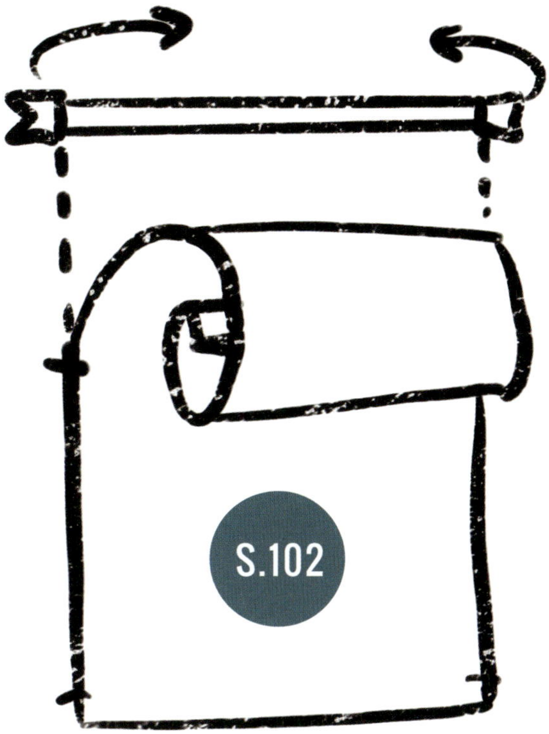

TRAVEL BAG

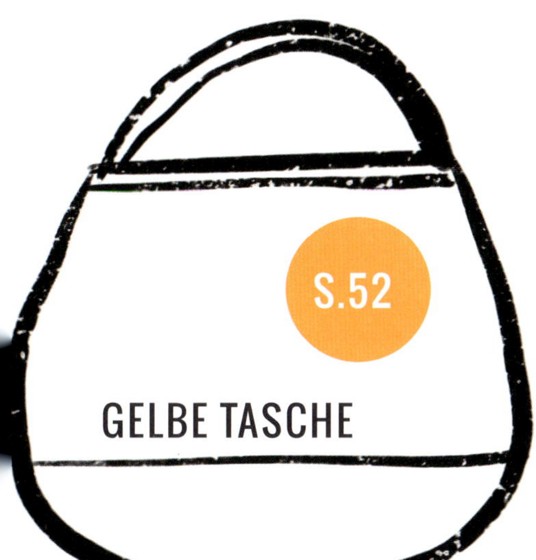

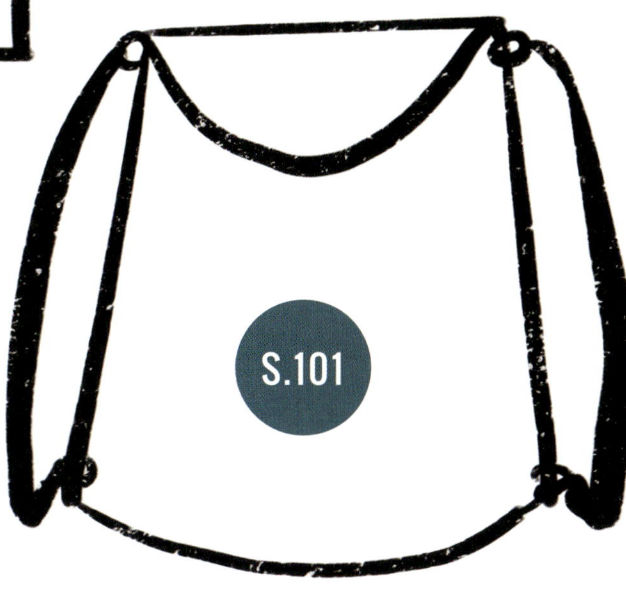

RUCKSACK

travel

S.102

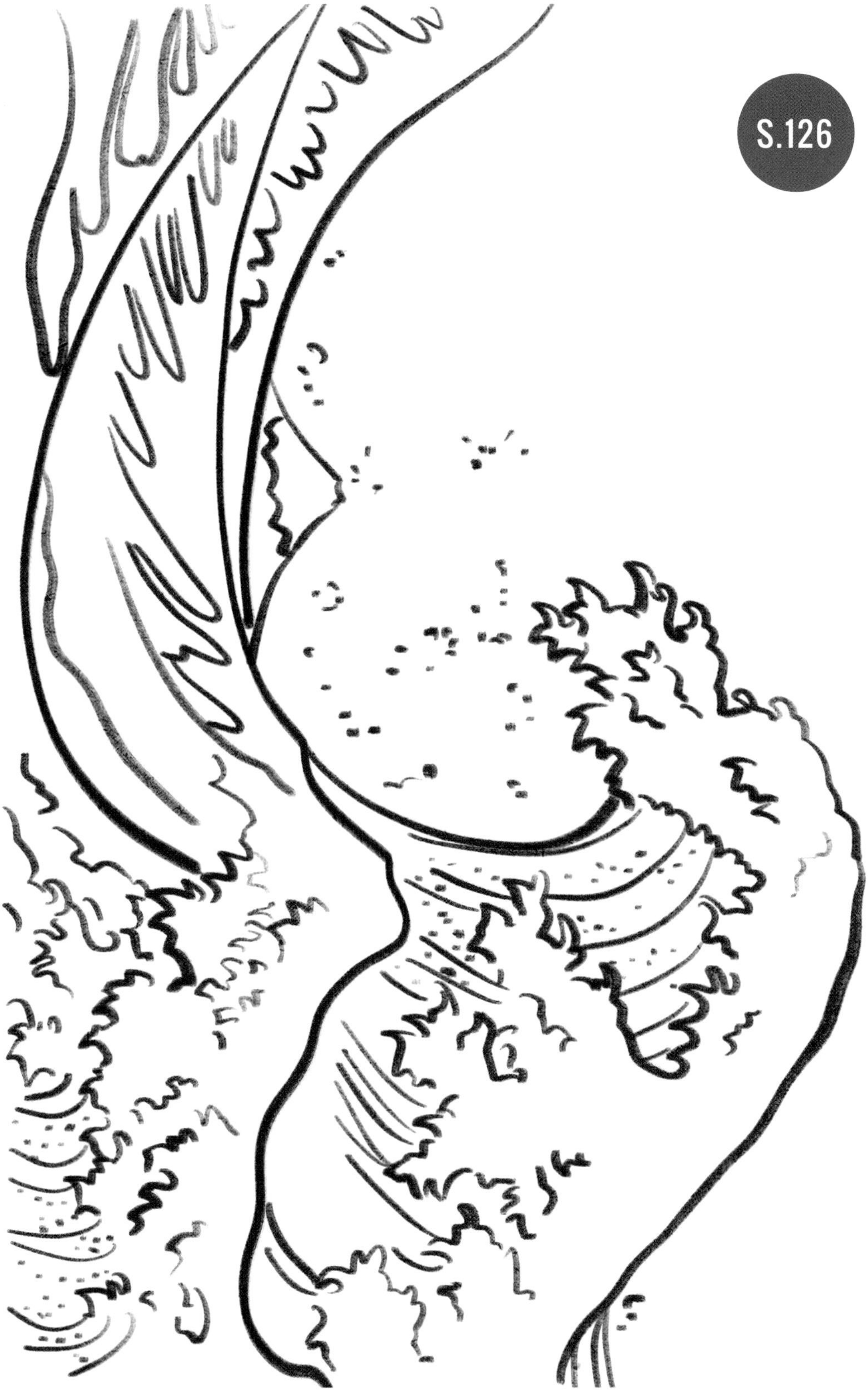

S.126

GEOMETRISCHE FORMEN

S.112

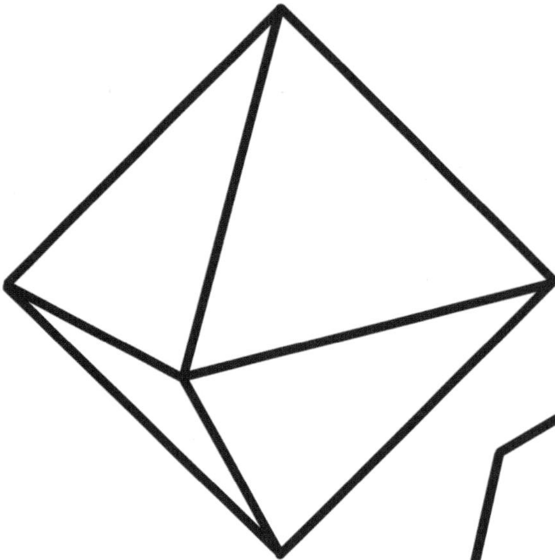

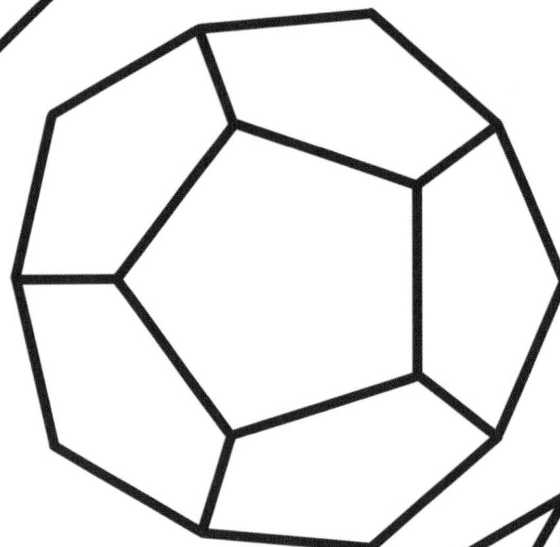

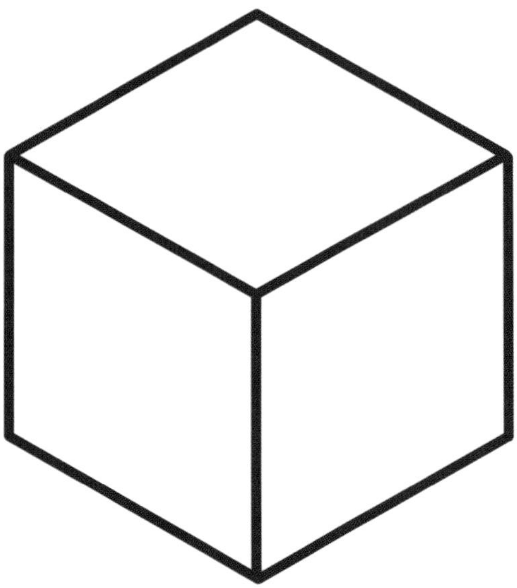

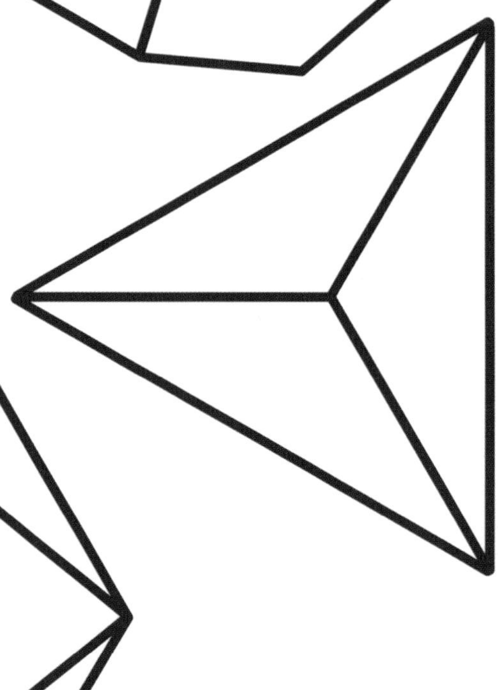

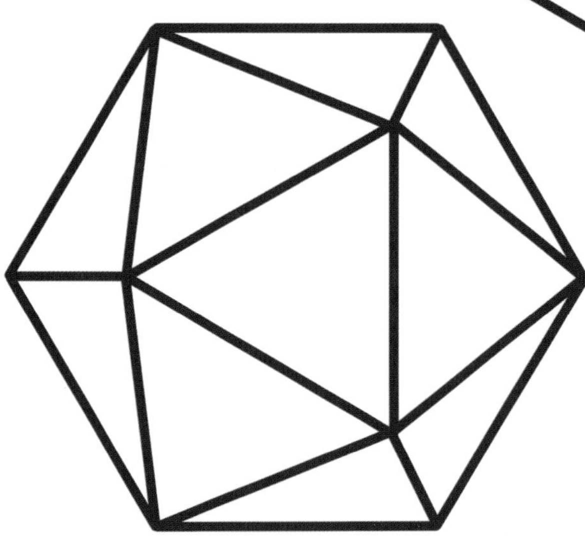

S.131

S.82

Pasta la vista Baby!

Literatur aus dem Haupt Verlag

Traci Bunkers
Stempel, Walzen & Schablonen
52 Ideen für selbstgemachte Druckwerkzeuge
ISBN 978-3-258-60027-7

Courtney Cerruti
Bildtransfer
Materialien, Techniken und Projekte
ISBN 978-3-258-60109-0

Courtney Cerruti
Farbtransfer
Techniken und Projekte für Oberflächendesign
ISBN 978-3-258-60146-5

Rebecca Drury / Yvonne Drury
Muster drucken
Ideen und Projekte vom Stempel- zum Siebdruck
ISBN: 978-3-258-60016-1

Andrea Lauren
Einfach Hochdruck
Projekte mit Linolschnitt, Gummiplatten und Stempeln
ISBN 978-3-258-60162-5

Vanessa Mooncie
Von Hand gedruckt
Hoch- und Siebdruck, Cyanotypie und Monotypie, Bildtransfer und Schablonieren
ISBN 978-3-258-60183-0

Michaela Müller
Bunte Bücher
Muster gestalten, Einbände drucken, Bücher binden
ISBN 978-3-258-60172-4

Michaela Müller
Stoff trifft Papier
Textile Bücher und andere Verbindungen
ISBN 978-3-258-60207-3

Laura Vidal
Experimentelles Drucken
Techniken und Ideen für den Milchkartondruck – 15 Projekte mit und ohne Druckpresse
ISBN 978-3-258-60271-4

Eva Hauck / Dorina Tessmann
stempeln, drucken, schablonieren
Das Werkstattbuch für Kinder
ISBN 978-3-258-60168-7

Über uns

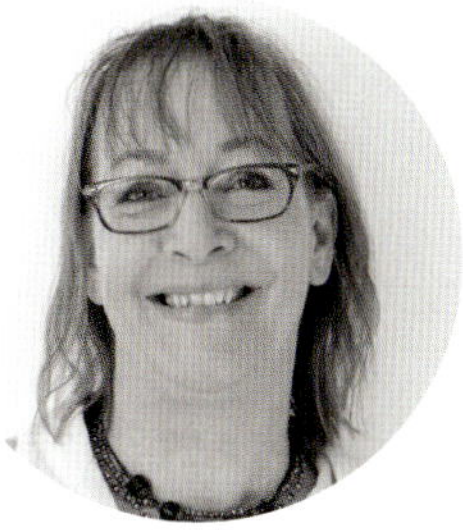

@katrin.illustrates

KATRIN KLINK

Ich bin Illustratorin, Grafik-Designerin und liebe alles, was mit Mustern zu tun hat. Schon während meines Studiums an der Kunstakademie in Stuttgart hat mich die Leidenschaft fürs Drucken gepackt – damals noch mit großem Siebdruck-equipment und entsprechendem Aufwand. Seit meinen ersten Gelliprint-Versuchen bin ich ein großer Fan, denn ich mag einerseits die experimentelle Vorgehensweise, andererseits die Möglichkeit, Musterdesigns und ganz konkrete Projekte zu entwickeln – dank Gelliplatten mit minimaler Ausrüstung und wenig Aufwand.

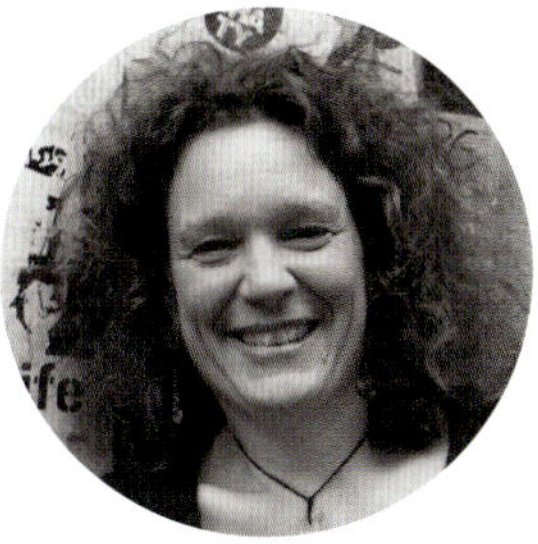

@herzfrisch

SABINE ICKLER

Ich liebe es, Neues zu gestalten und mein Gefühl für Farben und Formen bei meiner Arbeit auszuleben. Ich bin Grafikerin, Designerin und Mixed-Media-Künstlerin. Seit meiner Kindheit liebe ich die großen bunten Muster aus den Siebzigerjahren mit ihren kräftigen Farben, die ich – als Vintage-Muster oder modern interpretiert – z. B. als Einbände für Skizzenbücher oder Reisetagebücher in meinem Shop verwende. Gelliprint bietet mir die spannende Möglichkeit, schnell und unkompliziert eigene Muster auf Papier, Stoff und selbst Koffer oder Möbel zu drucken. Seit 2024 bin ich Eigentümerin des Studio Herzfrisch, wo ich regelmäßig Workshops gebe.

Gemeinsam findet man uns auf www.artlaboratorium.de, unserer Kreativplattform mit Inspirationen, Onlinekursen und vielem mehr – und natürlich auch einer Menge Informationen und Anregungen rund um das Thema Drucken bzw. Gelliprint.

Auf www.artlaboratorium.de finden Sie auch den Onlinekurs „Gelliprint-Grundlagen", zu dem wir Sie herzlich einladen wollen. Geben Sie im Warenkorb einfach den Gutscheincode „hauptverlag" ein.

1. Auflage: 2021 (1. Nachdruck 2025)

ISBN 978-3-258-60242-4

Umschlag: Katrin Klink und Sabine Ickler
Gestaltung und Satz: Sabine Ickler
Fotografie und Illustrationen: Katrin Klink
Lektorat: Antje Krause

Die Marken Gelli® und Gelli Arts® sind Eigentum der Firma Gelli Arts llc, welche uns die Erlaubnis für die Verwendung der Begriffe in dieser Publikation erteilt hat.

Wir drucken mit mineralölfreien Farben und verwenden FSC®-zertifiziertes Papier. FSC® sichert die Nutzung der Wälder gemäß sozialen, ökonomischen und ökologischen Kriterien.
Gedruckt in der Tschechischen Republik

FSC www.fsc.org MIX Papier | Fördert gute Waldnutzung FSC® C014138

Diese Publikation ist in der Deutschen Nationalbibliografie verzeichnet. Mehr Informationen dazu finden Sie unter http://dnb.dnb.de.

Der Haupt Verlag wird vom Bundesamt für Kultur für die Jahre 2021–2025 unterstützt.

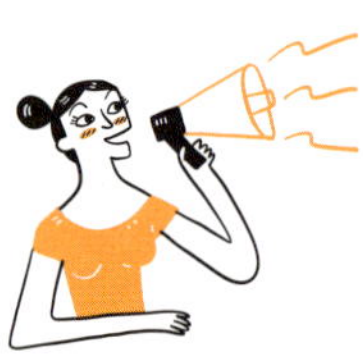

Sie möchten nichts mehr verpassen?

Folgen Sie uns auf unseren Social-Media-Kanälen und bleiben Sie via Newsletter auf dem neuesten Stand.
www.haupt.ch/informiert

Wir verlegen unsere Bücher mit Freude und großem Engagement. Daher freuen wir uns immer über Anregungen zum Programm und schätzen Hinweise auf Fehler im Buch, sollten uns welche unterlaufen sein.

Haupt Verlag AG
Falkenplatz 14
3012 Bern
SCHWEIZ
herstellung@haupt.ch
www.haupt.ch

Verantwortlich in der EU (GPSR):
Brockhaus Kommissionsgeschäft GmbH
Kreidlerstr. 9
70806 Kornwestheim
DEUTSCHLAND
haupt@brocom.de

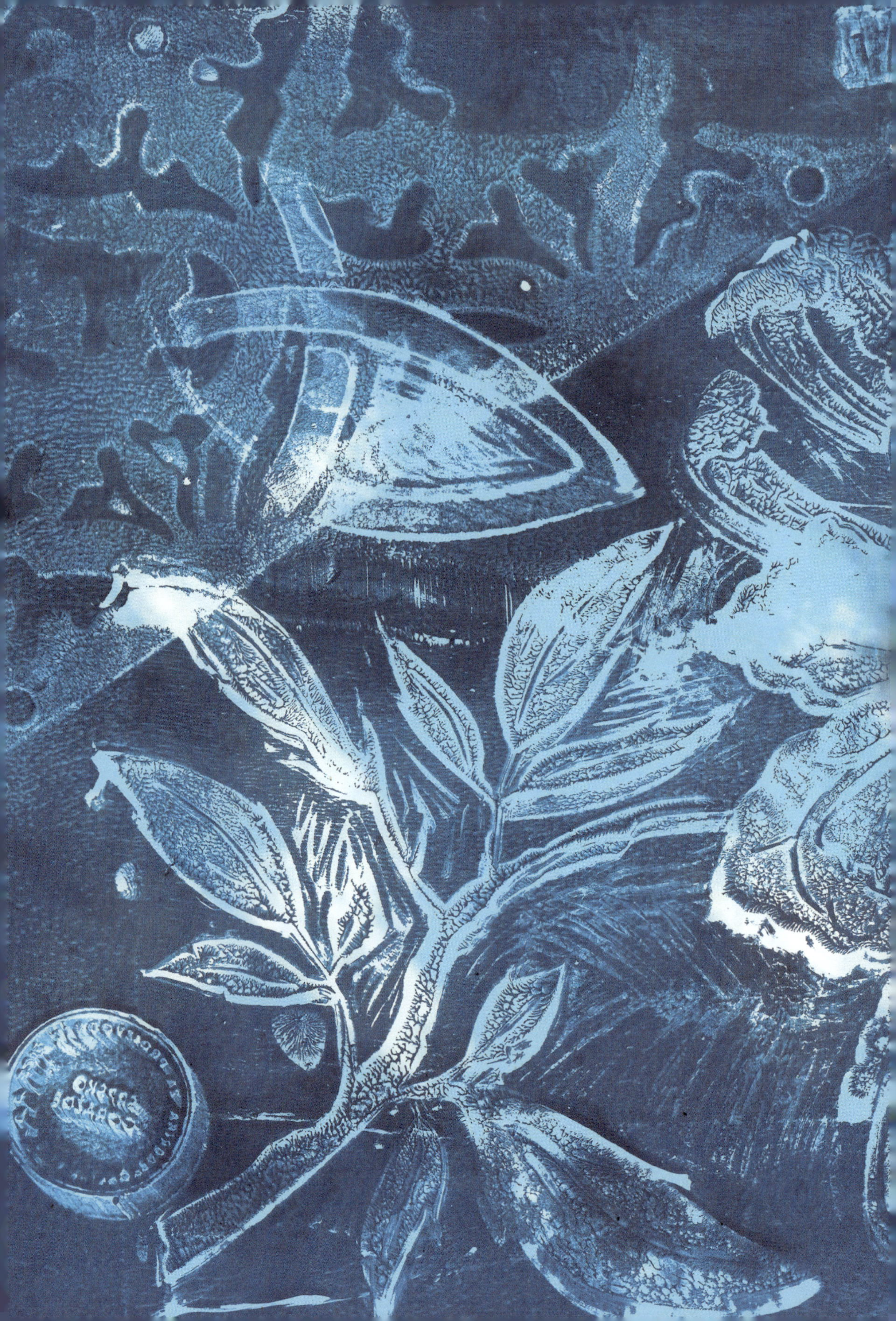